Les Crises du catholicisme
en France
dans les années trente

René Rémond

Les Crises
du catholicisme
en France
dans les années trente

Éditions cana

Une première édition de cet ouvrage a paru en 1960
sous le titre *Les Catholiques, le Communisme et les Crises*
chez Armand Colin (collection « Kiosque »).
Une réédition, enrichie et mise à jour, a paru en 1979
sous le titre *Les Catholiques dans la France des années trente*
aux Éditions Cana (collection « L'Histoire à la Une »).
C'est cette dernière édition, relue et augmentée d'une
bibliographie et d'un index, qui est proposée ici.

ISBN 2-02-026386-6
(ISBN de la précédente édition, 2-86335-010-2)

© Éditions Cana, 1979, mai 1996, pour la présente édition

AVANT-PROPOS

Cet ouvrage est la réédition, quelque peu enrichie et mise à jour, d'un livre publié au printemps de 1960 sous un titre différent *(Les catholiques, le communisme et les crises)*. Depuis, vingt ans, ou presque, ont passé, c'est-à-dire à peu près autant qu'entre la date de 1939 qui marquait le terme de cette étude et le moment où Aline Coutrot et moi nous entreprîmes de rassembler ces textes. Dans ces deux dernières décennies, que de changements qui ont profondément modifié la perspective initiale où s'inscrivaient la lecture et le récollement de ces témoignages des controverses de l'entre-deux-guerres !

La mort a mis un terme à l'activité de la plupart des personnalités dont le nom traverse cette histoire et apposé sur leur rôle le sceau du définitif. A cet égard, rien de plus impressionnant que de comparer la nomenclature des biographies dans les deux éditions : en 1960 elle était principalement composée de vivants qui occupaient encore une place dans l'actualité, dont l'œuvre n'était pas achevée : celle de 1979 a basculé dans la mort. Pour ne citer que les plus connus, entre les deux dates ont quitté cette scène Francisque Gay, le cardinal Liénart, Jacques Maritain, François Mauriac, Gaston Tessier.

La période considérée — les dix années qui précèdent la seconde guerre — est dans l'intervalle devenue objet d'histoire. La mutation se marque au nombre des étu-

5

des et à l'importance des travaux qui lui ont été consacrés depuis. Sommaire, la bibliographie publiée à la fin de l'ouvrage en 1960 ne l'était pas seulement par souci de ne pas accabler le lecteur sous le poids d'une érudition superflue : sa brièveté était le reflet d'une historiographie fort maigre. La littérature du sujet ne comprenait, en dehors des écrits de circonstance, qu'un nombre très restreint d'ouvrages inspirés par une préoccupation véritablement historique. Cette anthologie était pionnière. La situation a bien changé et la période a manifestement bénéficié, elle aussi, du grand essor que connaît en France l'histoire religieuse. Il fallait donc mettre à jour les indications bibliographiques.

Le changement le plus considérable, le plus inattendu aussi — car le passage de la vie à la mort des protagonistes et l'enrichissement de la connaissance historique étaient de l'ordre naturel —, est autre : c'est le bouleversement introduit dans la vie de l'Église et les rapports entre les catholiques et la politique. En 1960, nous étions à quelques mois seulement de la fin du pontificat de Pie XII : le Concile de Vatican II ne s'était pas encore ouvert. C'étaient les débuts de la Ve République. Il y avait encore un M.R.P. On n'imaginait pas qu'un responsable national de l'Action Catholique ouvrière pût être aussi de façon notoire membre du Parti communiste. Depuis, la liste est longue des initiatives, des déclarations, des textes qui ont transformé les données des problèmes : le Concile, la constitution *Gaudium et spes,* la déclaration conciliaire sur la liberté religieuse, la déclaration de la conférence épiscopale de Lourdes en 1972 *Pour une pratique chrétienne de la politique,* la reconnaissance officielle du pluralisme, l'abandon dans les faits de la référence à la doctrine sociale de l'Église, la disparition du M.R.P., la déconfessionnalisation du syndicalisme chrétien, le glissement d'une fraction des catholiques vers le socialisme. A la lumière de toutes ces innovations, comme semble dépassé l'objet des querelles qui firent rage entre 1929 et 1939 ! L'histoire n'a-t-elle pas fait justice de certains procès de tendances et tranché telle ou telle controverse ?

Et pourtant la relecture de ces textes entreprise en vue de leur réédition m'a étonné par son actualité et je suis plus convaincu que jamais que la connaissance de ces controverses demeure indispensable à l'intelligence du catholicisme contemporain. C'est d'abord la seule façon de prendre la mesure des changements récents : comment s'en aviser dans l'ignorance de ce qu'était le rapport des forces ? D'autre part, l'annonce était contenue dans plusieurs de ces textes de l'*aggiornamento* conciliaire : les rédacteurs de la *Vie intellectuelle* ou de *Sept,* les militants de l'A.C.J.F. ou de la C.F.T.C. appelaient de leurs vœux et préparaient obscurément les grandes transformations dont les Pères du Concile prirent l'initiative ou authentifièrent l'inspiration. Enfin si les sujets de dissentiment se sont renouvelés — peut-être moins du reste qu'en apparence — et si s'est déplacé l'équilibre des forces, les mentalités ont sans doute moins vite évolué. La permanence des conceptions et des visions jette un trait d'union entre les années 30 et notre présent. Des écrits de l'Action française dans les années qui suivent sa condamnation par Pie XI aux récentes déclarations de Mgr Lefebvre, la continuité est éclatante. Davantage : on ne comprendrait guère l'opiniâtreté de sa résistance au Saint-Siège et son obstination à dénoncer l'infiltration du libéralisme dans l'Église et de la Franc-Maçonnerie jusqu'au sommet de celle-ci, si on ne se souvenait de ce que fut l'opposition de Maurras et des siens aux objurgations de Rome. En histoire religieuse, peut-être plus encore que pour l'histoire de n'importe quelle autre institution, la connaissance du passé, surtout s'il est relativement proche, concourt à la compréhension du présent et est indispensable à l'intelligence de son temps.

R. R.

SIGLES ET ABRÉVIATIONS

A.C. : Action Catholique.

A.C.J.F. : Association Catholique de la Jeunesse Française. Fondée en 1886 par Albert de Mun, elle célèbre son cinquantenaire en 1936. Ses positions sont proches de celles du catholicisme social et de la démocratie chrétienne. Entre 1926 et 1930, elle se transforme profondément : la constitution de mouvements spécialisés par milieu de vie étend son influence et en fait l'expression la plus accomplie de l'Action Catholique.

A.F. : Action Française. L'appellation désigne à la fois le journal, la ligue et l'école politique.

C.F.T.C. : Confédération Française des Travailleurs Chrétiens, fondée en 1919.

F.N.C. : Fédération Nationale Catholique, fondée en 1924 pour regrouper tous les catholiques contre l'offensive laïque.

J.A.C. : Jeunesse Agricole Catholique, un des mouvements spécialisés constitués au sein de l'A.C.J.F.

J.E.C. : Jeunesse Étudiante Chrétienne, mouvement similaire formé en 1929 pour l'ensemble du milieu scolaire.

J.O.C. : Jeunesse Ouvrière Chrétienne, le premier mouvement à obtenir son autonomie dans l'A.C.J.F.

J.P. : Jeunesses Patriotes ; ligue animée par Pierre Taittinger.

P.D.P. : Parti Démocrate Populaire.

S.F. : Solidarité Française ; ligue d'extrême droite, inspirée par François Coty.

S.D.N. : Société des Nations.

INTRODUCTION

L'observation des tendances qui composent — ou divisent — l'opinion catholique française, oriente le regard vers ce point de l'histoire où se rejoignent religion et politique. Aboutissant à des options toutes temporelles, elles débordent manifestement les limites du religieux ; cependant, si politiques qu'ils soient, leurs engagements ne sont jamais exempts de considérations religieuses. C'est précisément la compénétration de ces deux ordres de réflexion qui fait l'originalité des débats intellectuels et politiques entre catholiques : les tendances qui les regroupent ne sont ni entièrement apolitiques, ni complètement politiques. Au vrai, la rencontre entre le politique et le religieux s'opère plus fondamentalement au plan des philosophies politiques : les opinions divergent sur le rôle des chrétiens dans la société moderne. La forme que doivent prendre les rapports entre l'Église, société religieuse investie d'une mission essentiellement surnaturelle, mais aussi institution sociale, groupement d'hommes inscrit dans un temps, et la société civile emportée par un mouvement historique vers un avenir encore inconnu, voilà ce qui départage l'opinion catholique. Depuis plus d'un demi-siècle, il est usuel d'opposer des catholiques de gauche à des catholiques de droite. Expressions doublement contestables : elles prêtent aux deux blocs une consistance et une homogénéité qu'ils n'ont pas ; la diversité des nuances s'enferme mal dans cet espace à deux dimensions. D'autre part, cette gauche et cette droite, précisément parce qu'elles tirent leur principe de considérations religieuses, ne se laissent pas réduire à la gauche et à la droite politiques : elles sont d'une autre espèce. Ces réserves énoncées, admettons la distinction, sous bénéfice d'inventaire.

La démocratie, la question sociale et la paix

Cette droite et cette gauche, sur quoi s'opposent-elles ? A première vue les questions qui font éclater leur désaccord ne sont pas différentes de celles qui divisent l'opinion française sans acception de confessions. Vers 1930, elles se ramènent grossièrement à trois terrains : politique, social, international.

Le régime divise encore : quarante années après l'invitation pontificale au ralliement, une fraction de catholiques n'a, au fond de soi, pas encore pris son parti des institutions politiques que la France s'est données depuis la Révolution. C'est qu'il y va de beaucoup plus que de la forme et de l'appellation républicaines : de la démocratie politique, des principes qui la fondent, des conséquences qu'elle entraîne et qui semblent à la droite du catholicisme incompatibles avec une certaine interprétation des applications temporelles du dogme catholique. D'autres adhèrent sans réserve à la démocratie, tantôt parce que c'est le régime établi et que le bon sens commande de reconnaître le fait accompli, tantôt comme à un régime en soi préférable aux autres pour sa conformité supposée avec l'inspiration du christianisme. Vers 1930, la querelle du ralliement n'est pas éteinte entre ces deux groupes de catholiques. Par la condamnation de l'Action Française (décembre 1926), le Saint-Siège vient de renouveler impérieusement l'invitation à se rallier ; mais, à côté de réfractaires déclarés, beaucoup réservent dans le secret de leur conscience leurs préférences et feront de piètres défenseurs du régime, si d'aventure il court quelque péril.

En 1930, en dépit des remous suscités ici ou là par l'activité du syndicalisme chrétien et de conflits fréquents entre patronat catholique et tenants du catholicisme social, la question sociale divise peut-être moins. Depuis quarante années (1891 : *Rerum novarum* ; 1931 : *Quadragesimo anno*), les autorités religieuses ont si souvent fait connaître leurs positions qu'il est difficile, au moins à des catholiques notoires, de feindre l'ignorance des enseignements pontificaux : on peut ne pas les appliquer, mais il est difficile de prêcher le contraire. Le catholicisme social est en passe de devenir officiel : les leçons des Semaines sociales se donnent devant un parterre d'évêques. Au plan des mouvements et des institutions représentatives du catholicisme, la ligne de partage ne laisse apparemment à droite qu'une faible minorité : la Fédération Nationale Catholique (F.N.C.) dont l'orientation générale est indubitablement conservatrice et dont le chef ne s'abaisse pas à déguiser le fond de sa pensée, se rallie, après un temps d'hésitation, à la réforme des Assurances sociales et fait campagne pour l'application de la loi. Si les controverses rebondissent à partir de 1934, c'est à propos du communisme et des rapports à établir — ou à rompre — avec les communistes.

L'unanimité est loin de se faire sur le troisième terrain : les questions internationales. C'est là que la querelle est la plus vive, là aussi qu'elle est la plus récente. L'orientation imprimée à la diplomatie romaine depuis Benoît XV, les enseignements pontificaux sur le devoir international des catholiques ont fait naître chez beaucoup un conflit de devoirs entre l'intérêt national tel que l'interprètent les docteurs attitrés du nationalisme français et la fidélité au Saint-Siège. Le trouble de nombreux catholiques n'est pas niable, les textes le démontrent, comme leur abondance atteste la place exceptionnelle prise dans ces années par la politique internationale dans les préoccupations de la France entière. Cette troisième ligne de partage trace un sillon douloureux dans l'opinion catholique.

D'un problème à l'autre des affinités se révèlent, des solidarités se nouent entre les positions, commandées et expliquées par des options sur une question plus fondamentale encore que la forme du régime, les rapports entre patrons et salariés, ou l'organisation de la paix : l'attitude à l'égard du changement historique et de son produit, la société moderne. Depuis plus de cent ans deux attitudes d'esprit s'affrontent : intransigeance immuable et adaptation compréhensive. Leur dialogue, ou leur malentendu, n'est pas clos : il se poursuit, d'âge en âge, avec des vicissitudes diverses et d'imprévus retours de fortune pour l'une ou l'autre tendance.

Un second ralliement

En 1930, Rome pèse de tout son poids en faveur de la conciliation avec le régime et du rapprochement avec la société moderne. Benoît XV puis Pie XI ont pris l'initiative d'un second ralliement qui a plus de chances de réussir que le premier : le clergé y est spontanément moins hostile, la séparation a renforcé l'autorité romaine sur l'Église de France ; enfin Pie XI est résolu à briser les résistances. Les mesures contre l'Action française (1926), la « mise au pas » de *La Croix* (1927), le prouvent éloquemment. *Quadregesimo anno* réaffirme et enrichit la doctrine sociale (1931). Surtout ce second ralliement est moins politique et va plus loin : il obéit moins à des considérations d'opportunité tactique qu'à des préoccupations apostoliques. Il ne vise pas à reconstituer avec les nouvelles puissances l'alliance dénoncée avec les anciennes : il s'agit d'assurer l'indépendance de l'Église. Très significative est à cet égard la sollicitude dont la Hiérarchie entoure la jeune Action catholique, comme son souci de la préserver des compromissions et des contaminations avec les partis et les ligues. Néanmoins, les mouvements d'Action catholique doivent encore composer avec d'autres organisations plus anciennes qui relèvent d'une autre conception des rapports entre les catholiques et la société. Deux notions différentes coexistent : celle qu'incarne la F.N.C. unit tous les catholiques sur le terrain de l'action civique et les amène parfois à se comporter comme un groupe de pression pour défendre les libertés religieuses menacées par le laïcisme ; l'autre, dont les mouvements spécialisés de l'Association catholique de la Jeunesse française représentent la forme la plus accomplie, pense rechristianiser la société en la prenant telle qu'elle est et en acceptant tout ce qu'elle propose de valable. Le conflit entre ces deux formes éclaire certains épisodes de la période.

Fertiles en problèmes, riches d'expériences de tous ordres, les années 1930 dessinent-elles une certaine courbe ? Au début de la période, la fraction la plus ouverte, ou la plus avancée, du catholicisme, forte du soutien de Rome, prend une conscience plus claire de ses déterminations et de leurs conséquences, et s'enhardit à mesure : des publications nouvelles naissent, les anciennes se développent. Mais une convergence d'indices donne l'impression qu'à partir de 1936 la tendance adverse relève la tête et retrouve des appuis considérables : une contre-offensive se développe dont telle publication fondée naguère à la demande de Rome fait les frais. A l'encouragement succède le désaveu, au ralliement, le raidissement. Vieillissement du pontificat, changements dans l'entourage, inquiétude suscitée par les progrès du communisme ? Tous ces facteurs ont sans doute additionné leurs effets : toujours est-il que l'orientation de fond semble s'être renversée. La période qui s'ouvrait sur la condamnation de la philosophie maurrassienne s'achève sur la levée de la condamnation (juillet 1939). Rapprochement symbolique. Ce n'est pas le moindre intérêt de cette dizaine d'années que d'inscrire dans leur espace une courbe presque achevée. Mais, dans l'intervalle, la tendance libérale a affermi ses positions, élargi son audience, conquis droit de cité dans l'Église.

Panorama des tendances

Si, fondamentalement, le dialogue oppose deux grandes tendances, sur les questions plus politiques la masse des catholiques se fractionne en un plus grand nombre d'écoles de pensée : Joseph Folliet croit pouvoir en dénombrer jusqu'à dix en 1939 ; sans atteindre un chiffre aussi élevé, une observation un peu attentive aux nuances en discerne aisément une bonne demi-douzaine en 1930. A l'extrême-droite, faut-il encore mentionner l'Action française ? Rejetée hors de l'Église, tous liens publics rompus, elle ne peut plus être considérée comme une des expressions authentiques du catholicisme français. Mais son influence, si elle décline, n'est pas éteinte : elle s'exerce encore sur d'importants secteurs par le canal d'une presse, notamment en province, nombreuse, tenace, combative, qui fait une guerre opiniâtre aux catholiques démocrates. A côté du nationalisme intégral retranché pour son paganisme, s'étale largement un nationalisme dont les positions pour être ordinairement moins fondées en doctrine, ne diffèrent guère de celles de l'Action française : ce nationalisme de la droite conservatrice associe une défense sourcilleuse de l'ordre social existant à une animosité constante contre l'esprit de Genève. *L'Écho de Paris,* lu par un public composé en majorité de catholiques, est un des porte-paroles de cette tendance : que le général de Castelnau, chef de la F.N.C., le prenne comme tribune chaque fois qu'il a un compte à régler avec d'autres catholiques, illustre à merveille la confusion persistante des plans et la survivance d'un temps où conservation politique et défense religieuse allaient de pair.

C'est contre cette collusion de la droite et de l'Église que s'insurgent les démocrates chrétiens : ils se reconnaissent à la sincérité de leur adhésion à la démocratie, à leur orientation sociale et à leur fidélité aux directives pontificales sur la paix. Vers 1930, le catholicisme social dont une branche puisa longtemps son inspiration dans une philosophie contre-révolutionnaire, coïncide dans l'ensemble avec la démocratie chrétienne : de l'un à l'autre on retrouve les mêmes hommes, un fond commun de préoccupations et de thèmes. La nouveauté de 1930 est que la démocratie chrétienne ne représente plus l'extrême-gauche du catholicisme, comme au temps des abbés démocrates. Mounier, par exemple, n'est pas démocrate chrétien : la controverse qui l'oppose à Paul Archambault, en 1934, est à cet égard des plus éclairantes. A gauche, on reproche aux démocrates chrétiens de reconstituer autour d'une certaine conception de la démocratie une confusion analogue à celle qu'ils reprochent à la droite traditionnelle. Il est vrai que dans une certaine mesure la position de Francisque Gay, directeur à la fois d'un journal d'information religieuse et d'un journal politique, citant dans *L'aube* ses articles de *La Vie catholique* et vice versa, ressemble étrangement à celle du général de Castelnau reprenant dans *La France catholique* les diatribes dont il avait donné la primeur à *L'Écho de Paris*. A l'extrême-gauche s'esquissent des tentatives de syncrétisme, dont on aurait tort de surestimer l'importance, entre communisme et christianisme. Encore ce schéma est-il loin de restituer la diversité des points de vue et la variété des tendances.

La presse catholique

A chacune de ces tendances correspondent des publications périodiques dont le rôle est essentiel dans leur existence. Elles n'en sont pas seulement le reflet : elles les aident à se constituer, leur permettent de prendre conscience de leurs particularités. Faute de trouver dans l'Église des supports analogues à ceux dont disposent les tendances politiques ou syndicales, les tendances de l'opinion catholique se regroupent spontanément autour des journaux. Depuis que le catholicisme français est entré dans l'âge de la presse avec Lamennais, les périodiques ont toujours été l'expression la plus visible de ses divergences internes et leur principal mode d'organisation : l'histoire tumultueuse, passionnée, des luttes internes du catholicisme français pourrait s'écrire presque uniquement avec des titres de journaux depuis *L'Avenir* et *L'Ère nouvelle* jusqu'à *La France catholique* et à *Témoignage chrétien* en passant par *L'Univers, Le Correspondant,* la presse des abbés démocrates, *La Bonne Presse,* et les revues des éditions du Cerf. C'est un trait caractéristique des époques où le catholicisme fait preuve d'un regain de vitalité que l'apparition de nouveaux organes de presse : le développement des périodiques semble, en particulier, aller de pair avec toutes les tentatives de ralliement : entre l'Église et la société le journal est l'intermédiaire naturel.

Le pontificat de Pie XI (1922-1939) est une période faste entre toutes pour la presse catholique. Une liberté plus grande dans l'Église ménage des conditions favorables : dans tel ou tel cas, le Saint-Siège lui-même encourage expressément les initiatives. Chaque année, ou presque, voit l'apparition d'une publication nouvelle : 1924, *La Vie catholique* ; 1925, *La France catholique* ; 1927, *Politique* ; 1928, *La Vie intellectuelle* ; 1932, *L'aube* et *Esprit* ; 1934, *Sept* ; 1935, *Terre Nouvelle.* Certes, cette chronologie énonce pêle-mêle revues et journaux, hebdomadaires et quotidiens ; surtout elle amalgame publications strictement catholiques et revues non confessionnelles, périodiques religieux et organes politiques. Mais, outre que la frontière entre les uns et les autres n'est pas toujours facile à tracer, ces publications ont un caractère commun : elles surgissent dans un secteur jusqu'alors assez défavorisé pour les moyens d'expression ; leur apparition, conjuguée avec le changement d'orientation imposé à des publications plus anciennes, telle *La Croix,* ruine le monopole de fait dont disposait jusqu'alors la presse conservatrice ou nationaliste et contrebat efficacement son influence sur l'opinion catholique. La paternité directe ou lointaine de presque tout ce qui s'accomplira après 1945, revient à cette presse des années 1930. Le nombre n'augmente pas seul : le rayonnement s'étend, la qualité intellectuelle s'élève aussi. Un journal comme *Sept* a tenu pendant près de quatre années une place éminente, dégageant une ligne originale, ralliant des sympathies, s'imposant à l'estime, marquant une génération : son influence n'est pas éteinte aujourd'hui.

Les leçons du choix

Il nous fallait faire un choix rigoureux. Tout l'imposait : le nombre des périodiques : n'estime-t-on pas à plusieurs milliers celui des publications catholiques ? La durée de la période et le foisonnement d'événements qui l'emplirent ; la variété des problèmes posés et leurs interférences. Comment choisir dans une pareille masse ? Nous a guidé le souci de citer des textes qui soient représentatifs de l'état d'esprit et des préoccupations des principales tendances. De tels textes ne se trouvent habituellement sous la plume des journalistes qu'à propos d'événements ou à l'occasion de controverses. Aussi la plupart des textes se réfèrent-ils à quelques-uns des événements marquants de la période ou sont-ils détachés d'une polémique. Sans l'avoir cherché, il se trouve que bon nombre des textes retenus ont quelque rapport avec la démocratie chrétienne ; elle est au cœur des débats parce qu'elle dénonce les conventions anciennes ; prise à partie de droite et de gauche, elle a souvent les positions doctrinales les plus originales et toujours la position pratique la plus malaisée. Le lecteur sera sans doute surpris, comme nous l'avons été nous-même, de la proportion de textes polémiques : ce n'est qu'un reflet de la fréquence des controverses, d'une violence extrême, qui éclatent entre tendances. Elles s'éteignent pour reprendre un peu plus tard ; il en est qui rebondissent après un silence de plusieurs années, tant elles ont laissé de ressentiments. Cette violence, ces soupçons, ces procès d'intention permanents, sont aussi un trait du climat de l'époque. Les débats de doctrine dégénèrent presque immanquablement en polémiques personnelles.

Le tour personnel des controverses et un autre trait qui retient l'attention : c'est qu'elles mettent aux prises les mêmes personnes. Le cercle est relativement étroit, les mêmes noms reviennent souvent, journalistes, écrivains, dirigeants d'organisations, qui écrivent beaucoup, souvent dans plusieurs publications, et ont comme pris l'habitude de s'affronter régulièrement. Cependant deux des noms qui reviennent le plus souvent, dont l'un n'est mêlé directement à aucune polémique, si l'autre est de presque toutes, ne sont pas des noms de journalistes : ce sont ceux d'un clerc et d'un laïc, le cardinal Liénart et le général de Castelnau. Le cardinal, évêque de Lille, intervint en plusieurs occasions décisives pour définir la doctrine ou rappeler la morale, défendre les syndicats injustement critiqués, mettre en garde contre les ligues, blâmer la campagne de calomnies qui avait acculé un homme politique au suicide. Il le fait en toutes circonstances avec une fermeté courageuse et lucide. On mesure à travers ces quelques textes la place que le cardinal Liénart a tenue pendant plus de quarante ans dans l'Église de France. Le chef de la F.N.C. se comporte en soldat qui aurait l'âme d'un grand inquisiteur : constamment sur le qui-vive, il prend feu au moindre article suspect de défaitisme. Ayant le courage de ses opinions, sans prudence, mais non sans talent, écrivant avec verve, c'est une personnalité haute en couleur et assez attachante. Le cardinal et le général, le jeune évêque et

20

le vieux militaire, appartiennent à deux générations. Ils personnifient aussi deux âges du catholicisme français, le général de Castelnau l'alliance de l'ordre social traditionnel et de l'Église, le cardinal Liénart l'effort d'une charité intelligente pour rétablir le dialogue entre l'Église et la société moderne. La juxtaposition de ces deux tendances, c'est tout le drame et aussi l'extrême intérêt de la période.

CHAPITRE I

PATRONS CATHOLIQUES CONTRE SYNDICATS CHRÉTIENS

ROME TRANCHE
1924-1929

Même pour qui acceptait l'enseignement social de l'Église, l'activité des syndicats chrétiens ne laissait pas de poser des questions : des salariés qui se réclamaient de l'Évangile avaient-ils, par exemple, le droit de recourir à la grève bien qu'elle semblât relever d'un esprit de violence et entretenir une lutte de classes ? Attaqués par l'extrême-droite, ils sont aussi en butte à l'hostilité du patronat catholique, même animé de préoccupations sociales.

Conflit dans le Nord

Le syndicalisme chrétien se trouve au cœur de controverses qui prennent naissance dans le diocèse de Lille. Ce n'est pas simple hasard : le catholicisme social possède depuis longtemps dans le Nord des positions solides, la tradition démocrate-chrétienne y est ancienne ; en outre les syndicats chrétiens trouvent en face d'eux un patronat puissant, imbu de sa supériorité, organisé, où les catholiques sont nombreux et actifs, et à qui ses initiatives sociales donnent bonne conscience. Il faut enfin tenir compte de la personnalité du nouvel évêque de Lille, Mgr Liénart. Leur conflit eut un grand retentissement, l'Église ayant à son propos officiellement défini sa position, en 1929, à l'égard du syndicalisme chrétien.

Les origines du conflit remontaient à près de cinq années. Le 26 août 1924, un patron du Nord, Eugène Mathon, agissant pour le Consortium textile de Roubaix-Tourcoing, formule en Cour de Rome un recours contre les syndicats chrétiens du Nord, taxés de démagogie socialiste, dénoncés comme fauteurs de troubles : année après année, il bombarde la Sacrée Congrégation du Concile, à qui la cause a été déférée, de volumineux mémoires où il a compilé laborieusement tous les faits qui pouvaient être à charge. La Sacrée Congrégation du Concile qui se donne le temps de la réflexion, rend sa sentence près de quatre ans plus tard : elle déboute pratiquement les accusateurs et justifie pleinement les syndicats chrétiens dans un document fort circonstancié (5 juin 1928, notons la date), véritable consultation doctrinale. Le texte est remis à Mgr Jansoone qui, en la vacance du siège (Mgr Liénart n'a pas encore été désigné), assure l'administration du diocèse. Le prélat le communique aux deux parties qui en prennent connaissance et le document n'est pas divulgué.

Soudain, quatorze mois plus tard, les *Acta Apostolicae Sedis* publient *in extenso* la lettre de la Sacrée Congrégation (9 août 1929). Pourquoi cette divulgation aussi inattendue que tardive ? L'année précédente, on avait clairement obéi au souci de ne pas ébruiter l'affaire : en 1929, les autorités romaines recherchent, non moins évidemment, la publicité. Que s'est-il passé dans l'intervalle ? Deux faits nouveaux qui ne sont pas sans rapport : la nomination au siège de Lille d'un nouvel évêque, Mgr Liénart, et un grave conflit social, la grève d'Halluin. Le 19 septembre 1928, le personnel d'une importante entreprise textile d'Halluin se mettait en grève : le 1er mars 1929, (six mois plus tard), les membres du syndicat libre (C.F.T.C.), jugeant suffisantes les garanties écrites obtenues des employeurs, décidaient la reprise du travail ; l'obstruction des autres syndicats les en empêcha. Quarante jours plus tard, le même scénario se reproduisit : décision de reprendre le travail, empêchements à la liberté du travail. La durée du conflit avait échauffé les passions (la grève prit fin le 10 avril). Une souscription ouverte en faveur des familles ouvrières par les syndicats chrétiens fut recommandée à la générosité des fidèles par l'évêque. Le patronat catholique y vit une rupture de la neutralité de l'Église : une circulaire du Consortium, envoyée à de nombreux prêtres, invita à relever les noms des personnalités qui avaient participé à la souscription : menace de chantage à peine déguisée.

Avec un tranquille courage, Mgr Liénart jugea qu'il devait rappeler les grands impératifs de la charité chrétienne : une lettre au clergé de son diocèse exposa les motifs de son intervention :

Un nombre assez considérable d'entre vous a reçu, je le sais, une circulaire n° 298 du Secrétariat du Consortium de l'Industrie textile de Roubaix-Tourcoing. Dans cette circulaire à propos de la souscription ouverte par les syndicats libres en faveur des familles ouvrières chrétiennes d'Halluin, réduites à la misère par la grève, vous avez pu lire ces phrases : « Cette souscription, comme celles qui ont déjà eu lieu dans les mêmes conditions à Halluin (voir notre note confidentielle n° 199 du 25 mai 1928) donne des noms des démocrates chrétiens, prêtres, docteurs, avocats, professeurs, etc. Cela peut constituer un répertoire utile à conserver. »
Ennemi de toute équivoque et ayant à défendre en la circonstance le libre exercice de la charité qui est une vertu simplement chrétienne, je vous expose les principes qui

m'ont guidé moi-même en cette affaire et dont aucune timidité ne doit nous écarter.

J'ai rempli mon devoir de charité en venant au secours de la misère physique. Quand un conflit social en vient à menacer des vies et des santés humaines, la charité doit aller au secours de ces misères. Elle n'a pas à se demander qui a tort et qui a raison...

J'ai rempli mon devoir de charité plus encore en venant au secours des âmes... J'ai reconnu la voix de l'âme chrétienne dans cette demande d'arbitrage formulée par les syndicats libres dans la deuxième phase de cette grève. L'arbitrage est un moyen moralement supérieur à la lutte sans merci, pour résoudre un conflit... Et puis je voyais pour les âmes de nos ouvriers chrétiens d'Halluin un grave péril. Si les communistes seuls donnent des secours à leurs adhérents, nos chrétiens dans la misère extrême seront tentés de s'inscrire dans leurs rangs. Qui donc y gagnerait ? Responsable des âmes de tous mes fils devant Dieu, je ne veux pas en laisser perdre une seule, la charité me l'interdit...

Il est périlleux, je le sais, d'aller au plus fort de la lutte au secours des blessés, au risque de recevoir les obus de l'ennemi et parfois aussi ceux de ses amis. Jamais je n'ai vu dans ce risque une excuse pour ne pas remplir mon devoir (1).

C'était désormais la guerre entre l'Évêque, à peine installé, et le patronat catholique de son diocèse. Il y a des raisons de penser que Pie XI voulut, en publiant la sentence de la Sacré Congrégation du Concile, rappeler les principes fondamentaux de la doctrine sociale de l'Église et asseoir l'autorité de Mgr Liénart. Est-ce pour cette raison que le texte fut postdaté d'une année et présenté comme s'il avait été adressé à Mgr Liénart, ou par inadvertance ? Toujours est-il qu'il apparaît comme la conséquence des événements d'Halluin.

Le Saint-Siège fit aussi droit à la demande des syndicats chrétiens :

(1) Cité par les *Dossiers de l'Action populaire,* 10 avril 1929.

L'on ignorait communément ce qu'il était advenu de la plainte lorsque le 11 mars 1929, à propos d'autres incidents ultérieurs, le même M. Mathon écrivit une longue lettre à Mgr Liénart. Sa missive citait quelques lignes d'une réponse reçue de Rome à ses précédents rapports ; et ces lignes paraissaient défavorables aux syndicats par lui incriminés. Il va sans dire que les intéressés s'émurent, réclamèrent le texte complet que le destinataire gardait par-devers lui. Et, pour couper court aux discussions ou aux gloses, Rome a pris le parti de publier officiellement le 5 juin 1929, par manière de communication à l'autorité diocésaine, le document dont le premier envoi sous forme privée remontait au 5 juin 1928 (1).

Quoi qu'il en soit des causes de sa publication, l'importance du document est capitale : il fixe les principes et manifeste sans équivoque que dans le litige entre employeurs et salariés l'Église n'est pas neutre :

Lettre de la S.C. du Concile à Mgr Liénart, Évêque de Lille

Illustrissime et Révérendissime Seigneur,
… On ne peut refuser aux ouvriers chrétiens le droit de constituer des syndicats à eux, distincts des syndicats patronaux, sans toutefois leur être opposés. Cela surtout quand, comme c'est ici le cas, ces syndicats sont voulus et encouragés par l'Autorité ecclésiastique compétente selon les règles de la morale sociale catholique...
De plus, il est évident que la constitution de tels syndicats, distincts des syndicats patronaux, n'est pas incompatible avec la paix sociale, puisque, d'une part, ils répudient par principe la lutte des classes et le collectivisme sous toutes ses formes, et que, de l'autre, ils admettent la forme de contrats collectifs pour établir des rapports pacifiques entre le capital et le travail.
Et les industriels ne doivent pas y voir un acte de défiance, spécialement dans les circonstances présentes,

---

(1) H. du Passage, sur le syndicalisme chrétien, *Études,* 20 octobre 1929.

quand apparaît clairement le besoin de promouvoir et de favoriser, à l'encontre du syndicalisme socialiste et communiste, des syndicats où les ouvriers chrétiens puissent traiter de leurs légitimes intérêts économiques et temporels, sans dommage pour leurs intérêts spirituels et éternels.

Sur ce point, il ne semble pas y avoir divergence entre les deux syndicats en conflit.

... La différence consiste en ce que le Consortium estime que, jusqu'à présent, les syndicats chrétiens ne sont pas *vraiment chrétiens,* en d'autres termes, il estime que dans l'exercice de leur activité ils n'ont pas été effectivement fidèles aux principes de la morale sociale chrétienne ; et à l'appui de cette affirmation il apporte un certain nombre d'allégations.

Réserve faite des intentions et de la bonne foi des recourants, on voit aussitôt combien est grave l'accusation. Aussi la Sacrée Congrégation, avant de prononcer aucun jugement, a-t-elle ordonné de multiples et attentives recherches : elle a recueilli, de sources très autorisées, des informations pleinement dignes de foi, pour apprécier le bien-fondé d'un si grave reproche.

Cela fait, la Sacrée Congrégation croit devoir déclarer que, selon des documents irréfragables et d'après les preuves recueillies, certaines des allégations sont exagérées ; d'autres, les plus graves, qui attribuent aux syndicats un esprit marxiste et un socialisme d'État, sont entièrement dépourvues de fondement et injustes...

Pour ce qui regarde la constitution, à titre exceptionnel, de ce que l'on appelle un *cartel intersyndical,* entre syndicats chrétiens et syndicats neutres ou même socialistes, pour la défense d'intérêts légitimes : qu'on se rappelle toujours qu'un tel cartel n'est licite qu'à la condition qu'il se fasse seulement dans certains cas particuliers, que la cause qu'on veut défendre soit juste, qu'il s'agisse d'accord temporaire et que l'on prenne toutes les précautions pour éviter les périls qui peuvent provenir d'un tel rapprochement.

Ces remarques faites, la Sacrée Congrégation déclare qu'elle voit avec faveur se constituer de ces syndicats ouvriers vraiment catholiques d'esprit et d'action, et elle fait des vœux pour qu'ils croissent en nombre et en qualité...

Passant ensuite à ce qui concerne directement les industriels du Consortium, la Sacrée Congrégation a pris connaissance avec un vif plaisir de tout ce que le Consortium a fait pour le soulagement de la misère des ouvriers, ainsi que des magnifiques œuvres de bienfaisance patronale qu'il a déjà organisées, spécialement par le développement des « allocations familiales », œuvre de haute charité en même temps que de justice sociale. Cependant, s'adressant à des catholiques, la Sacrée Congrégation ne peut pas ne pas les inviter à réfléchir que, dans la question entre industriels et ouvriers, pour maintenir la concorde et une paix durable, il ne suffit pas de faire appel à des « solidarités professionnelles » et de multiplier les œuvres de bienfaisance inspirées par une philanthropie purement humaine. La vraie concorde et la véritable paix ne peuvent s'obtenir que par l'adhésion *de tous* aux principes lumineux de la moralité chrétienne.

De même, la Sacrée Congrégation félicite ces industriels d'avoir senti et compris le besoin de constituer eux aussi une organisation patronale, afin de procurer plus efficacement la paix sociale.

Toutefois, elle n'a pas pu ne pas relever que, bien qu'individuellement, les dirigeants du Consortium fassent ouvertement profession de catholicisme, ils ont constitué de fait leur association sur le terrain de la neutralité...

La Sacrée Congrégation ne peut pas ne pas louer les Révérendissimes Ordinaires de la région du Nord d'avoir confié à des prêtres compétents et zélés le soin d'assister les dirigeants et les membres des syndicats au spirituel ainsi que pour les questions dans lesquelles se trouvent impliqués des principes de morale : elle fait des vœux pour que dans les autres régions industrielles les évêques nomment des prêtres « Missionnaires du travail », comme on les appelle, dont l'apostolat, outre qu'il protégera les populations contre le mal de l'indifférence et du péril socialiste et communiste, sera aussi un témoignage de la sollicitude maternelle dont l'Église entoure les travailleurs...

Enfin, la Sacrée Congrégation invite les uns et les autres,

patrons et ouvriers, à s'élever à des considérations et à des sentiments d'ordre supérieur. Les progrès si impressionnants du socialisme et du communisme, l'apostasie religieuse provoquée dans les masses ouvrières, sont des faits incontestables qui donnent à réfléchir sérieusement. Profitant des misères réelles des ouvriers, le socialisme et le communisme ont réussi à leur faire croire qu'eux seuls sont capables de promouvoir efficacement les intérêts professionnels, politiques et sociaux, et les ont groupés dans des organisations syndicales. Il est donc urgent que tous les catholiques unissent leurs forces afin d'opposer une digue à un si grand mal, qui entraîne tant d'âmes sur la voie de la perdition éternelle, et sape les bases de l'ordre social, préparant la ruine des peuples et des nations.

D., Cardinal Sbaretti, 5 juin 1929.

Ainsi la Sacrée Congrégation déclare-t-elle grandement exagérées ou entièrement fausses les allégations du Consortium. Mieux, elle retourne contre le patronat certaines de ses accusations : il reprochait aux syndicats chrétiens de n'être pas assez chrétiens dans leur comportement et c'est le patronat qui se fait sermonner pour ne s'être pas organisé sur le terrain confessionnel. Le texte est capital, sa publication est un acte décisif. Les autorités religieuses ne négligent rien pour en souligner l'importance.

La Croix du 17 août 1929 en propose le commentaire que voici :

La consultation signée par S. Ém. le cardinal Sbarretti, préfet de la Sacrée Congrégation du Concile, a été rédigée pour trancher un différend. Cependant elle est avant tout une œuvre doctrinale et un acte de pacification. Cette publication mûrement délibérée revêt un caractère de sereine et universelle consigne à tous ceux qui s'occupent d'action sociale et d'apostolat ouvrier...

Le directeur de l'*Osservatore Romano* en personne lui consacre un important commentaire :

Après une réponse de la Sacrée Congrégation du Concile Justice et charité

Les conclusions de la S.C. du Concile à propos du conflit entre les industriels et les ouvriers de la région Roubaix-Tourcoing, diocèse de Lille, constituent une des plus belles pages de l'Église sur la question sociale. Non pas qu'on y lise quelque chose de nouveau : la doctrine magnifiquement exposée par les Souverains Pontifes de Léon XIII à Pie XI est renfermée complètement et parfaitement dans les préceptes évangéliques et dans les lois et applications morales. Mais parce que la synthèse de ces principes supérieurs, leur application aux questions contenues dans la requête de M. Mathon à la Sacrée Congrégation romaine est si claire et si pratique qu'elle constitue la preuve du feu pour toute théorie en face de la réalité en même temps qu'elle en scelle et consacre toute la valeur intime pour la vie.

Ne commentons pas ; ne démontrons pas ce qui saute aux yeux et saisit l'esprit et la conscience de quiconque a pu parcourir le document. La question du Consortium patronal et des syndicats chrétiens n'a pas à attendre d'autre solution, elle est sagement résolue. Cette solution n'est que la trop juste sanction de ce facile et rapide oubli qui parmi les classes et dans la société a fait disparaître si vite de la mémoire cinquante années d'études, de discussions, de critiques, d'attaques et de luttes qui déterminèrent finalement l'affirmation solennelle de la doctrine sociale catholique et de l'autorité de l'Église sur la « question ouvrière », problème immense, bien plutôt moral qu'économique ; elle n'est également que la trop juste sanction de cette paresse d'esprit qui a fait croire beaucoup et depuis longtemps que « l'idée » chrétienne devait se tenir avec toute sa... splendeur idéale dans les nuages des théories où elle se trouverait fort bien et ne viendrait pas s'avilir sur la terre où patrons et ouvriers lui brûleraient tour à tour de l'encens suivant les fluctuations du sort, tout en méprisant volontiers les tables de la loi [1].

---

[1] T. (comte Dalle Torre), *Osservatore Romano*, 23 août 1929, traduction française de la *Documentation catholique*, 5 octobre 1929.

Si grande est l'importance attribuée à ce texte que le journal du Saint-Siège revient deux jours plus tard sur ses enseignements :

> ... Ce que Rome veut voir disparaître de chez les catholiques, c'est l'hostilité de principe aux organisations ouvrières et chrétiennes et aux prêtres qui ont reçu de leurs évêques la mission de les aider à rester fidèles aux directives de l'Église [1].

Mgr Liénart porte la lettre de la Sacrée Congrégation à la connaissance de ses diocésains qu'il invite à la compréhension mutuelle et à la docilité filiale :

> Nos très chers frères,
> En promulguant aujourd'hui dans Notre diocèse la lettre que Nous avons reçue de la Sacrée Congrégation du Concile. Nous invitons tous les fils de la Sainte-Eglise, prêtres et fidèles, patrons et ouvriers, à ouvrir leurs yeux à la lumière et leurs cœurs à la paix.
> Vous trouverez, Nos très chers frères, une bienfaisante lumière dans ces pages où, avec tant de netteté et de force, l'Église expose un point de sa doctrine sociale par la voix unanime de ces augustes pontifes : Léon XIII, Pie X, Benoît XV et Pie XI, glorieusement régnant. Elle n'a d'autre souci que de garantir l'intérêt supérieur des âmes et d'assurer le bien de la société humaine sur lesquels les problèmes économiques ont de si graves répercussions. Elle vous parle comme à ses enfants, elle vous montre la voie du salut, vous marcherez à sa lumière.
> Vous sentirez aussi, si vous lisez ce texte avec un cœur filial, comme il est inspiré, d'un bout à l'autre, par l'Esprit de paix. Et, nous le souhaitons ardemment, vous vous laisserez gagner par cet esprit.
> Ce serait dénaturer ce document que d'en faire une arme contre qui que ce soit, tandis qu'il vise à proposer les bases d'une entente. Au lieu donc que chacun des partis arrête de préférence son attention sur ce qui est dit de

(1) P..., *Osservatore Romano,* 25 août 1929.

l'autre, que chacun reçoive humblement pour lui-même les conseils qui lui sont adressés et s'efforce loyalement de les mettre en pratique. L'apaisement est à ce prix, et tous, nous voulons le croire, le souhaitent.

La tâche qui s'offre ainsi à votre activité est splendide. Il s'agit d'établir en France, et spécialement dans notre chère région du Nord, un ordre social chrétien. Tous, prêtres et fidèles, nous sommes appelés à y travailler dans une étroite et confiante collaboration. Il faut pour cela, dans tous les rangs de la société, des âmes profondément chrétiennes et dociles à la voix de l'Église. Elles existent en très grand nombre. Il faut qu'elles créent des institutions stables, représentant les intérêts divers des patrons et des ouvriers mais entretenant entre elles des rapports sincères et également soumises aux grandes lois chrétiennes de justice et de charité. Voilà l'entreprise à laquelle l'Église nous convie...

Lourdes, le 28 août 1929, Achille, Évêque de Lille (1).

Échos dans le pays

La presse docile aux inspirations pontificales se réjouit de cette intervention solennelle qui ne laisse aucune place au doute sur les orientations du Saint-Siège. *La Vie Catholique* ne perd pas une si bonne occasion de prendre *L'Action Française* en flagrant délit de gallicanisme :

Un patron chrétien, trompé sans doute par des rumeurs calomnieuses, a cru devoir porter devant la suprême autorité religieuse les griefs qu'il a ramassés contre les syndicats libres du Nord, affiliés à la Confédération française des Travailleurs chrétiens. Le mémoire qu'il présentait à l'appui de ses allégations, énonçait quelques faits manifestement controuvés ou dont l'interprétation tendancieuse provient de malentendus sinon d'erreurs matérielles. Cependant l'accusation était grave. Il s'agissait tout

(1) *Semaine religieuse de Lille,* 1er septembre 1929.

uniment d'une compromission des syndicats libres avec le communisme, d'une collusion morale et pratique de leurs dirigeants avec les fauteurs du socialisme d'État... Ces calomnies ont circulé dans une certaine presse qui, naguère encore, leur faisait écho.
Au lendemain même du jour où la décision du Saint-Siège fut connue en France, n'a-t-on pas vu *L'Action française,* donnant une fois de plus libre carrière à son imagination délirante, expliquer la sentence pontificale par le désir d'un prochain accord entre le Vatican... et les Soviets ? *La Vie catholique* qui s'était attachée, en défendant les syndicats libres odieusement attaqués, à servir la cause de la vérité et du droit, accueille avec respect et avec joie la sentence de Rome (1).

Effectivement, les journaux royalistes accueillirent fort mal le document romain, lui cherchant des explications politiques. Avant même de connaître toutes les pièces de l'affaire, Charles Maurras évoque déjà le ferment révolutionnaire de l'Évangile :

> ... Nous considérons qu'il n'y a point de mal comparable à celui d'une économie sociale où le désordre sera provoqué parce qu'il sera béni, par les autorités morales qui ont droit à tous les respects.
> Nous ne désespérons pas de trouver dans *La Croix* de ce soir le texte officiel des sentences rendues à Rome en faveur de Mgr Liénart et de ses prêtres démagogues. On saura tôt ou tard si le tribunal romain a pris parti en faveur de « l'éternel ferment révolutionnaire de l'Évangile ». Et quand on le saura, il y aura le plus grand intérêt à se demander si les doctrines honorées pour la France des bénédictions de l'Autorité jouiront des mêmes prérogatives dans l'Italie de Victor-Emmanuel et de Mussolini (2)...

La presse royaliste de province fait écho au journal

(1) *La Vie catholique,* 24 août 1929.
(2) *L'Action française,* 19 août 1929.

parisien : *Le Télégramme du Nord,* directement inté-
ressé par l'affaire, s'avise d'un point de chronologie et
soulève, le 31 août 1929, le problème de la publication
retardée :

> ... Le document dont nous venons de donner les grandes
> lignes se suffit à lui-même. Nous pourrions nous passer
> d'en tirer une conclusion qui n'y ajouterait pas grand-
> chose. Un mot pourtant. Avaient-ils bien entendu l'appel
> émouvant de la Sacrée Congrégation ceux qui, un an
> après le jugement, en donnèrent une traduction si infi-
> dèle, oubliant au surplus que des faits nouveaux s'étaient
> produits depuis lors ?
> Et la grève d'Halluin nous semble un fait nouveau
> d'importance. Qui donc au surplus fait croire que le
> jugement est tout récent ? 5 juin 1929, a-t-on imprimé
> alors qu'il est du 5 juin 1928 ? Qui a fait croire qu'il
> avait été envoyé à Mgr Liénart alors qu'il avait été remis
> à Mgr Jansoone, administrateur du diocèse de Lille en
> octobre 1928 ? Dans tous les pays du monde on appelle
> cela un faux. Si les grands journaux catholiques qui ont
> publié le document n'ont pas voulu tromper, qui les a
> trompés ? La question mérite d'être posée...

Les questions de la presse d'extrême-droite amènent
Mgr Liénart à faire une mise au point :

> Nos très chers frères,
> Notre dessein, en vous adressant cette nouvelle lettre, est
> d'empêcher les ténèbres d'étouffer la lumière offerte à
> toutes les âmes de bonne volonté par la Sainte Église
> Notre Mère.
> Nous vous donnerons les éclaircissements rendus nécessai-
> res par les attaques malveillantes ou les interprétations
> dangereuses, qui ont été lancées, par diverses publica-
> tions, contre le texte du document de la Sacrée Congré-
> gation du Concile sur la question syndicale.
> Et d'abord voici les erreurs :
> 1) La décision romaine, ayant été provoquée par une
> requête du 26 août 1924 et fixée dans sa forme dès le 5

juin 1928, ne vaudrait plus grand-chose depuis la grève des banques et les grèves d'Halluin.

2) Un « faux » aurait été commis par la Sacrée Congrégation elle-même, par le fait qu'elle a publié sous la date du 5 juin 1929 et en l'adressant nommément à l'actuel évêque de Lille ce document, communiqué d'abord par elle, sous la date du 5 juin 1928 à l'adresse de Mgr Jansoone, alors administrateur apostolique du diocèse.

Pour dissiper la première erreur, il suffit de lire, dans son entier, le texte du document. Ceux qui insinuent ou soutiennent que la décision romaine ne vaut plus grand-chose après la grève des banques ou les grèves d'Halluin, ont complètement passé sous silence la première partie du document... Soit, dira-t-on, mais les principes mis à part, il reste que si la S. Congrégation du Concile avait porté son jugement pratique après la grève des banques ou celles d'Halluin, il eût été différent. Nous allons montrer le contraire.

Comment la Sacrée Congrégation a-t-elle procédé dans cette affaire ? Saisie dès le 26 août 1924 d'une requête contre les syndicats chrétiens de notre région, elle a soigneusement examiné la question pendant près de quatre ans. Son examen a porté sans doute sur les faits antérieurs présentés par l'accusation, mais aussi sur ceux qui surgissaient au cours même de l'enquête et qu'elle pouvait observer sur le vif. La grève des banques qui eut lieu en 1925 est évidemment de ce nombre car elle était finie depuis longtemps quand fut rédigée la sentence, le 5 juin 1928. A cette époque, l'avant-dernière grève d'Halluin venait aussi de se terminer depuis quelques jours, mais elle avait duré plusieurs mois et Rome n'eût pas justifié les syndicats libres des reproches formulés contre eux si elle eût estimé que juste à ce moment leur attitude dans ce conflit eût été condamnable.

Au contraire, ayant formulé son jugement décisif, elle l'adressa à Mgr Jansoone, alors administrateur apostolique du diocèse de Lille, avec mission de le communiquer aux intéressés. Le mandat fut rempli.

Mais la Sacrée Congrégation n'avait pas dit son dernier mot. Elle avait demandé à être mise au courant des résultats de son intervention et elle continuait à suivre attentivement les événements. Or depuis septembre 1928 une nouvelle grève avait éclaté à Halluin. Elle attendit la fin du douloureux conflit, et, jugeant plus opportun que jamais d'attirer l'attention des patrons et des ouvriers catholiques sur les recommandations qu'elle avait adressées aux uns et aux autres, et de les exhorter à travailler à la paix et à la constitution d'un ordre social chrétien, elle décida de faire dans les Actes officiels du saint-siège la publication du document... Maîtresse de son texte, la Sacrée Congrégation du Concile pouvait si bon lui semblait s'en servir deux fois...

Une fois de plus l'Église nous convie, Nos très chers frères, à une grande et féconde entreprise. Elle n'a pas de vues dominatrices et ne prétend pas régir souverainement l'ordre économique qui n'est pas son domaine propre. Mais elle ne peut renoncer à y exercer une influence moralisatrice. Elle veut pénétrer de son esprit et de sa doctrine les institutions sociales existantes et favoriser l'essor de celles qui sont légitimes et chrétiennes. L'entreprise n'est pas au-dessus des forces et de la bonne volonté des patrons et des ouvriers catholiques de Notre cher diocèse.

8 septembre, Achille, Évêque de Lille (1).

Toute la France catholique avait suivi l'affaire de près : vingt *Semaines religieuses* avaient reproduit avant la fin septembre le texte même de la lettre, quarante-cinq autres en avaient cité des extraits ou publié des notes de l'Ordinaire. Quelques mois plus tard, la pourpre cardinalice conférée à Mgr Liénart apportait à ce jeune évêque un gage exceptionnel de la confiance du Pape et l'opinion catholique y voyait, à juste titre sans doute, un prolongement de l'affaire qui avait opposé les syndicats chrétiens au patronat catholique.

Le syndicalisme chrétien obtenait droit de cité dans l'Église. L'autorité religieuse montrait le cas qu'elle faisait des allégations de ses adversaires, les organisations

(1) *Semaine religieuse de Lille,* 15 septembre 1929.

confessionnelles l'admettaient dans leurs rangs, la presse catholique applaudissait à ses progrès. D'année en année il allait affirmer ses positions, en attendant l'afflux d'énergies que lui apporterait, comme à tout le mouvement ouvrier, le grand élan de juin 1936.

CHAPITRE II

BRIAND, L'ALLEMAGNE
ET LES MARCHANDS DE CANONS
1931-1935

Le problème de la paix, comme on l'appelle alors couramment, tient une place importante dans les débats de politique intérieure. Les divergences qui fragmentent l'opinion catholique à son propos sont vives. La condamnation de l'Action française, pour son nationalisme intégral, n'y a pas mis fin. Au contraire.

Les catholiques sont-ils briandistes ?

Un nom personnifie la politique de paix et la confiance dans l'organisation juridique des rapports entre nations : Briand, ministre des Affaires étrangères depuis des années presque sans interruption. Exécré de la droite nationaliste, suspect aux conservateurs et à beaucoup de catholiques qui n'ont pas oublié son rôle dans le vote de la Séparation, il trouve le soutien chaleureux des démocrates chrétiens et les encouragements du Saint-Siège.

Le 1er janvier 1926, en présentant au Président de la République les vœux du corps diplomatique, le nonce apostolique, le cardinal Ceretti, qui s'apprête à quitter son poste, célèbre l'accord de Locarno et l'œuvre de Briand :

> Cette année, cette paix que nous désirions tous si ardemment n'est plus seulement une espérance. Un événement que l'histoire inscrira dans ses plus belles pages, en tête, nous pouvons et nous devons le croire, d'un de ses plus beaux chapitres vient, il y a quelques semaines à peine, de marquer la première réalisation de nos espoirs. Sans doute, l'œuvre magnifique de Locarno a-t-elle encore à porter ses fruits mais l'arbre enfin est planté, et c'est avec un accent plus joyeux qu'a dû voler, ces jours derniers, sur la terre de notre vieille Europe, le chant séculaire que j'évoquais voici déjà plusieurs années en pareille circonstance : « Gloire à Dieu, dans les cieux et sur la terre, paix aux hommes de bonne volonté »... C'est en France plus que partout ailleurs, et ce sera sa gloire, Monsieur le Président, que se sont trouvés les hommes de bonne volonté, et il en est un entre tous auquel vont, en même temps qu'à vous, Monsieur le Président, nos sentiments unanimes d'admiration et de reconnaissance pour une tâche qui est, à plus d'un titre, la sienne propre (1)...

Un an plus tard, même circonstance, même langage : seul l'orateur a changé : c'est le nouveau nonce, Mgr Maglione :

> ... [Nos vœux] sont sincères et chaleureux ; ils vous disent avec quelle sympathie et quelle satisfaction nous suivons les efforts accomplis par la France pour la pacification des peuples. Nous sommes certains que votre gouvernement poursuivra cette œuvre digne des traditions de votre pays, de son âme et de son grand cœur. La pleine confiance que nous en avions déjà a été encore confirmée par les projets que votre ministre des affaires étrangères exposait, il y a un peu plus de trois mois, aux représentants d'un si grand nombre de nations. Nul ne peut se rappeler sans émotion le discours qu'alors il

(1) *Documentation catholique*, 16 janvier 1926.

prononça (1). Ses paroles, si éloquentes et si profondément senties, exprimaient l'aspiration des peuples vers ce rapprochement et cette fraternité spirituelle qui les mettront en mesure de panser leurs blessures et qui les achemineront, par une émulation toute pacifique, vers des progrès moraux, économiques et sociaux toujours plus grands. Pour cette œuvre bienfaisante, la France peut être assurée de l'active et loyale collaboration de nos gouvernements et en particulier, qu'on me permette de le dire, de Celui qui n'a jamais cessé d'appeler avec la tendresse d'un Père et au nom du Prince de la paix, le désarmement des esprits (2)...

Le discours de Gourdon

Le 14 juin 1931, Briand prononce à Gourdon (Lot), en présence d'une foule considérable, un discours où il énonce les principes de sa politique. On l'accuse d'avoir saboté le traité de Versailles ? Il l'a amélioré. La guerre n'éclatera pas, s'il y a à la tête des gouvernements des hommes animés par l'amour de la paix. Acclamé par les auditeurs, Briand est pris à partie à la Chambre le surlendemain : le cabinet paraît même menacé. Les journaux dociles aux orientations pontificales jugent le moment venu de prendre leurs distances par rapport à la presse nationaliste lue de la majorité des catholiques. Francisque Gay adresse une lettre ouverte à Briand, en sa qualité de directeur de *La Vie catholique* :

Paris, le 15 juin 1931.
Monsieur le Ministre,
Le magnifique succès de votre retentissant discours de Gourdon réjouit tous les amis de la paix...

(1) Allusion au discours prononcé par Briand à l'Assemblée de la Société des Nations, à Genève, le 10 septembre 1926 qu'il conclut par la célèbre apostrophe : « Arrière les fusils, les mitrailleuses, les canons ! Place à la conciliation, à l'arbitrage et à la paix ! » Il prend acte de la réconciliation avec l'Allemagne qui est alors admise à la S.D.N.
(2) *Documentation catholique,* 8 janvier 1927.

... Il importe que l'on comprenne enfin, à droite comme à gauche, qu'il y a une concordance entre les grandes lignes de la politique internationale dont vous vous êtes fait le champion, Monsieur le Ministre, et les directives sur la paix si souvent données par Benoît XV et Pie XI.

Oui, il y a une doctrine catholique de la paix, que les Papes n'ont cessé de préciser et de définir, dans leurs Encycliques ou leurs allocutions les plus solennelles.

En des actes officiels, ils ont tenu à faire savoir qu'ils accordaient toute confiance aux nouvelles institutions internationales : Cour de La Haye, Société des Nations, Bureau international du Travail, Confédération intellectuelle.

Bien plus, chacune de vos généreuses initiatives pour la paix, Monsieur le Ministre, reçoit aussitôt la plus chaleureuse, la plus explicite approbation du chef de l'Église. En 1925, S.S. Pie XI tient à saluer le Pacte de Locarno, « comme un sérieux progrès dans la voie de la pacification ». Depuis, le plan Young, le pacte Briand-Kellogg, la Fédération européenne rencontrent la même adhésion toujours fortement motivée de « Celui qui n'a jamais cessé d'appeler avec la tendresse d'un père et au nom du Prince de la paix, le désarmement des esprits. »

Aussi, ils sont nombreux, en France comme dans tout l'univers, les catholiques qui ne sont plus disposés à tolérer que l'attitude hostile de certains personnages puisse faire oublier les déclarations si catégoriques des plus hautes autorités religieuses.

Trop longtemps les catholiques ont étouffé leur honte et leur indignation d'apparaître devant le pays complices, en quelque façon, de l'abominable campagne d'injures, de calomnies, voire de menaces criminelles dirigées contre votre personne, Monsieur le Ministre, et à travers votre personne contre votre œuvre, par des *condottiere* de la plume : des Maurras, des Daudet et des Coty.

Non seulement nous ne permettrons plus que, désormais, on rende l'Église responsable de ces honteuses provocations, mais même nous entendons répudier hautement toute solidarité avec d'autres formes peut-être plus modérées du même chauvinisme, que nous croyons et que

42

nous savons pareillement contraire à la doctrine de paix de l'Évangile et de l'Église.

C'est pour cela, en dépit de tout ce qui, sur d'autres points, peut nous séparer, Monsieur le Ministre, que j'ai tenu à rendre cette lettre publique. Et je sais bien qu'ils sont innombrables les bons catholiques de France, clercs ou laïcs, religieux de tous ordres, professeurs de nos Facultés ou de nos écoles libres, ouvriers, cultivateurs ou bourgeois, desservants de paroisses rurales ou curés de nos grandes cités qui, aujourd'hui, s'ils l'avaient osé, vous auraient déjà écrit pour vous adresser — comme je me suis permis de le faire — leur merci reconnaissant.

Et maintenant de toutes nos forces, nous espérons, Monsieur le Ministre, que, demain, comme hier, vous attesterez que, pour réaliser votre magnifique programme de concorde et de paix à l'intérieur et à l'extérieur, le concours de toutes les forces morales est requis et plus particulièrement le concours de l'Église dont le Chef ne cesse de jeter à travers l'univers son émouvant appel pour la paix du monde par la charité du Christ.

Aussi bien, nous avons confiance que votre haute sagesse et votre généreux dévouement au bien commun vous concilieront enfin la reconnaissance de tous les bons citoyens unanimes.

Dans cet espoir, je vous prie d'agréer, Monsieur le Ministre, l'hommage de mon plus profond respect.

Francisque Gay (1).

Le briandisme n'est pas autre chose que le catholicisme

Pour s'exprimer avec plus de modération, le R.P. Merklen, directeur de *La Croix* depuis 1927, est à peine moins favorable. Il introduit seulement d'utiles distinctions. C'est aussi qu'il engage infiniment plus que le directeur de *La Vie Catholique*. Les catholiques sont-ils briandistes ou non ? La réponse dépend essentiellement de ce qu'on entend par là. La sympathie pour

(1) *La Vie catholique,* 20 juin 1931.

43

l'homme ? Les catholiques sont absolument libres d'en éprouver ou de n'en pas éprouver. L'adhésion complète aux méthodes et aux directives qui caractérisent, depuis Locarno, la politique du Quai d'Orsay ? Ici encore les catholiques ont toute liberté. Le briandisme, envisagé et défini de la sorte, est absolument indépendant du catholicisme.

Mais il reste une troisième acception, intermédiaire en quelque sorte et moyenne, du briandisme. On entend par ce mot, en France et en Europe, une certaine orientation générale de la politique de paix. Pour maintenir la paix dans le monde, M. Briand et ses disciples comptent beaucoup plus sur la pacification des âmes et le rapprochement des esprits que sur les moyens de coercition et sur le développement des armements.

Eh bien ! reconnaissons-le hautement, ce « briandisme » n'est pas autre chose que le catholicisme.

Ce n'est pas M. Briand qui l'a inventé ; ce ne sont pas les radicaux-socialistes et les divers partis politiques de gauche qui en ont le monopole.

Cette orientation générale — qui ne fait d'ailleurs fi ni de la défense nationale, ni des armements indispensables — est celle qu'au nom de la doctrine traditionnelle Benoît XV et Pie XI, après leurs prédécesseurs, n'ont cessé de recommander comme seule pratique, comme seule chrétienne, aux chefs d'État et au monde.

... Pour cette orientation générale, M. Briand mérite, incontestablement, l'appui et les félicitations de tous les vrais catholiques. Le Saint-Siège, qui se garde bien de s'occuper de politique proprement dite, ne pouvait sur ce point renier la tradition évangélique ni méconnaître l'inspiration généreusement chrétienne qui guide la politique de notre ministre des Affaires étrangères et l'engage dans les voies de la conciliation et de l'arbitrage : discrètement, il a reconnu les mérites de ses initiatives.

Cela peut irriter les ennemis acharnés de M. Briand, leur donner occasion à de nouvelles injures et à de nouvelles injustices envers le Souverain Pontife et ses fils fidèles. Cela révèle surtout dans certaines âmes, qui n'en ont probablement pas conscience, une mentalité païenne, un catholicisme rétréci, une diminution d'esprit surnaturel (1).

Quand Briand quitte la scène politique, le spécialiste de politique étrangère de *La Croix* loue ses qualités d'homme d'État :

... Briand ne fut donc pas l'homme de toutes les abdications, loin de là. Il sut au contraire donner à la France, en Europe et dans le monde entier, un prestige incomparable sans jamais perdre de vue les intérêts de notre pays. Mais les intérêts de notre pays ne se confondent-ils pas avec les intérêts mêmes de la paix ?... Il eut... une tribune incomparable que ses prédécesseurs ne connurent point : la Société des Nations. Et là aussi, il sut quand il le fallait, parler haut et ferme... Et surtout, celui qui s'en va sut comprendre et incarner l'idée de la solidarité matérielle et spirituelle des peuples. Il disait un jour à Mac Donald : « Faites attention ! Si vous montrez le bout de votre oreille protestante, je montrerai le bout de mon oreille catholique. » Voulait-il signifier par là que la collaboration internationale devait sortir des généralités vagues pour s'intégrer dans les faits ? ou que le particularisme politique et religieux des Anglo-Saxons devait faire place à une conception plus large, plus humaine ? Les deux sans doute. Et à l'heure où le monde sent confusément que, bon gré, mal gré, par l'enchevêtrement des intérêts économiques et financiers, il forme un tout inséparable, mais qui est encore profondément divisé sur le plan moral et « émotionnel », à l'heure où il semble presque ironique de rappeler la signature, vieille de trois ans et demi, du pacte Briand-Kellogg de la mise de la guerre hors la loi, à cette heure même, nous éprouvons la valeur essentielle des idées dont Briand fut le protagoniste. Elles peuvent subir une éclipse passagère, elles reparaîtront tôt ou tard si le monde ne veut pas sombrer dans le chaos (2).

(1) *La Croix,* 20 juin 1931.
(2) Jean Caret, *La Croix,* 22 janvier 1932.

Après le panégyrique, l'oraison funèbre. Briand meurt quelques semaines plus tard : *L'aube* titre en première page sur quatre colonnes :

> M. Aristide Briand est mort. Grand Français, Grand Européen il fut le défenseur de toutes les idées fondamentales concernant l'organisation de la paix internationale et européenne.
>
> C'est ce courage qui lui valut « ! 'abominable campagne d'injures, de calomnies, voire de menaces criminelles » que stigmatisait l'un des futurs directeurs de *L'aube* dans la lettre publique qu'il adressait à M. Briand, le 15 juin 1931, au lendemain du retentissant discours de Gourdon. Mais la parole du Nonce Apostolique à Paris avait déjà vengé l'homme d'État calomnié et coupé court à une dangereuse équivoque (1).

Le contraste est saisissant avec les sentiments que trahit le même jour Léon Daudet : exécration et fureur de voir un ennemi détesté se soustraire par la mort au châtiment mérité :

L'ennemi de son pays

> Mort politiquement depuis le 13 mai 1931, où il avait été battu par Doumer, Briand vient de mourir en fait, et il aura probablement, du plus infâme de tous les régimes, qui est le régime républicain, des funérailles « nationales ». Il est à souhaiter pour le parachèvement du symbole qu'on le porte ensuite au Panthéon. L'Allemagne et le Vatican, *arcades ambo,* vont prendre le deuil, en même temps que *La Croix*, la Maçonnerie et la police. Le poteau de Vincennes devra renoncer au ministre « inamovible » des Affaires étrangères, à qui la France doit l'anéantissement de sa dure victoire et la nouvelle menace de guerre suspendue. Car il meurt, le

(1) Georges Hoog, *L'aube,* 8 mars 1932.

misérable, à la veille de l'élection présidentielle allemande, qui renferme l'alternative soit d'Hindenburg, soit d'Hitler. Son trépas le soustrait au châtiment, légal et solennel, qu'il méritait (1).

Le pamphlétaire ne se trompait pas sur les sentiments de Rome : le journal du Saint-Siège consacre le lendemain, en première page, un grand article élogieux à Aristide Briand :

> Une chose est certaine, c'est que, dans les dernières années de sa vie, M. Briand comprit la force, la puissance et peut-être la beauté de l'idée religieuse et de la mission de l'Église (2).

Léon Daudet prédisait des funérailles nationales : il n'avait, à coup sûr, pas prévu les obsèques religieuses. Que le cardinal Verdier donnât l'absoute à l'ancien rapporteur de la loi de Séparation, alors qu'on refusait les derniers sacrements aux militants d'Action française, dont le seul crime était d'avoir dévoué leur vie à la défense de l'ordre social, fit scandale. Une mise au point s'imposait :

Pourquoi M. Briand a-t-il eu des obsèques religieuses ?

> ... Injustice, s'écrient quelques extrémistes de gauche et de droite. On enterre religieusement Briand, on refuse la sépulture religieuse aux militants catholiques de l'Action française.
> Le droit canonique pourtant ne change pas. L'Église l'interprète pour tous avec la même mansuétude. Les insoumis de l'Action française sont des pécheurs publics, manifestes et notoirement impénitents. C'est peut-être de cette impénitence qu'ils se glorifient le plus. Ils seraient, semble-t-il, les premiers à protester si l'on voulait les faire bénéficier d'un doute bienveillant en faveur de leur

(1) *L'Action française,* 8 mars 1932.
(2) *Osservatore Romano,* 9 mars 1932.

repentir. De quelle injustice alors se plaignent-ils ? Hélas ! Si ceux qui ont perdu la foi par faiblesse morale et absence de pratiques religieuses arrivent assez facilement à reconnaître leurs torts et à s'humilier devant l'Église au dernier moment, ceux qui deviennent indociles par orgueil — les hérétiques — se convertissent rarement... Alors ils n'arrivent pas à comprendre toute la différence qui sépare aux yeux de l'Église — aux yeux de Dieu — des gens actuellement en révolte contre les défenses et condamnations constamment répétées par le Saint-Siège et un homme d'État frappé d'excommunication dans le passé, sans qu'il y ait eu d'ailleurs sentence déclaratoire ou condamnatoire, mais qui depuis plus de dix ans n'a cessé de manifester, par des actes de son gouvernement son désir d'apaisement et de bonne entente (1).

Les chances étaient minces que ces explications convainquissent les journalistes de *L'Action française*. L'incident les confirma dans l'idée que le Vatican avait partie liée avec les ennemis de la France :

Après les élections allemandes

Ajoutez à cela que la Nonciature-Kommandantur de Paris, à laquelle préside Mgr Maglione, est un foyer d'intrigues allemandes, où les Pédés (2) et les *Croix* (plus ou moins gammées), à défaut de *L'aube* claquée et gisante, travaillent à assujettir le bandeau vaticanesque sur les yeux des infortunés catholiques de France. Une partie de la barrière traditionnelle aux incursions germanophiles de la Maçonnerie a ainsi sauté. De longue date, comme l'a montré M. Fervacques (3), dans un ouvrage retentissant, l'influence française en Alsace-Lorraine a été

---

(1) R.P. Merklen, *La Croix,* 16 mars 1932.

(2) Jeu de mots sur les Démocrates populaires. Les démocrates d'inspiration chrétienne ont constitué en 1924 le Parti démocrate populaire.

(3) P. Fervacques (alias Rémy Roure, qui militera dans la Résistance, sera déporté et écrira dans *Le Monde* après la guerre) a publié en 1930 un livre intitulé *L'Alsace et le Vatican.*

sapée par le clergé et les journaux des abbés Haegy et Muller (1), eux-mêmes excités en dessous et soutenus par le plus que funeste cardinal Gasparri et son bras droit, le cardinal Cerretti. Le jour où sera introduite, à la Société des Nations ou au Reichstag ou aux deux à la fois, la proposition — qui nous pend au nez — d'un plébiscite en Alsace-Lorraine, toutes ces ignobles *Croix,* où l'on se demande si les massacres de Dinant, le 23 août 1914, « sont bien vrais », marcheront comme un seul tartuffe aux mains jointes et aux yeux baissés, pour la consolante intervention d'un plébiscite en Alsace-Lorraine (2).

Le rapprochement franco-allemand

La sympathie pour la politique que personnifie Briand, le désir de travailler au rapprochement des peuples ne sont plus le monopole de quelques publications. Dociles aux orientations pontificales ou simplement fidèles à leur inspiration première, les principales organisations du catholicisme français, particulièrement les mouvements de jeunesse, affirment leur volonté de paix. Depuis le début de 1931, plusieurs groupes d'intellectuels avaient pris position sur le chapitre : au manifeste pacifique publié par la revue *Notre Temps,* signé de cent quatre-vingt-six noms (18 janvier 1931), avaient riposté dans la *Revue française* (25 janvier 1931) les deux cent deux signataires du *Manifeste des jeunes intellectuels « mobilisables » contre la démission de la France,* d'inspiration nationaliste. Les catholiques sentent la nécessité d'affirmer leur position propre. C'est à quoi répond la publication en avril d'une « Déclaration des jeunes catholiques sur la paix », largement reproduite par la presse catholique :

(1) Prêtres engagés dans la politique selon la tradition du Centrum et suspects de sympathies autonomistes.
(2) Léon Daudet, *L'Action française,* 5 août 1932.

Douze ans après la fin de la guerre qui devait être la dernière, l'inquiétude renaît dans les esprits, des rumeurs alarmistes se répandent, on ose envisager de nouvelles conflagrations. Cependant les efforts d'organisation internationale s'intensifient, et peu à peu les rapports entre peuples se consolident. S'il n'y a jamais eu autant de craintes de guerre, il n'y a jamais eu non plus autant d'espoirs de paix.

Cette aube d'espérance, nous catholiques, nous la saluons de tout notre cœur, heureux d'affirmer ainsi nos convictions basées sur la doctrine chrétienne que les Papes n'ont cessé de nous rappeler. Dès 1894, Léon XIII dénonçait la multiplication croissante des armements. En pleine guerre, Benoît XV, le 1er août 1917 — avant le président Wilson — préconisait la réduction simultanée et réciproque des armements et demandait qu'à la force matérielle des armes fût substituée la force spirituelle du Droit. En 1922, Pie XI rappelait aux nations que la meilleure garantie de tranquillité ne réside pas dans une forêt de baïonnettes, mais dans la confiance mutuelle et l'amitié. Le même Pie XI stigmatisait — allocution de Noël 1930 — de monstrueusement homicide la nation qui nourrirait aujourd'hui des pensées belliqueuses. Les catholiques ne sauraient penser autrement que leur chef. Leur patriotisme chrétien leur commande, en effet, le respect de toutes les patries et l'amour de tous les hommes dans une charité qui, selon le mot de saint Paul, ne connaît pas de frontières. Et dans les institutions internationales que certains regardent encore comme une innovation hardie et peut-être chimérique, ils voient la réalisation moderne d'une vieille idée chrétienne.

Nous considérons donc que la Société des Nations, que les traités d'arbitrage, la Cour de Justice internationale de La Haye, que le pacte Kellogg enfin, malgré leurs lacunes, constituent de précieux instruments de pacification. Et nous saluons comme une nouvelle promesse de paix la Conférence générale pour la réduction des armements qui doit se réunir à Genève en 1932. Notre patriotisme vigilant professe d'ailleurs que le problème du désarmement doit être constamment lié à ceux de la sécurité et de l'arbitrage.

Nous croyons en outre qu'à l'effort d'organisation de la paix doit correspondre un développement de l'esprit de paix dans l'opinion publique de tous les pays. Il importe donc que par-dessus les frontières, les peuples apprennent à se connaître mutuellement et, grâce à des explications loyales et franches, arrivent à comprendre leurs points de vue respectifs et, finalement, à les concilier.

Bien que dispersés dans différentes patries qu'ils servent de tout cœur les catholiques forment une grande famille obéissant au Père commun et, plus que quiconque, ils peuvent et doivent travailler à l'œuvre de la paix.

Nous sommes fermement résolus à nous y consacrer (1).

Avaient signé : Association catholique de la Jeunesse française (A.C.J.F.), Jeunesse agricole chrétienne (J.A.C.), Jeunesse étudiante chrétienne (J.E.C.), Jeunesse ouvrière chrétienne (J.O.C.), Centre intellectuel international féminin, Commission générale des Semaines sociales, Confédération française des professions commerciales, industrielles et libérales, Confédération française des travailleurs chrétiens (C.F.T.C.), Action populaire, *Vie catholique, Vie intellectuelle,* Volontaires du Pape, Ligue des catholiques français pour la justice et la paix internationale, Ligue catholique des femmes françaises, Scouts de France, Union féminine civique et sociale, Union des secrétariats sociaux. Toutes les institutions du catholicisme social étaient représentées ; la jeune Action catholique aussi. Une signature manque : la F.N.C. Son absence ne surprend pas quand on connaît les sentiments de son chef, le général de Castelnau, à l'égard des idées nouvelles et singulièrement des efforts pour la paix. S'effrayèrent-ils des réactions, ou leur signature avait-elle été engagée à la légère, les Scouts la retirèrent. En effet, le Manifeste suscita, notamment de la presse d'Action française, de vives réactions :

(1) *La Croix,* 9 avril 1931.

Pacifistes chrétiens

Un certain Comité catholique français d'action pour la paix a communiqué récemment aux agences un manifeste dénonçant les dangers de la guerre et recommandant une campagne prétendument susceptible de les conjurer. Les rédacteurs de ce factum assez incohérent se réclament des directions pontificales...

Personne n'a jamais contesté que l'enseignement de l'Église tendit à faire régner la paix sur terre, mais le *Pax in terra* chanté par les anges dans la nuit de Noël visait très spécialement les « hommes de bonne volonté ». Malheureusement, il n'y a pas qu'eux ici-bas ; il y a également et en nombre des hommes de mauvaise volonté, et c'est contre ces derniers qu'il importe de se tenir en garde et de pouvoir se défendre le cas échéant. On sait aussi que la première patrie que tout homme doit respecter est la sienne propre, de même que les premiers hommes qu'il doit aimer sont ses compatriotes. Les membres du Comité catholique français d'action pour la paix auraient pu se rappeler ces vérités élémentaires ; mais ils s'en sont gardés, leur but étant simplement d'apporter à Briand le renfort de leur approbation, voire de leur collaboration...

... C'est toute la jeunesse française catholique, intellectuelle et ouvrière que l'on veut enrôler sous la bannière du sinistre pantin de Locarno, au nom de la foi et de la discipline religieuse. C'est l'obéissance à Briand, c'est le culte à Briand que l'on prétend imposer aux fidèles... Les grandes autorités catholiques sont-elles donc partout animées de cet esprit d'imprudence et d'erreur qui a déterminé le clergé espagnol à voter et à faire voter pour la révolution ? Ou bien y a-t-il un ordre venu de haut ? La politique du cardinal Gasparri fait-elle toujours la loi au Vatican, et s'est-elle affirmée une fois de plus en la circonstance [1] ?

L'obstacle principal à l'établissement d'une paix durable étant l'antagonisme franco-allemand, les catholiques

[1] G. Larpent, *L'Action française,* 15 avril 1931.

s'emploient au rapprochement des deux peuples. Déjà Marc Sangnier avait posé des jalons avec les rencontres de Bierville. Plusieurs notabilités du catholicisme participent à des rencontres franco-allemandes. La première, à Paris, avait été préparée par un comité où figuraient des noms connus : Georges Goyau, Georges Pernot, Jean Lerolle, Charles Flory, François de Menthon, les trois derniers étant d'anciens présidents de l'A.C.J.F., Ernest Pezet et Reille-Soult, démocrates populaires, les RR. PP. de la Brière, Desbuquois. La seconde, tenue à Berlin, les 20-21 décembre 1929, avait inspiré à Jacques Bainville un article dont la modération surprend (« Un congrès de Noël », *L'Action française,* 23 décembre 1929) : son agnosticisme le préservait, il est vrai, des fureurs éprouvées par ses amis politiques écartelés entre l'Église et leur foi politique.

Sur l'initiative du R.P. Desbuquois, directeur de l'Action populaire, se célébraient chaque mois, depuis février 1931, à Notre-Dame des Victoires, des messes pour la paix. Celle de juillet tombait le 19. Il se trouva que ce jour-là le chancelier Brüning était à Paris où il conférait avec le Président du Conseil, Pierre Laval. Le secrétariat international des messes pour la paix l'invita à assister à la messe. Sa présence, les allocutions prononcées en la circonstance et transmises par la radio, entourent soudain la rencontre d'une grande publicité. Sur le moment cette démonstration d'amitié franco-allemande entre catholiques ne suscite que peu de critiques. Même Charles Maurras, dans *L'Action française* du 20 juillet, n'y trouve guère à redire :

... Je respecte profondément les convictions catholiques de M. le chancelier Brüning... Quand mon ami Tuc m'écrit que notre hôte aurait pu aller à la messe sans tant de flafla, il m'est impossible de me mettre à son point de vue. L'élément social de la vie catholique me paraît comporter de façon évidente une sorte de culte extérieur rendu par l'État. Du moment que le chef politique du Reich allemand allait à la messe à Paris, il était juste et décent d'alerter la garde et même d'appeler la musique...

De fait, Pierre Tuc était loin de partager cette largeur de vue :

> ... Notons la piété avec laquelle les feuilles de gauche racontent la messe à Notre-Dame des Victoires. Je comprends, j'accepte le jugement de Maurras sur le fond de la question. Mais j'espère que Maurras sera d'accord avec moi sur le double regret que je tiens à exprimer ici : 1) Que le gouvernement de la République ait attendu l'arrivée et la pression des Allemands pour rendre à la religion catholique cet hommage officiel ; 2) Qu'on n'ait pas prié M. le Chancelier de faire ses dévotions officielles à la paroisse de son ambassade et non dans cette basilique nationale de Notre-Dame des Victoires, paroisse de tant de Français et de tant de Parisiens qui n'en ont pas d'autres... (Maurras me dit qu'il est d'accord)... (1).

L'affaire rebondit près de cinq ans plus tard, sur une incartade du général de Castelnau. Le lendemain du jour où les troupes allemandes ont réoccupé la rive gauche du Rhin démilitarisée par le traité de Versailles, il donne à *L'Écho de Paris* un article (8 mars 1936), qu'il reprend tel quel dans *La France catholique* (14 mars) : sur le ton de qui l'avait bien dit, il dénonce les responsables de « la politique d'illusion, de faiblesse, d'abdication, suivie depuis dix ans vis-à-vis de l'Allemagne » et qui nous a menés là.

> C'en est fini des finasseries qui oscillaient entre la Loge du Grand-Orient et le Sanctuaire de Notre-Dame des Victoires.

Impossible de s'y méprendre : l'allusion vise la messe à laquelle assistait Brüning. Le rapprochement avec le

(1) Revue de presse de *L'Action française,* 21 juillet 1931.

Grand-Orient, certainement délibéré, paraît sacrilège à *La Vie catholique* qui accuse le coup :

A propos des événements politiques de ces derniers jours, un journal lu par des catholiques imprimait ces lignes : « C'en est fini des finasseries qui oscillaient entre la Loge du Grand-Orient et le Sanctuaire de Notre-Dame des Victoires... » Les chrétiens qui chaque mois assistaient dans le sanctuaire parisien à cette messe pour la paix que Son Em. le Cardinal Verdier vint dire lui-même certain jour, dont la tradition s'est étendue à un grand nombre de diocèses et que Son Exc. Mgr Gerlier tient à célébrer souvent à la grotte de Lourdes ; ceux aussi qui ont participé dans les intentions demandées par le Saint-Père au triduum solennel du jubilé de la Rédemption à Lourdes (1), n'auront pas été peu surpris ni scandalisés de voir traitée par le général de Castelnau la prière du monde catholique pour la paix de « finasserie ».
Et ce n'est pas sans une peine réelle qu'ils auront lu ensuite sous la même plume cette sentence « Errare humanum est ; perseverare diabolicum » Ainsi ce serait faire œuvre diabolique que de continuer à prier pour la paix. Nous croyions pourtant que les directives du Souverain Pontife étaient formelles et nous n'avions jamais entendu dire qu'elles aient jamais été rapportées. Personne ne nous reprochera de nous souvenir aujourd'hui du mot de Mgr de Ségur qui rappelait que l'on était sûr de ne pas se tromper en demeurant fidèle au Pape (2).

Loin de faire amende honorable, le général, que les observations de Francisque Gay font sortir de ses gonds et qu'exaspère manifestement le développement d'une presse catholique peu conservatrice, réitère ses attaques :

Dans un article récent du 8 mars j'ai rappelé ici, au lendemain du « coup de la Rhénanie », « les finasseries » (c'est le mot de Streseman) de la politique allemande qui

(1) Cette célébration eut lieu en 1935.
(2) 14 mars 1936.

mise volontiers sur plusieurs tableaux. A titre d'exemple, j'ai fait une allusion très transparente à deux incidents bien connus dans notre pays, la présence sensationnelle du chancelier Brüning au sanctuaire de Notre-Dame des Victoires et les « Batteries de deuil » frappées dans les Loges parisiennes à la mort du très regretté F.·. Streseman de la loge « Aux trois Globes ». (*L'Écho de Paris* de juin 1934.) Ces évocations n'ont pas eu l'heur de plaire aux dupes volontaires ou involontaires qui sont, aujourd'hui avec nous, les victimes conscientes ou inconscientes de cette tactique...

Les lecteurs de *L'Écho de Paris* ne se sont certainement pas mépris sur le sens et la portée de mes allusions. Comme moi, ils ignorent que le chancelier Brüning, représentant officiel de l'Allemagne, était en même temps à Notre-Dame des Victoires le mandataire autorisé du « monde catholique » implorant du ciel la rosée bienfaisante de la paix. Elle se manifeste à l'heure actuelle, cette rosée, sous la forme de soldats allemands épandus sur la zone démilitarisée de la Rhénanie. A l'appui de l'accusation de scandale dont il m'accable, le journal *La Vie catholique* fait état des cérémonies pour la paix périodiquement célébrées à Notre-Dame des Victoires, sous l'inspiration de Son Éminence, le cardinal Verdier, archevêque de Paris... Je suis, paraît-il, diaboliquement hostile à ces prières pour la paix ! J'ai conscience de ne m'être jamais élevé ni directement ni indirectement, ni de près, ni de loin, contre ces très nécessaires et très pieuses manifestations. J'ai même pris part aux prières, à Lourdes, avec une ferveur non moins sincère et non moins profonde que celle du chancelier Brüning à Notre-Dame des Victoires ; à des motifs d'ordre surnaturel se joignaient, pour moi, des raisons naturelles que n'a jamais personnellement connues le vaillant directeur de *La Vie catholique*. Ainsi s'expliquent les ineptes imputations de ce pauvre homme. Bien entendu, ce charitable personnage, familiarisé, chacun le sait (1), par ses études antérieures, avec les sciences théologiques, philosophiques,

---

(1) Francisque Gay avait fait une année d'études au grand séminaire de Francheville en 1905-1906.

canoniques, liturgiques et autres, oppose à mon attitude les directives du Souverain Pontife.

C'était couru. La France souffre hélas ! de la redoutable plaie de la dénatalité, seuls en sont exempts et seuls se multiplient les néo-Pères de l'Église ; il en naît pour ainsi dire tous les jours ; ils se présentent sous la forme de feuilles dites catholiques ou d'inspiration catholique qui s'affirment les interprètes autorisés de la doctrine de l'Église. Forts de cette imprudente prétention, ils se dressent, au nom de directives pontificales inexistantes, contre tous efforts tentés dans l'intérêt supérieur de la patrie et de la défense nationale.

Non, jamais, notre Saint-Père le Pape n'a interdit de sauvegarder loyalement l'honneur et l'indépendance de la patrie. Il a, au contraire, recommandé de pratiquer les vertus patriotiques qui s'insèrent dans la pratique des vertus chrétiennes sans d'ailleurs qu'y soit confondu l'esprit de force avec l'esprit de violence (1)...

Réponse de Francisque Gay, qui réaffirme son absolue fidélité aux directives pontificales (*La Vie catholique,* 21 mars 1936). Nouvelle riposte du général, qui applique à la vie publique les préceptes d'une stratégie offensive : *L'aube* s'étant portée au secours de *La Vie catholique,* il met en cause son patriotisme :

Réponse à « L'aube »

A propos de l'article du 16 mars intitulé : « Le scandale », le journal *L'aube* entre en scène à côté de *La Vie catholique.* C'est là un geste de piété filiale qu'on ne saurait blâmer.

L'aube tente par une manœuvre oblique de s'éloigner du sujet : il loue la foi et la piété de M. Brüning ; le catholicisme de l'ex-chancelier est, paraît-il, aussi sincère que le mien. Je n'ai jamais abordé, ni de près, ni de loin, le terrain de la conscience religieuse. Ne noyons donc pas le poisson et restons dans le vif de la question. En juillet

(1) Le scandale, *L'Écho de Paris,* 16 mars 1936.

1931, M. Brüning, accompagné d'un membre du gouvernement français, a solennellement assisté à la messe périodiquement célébrée, pour la paix, à Notre-Dame des Victoires. Il a certainement prié avec ferveur, pour la Paix, à Paris ; mais à Berlin, il préparait, en même temps, le déchaînement de la guerre... Seuls l'ont ignoré et l'ignorent les aveugles et les sourds volontaires. Voilà le fait...

Les termes de la sentence prononcée contre moi par *La Vie catholique* sont, dit *L'aube,* « très courtois » et de ton extrêmement mesuré. C'est une opinion. Je persiste à ne la point partager — question d'épiderme, de tempérament, de milieu, d'éducation, d'âge et d'inaccoutumance. J'ai donc protesté vivement contre une imputation que je juge contraire au sentiment de la justice et au souci de ma dignité.

L'aube est choquée. La forme de ma réaction rappelle, dit-il, le style de *L'Action française.* Cette insidieuse évocation était à prévoir ; elle rejoint les prétendus enseignements pontificaux emmagasinés dans l'arsenal de la rue Garancière (1) .

Le spectre du péché d'Action française et l'épouvantail des fausses directives pontificales sont généralement dressés contre les récalcitrants qui se refusent à entrer dans le sanctuaire d'orthodoxie catholique de la rue Garancière et à s'y incliner sous le joug dictatorial de faux prophètes.

En l'espèce il est inopérant d'agiter devant nous ces oripeaux. Nous avons, depuis longtemps, fait nos preuves d'absolu loyalisme sur tous les terrains...

L'aube n'a, dit-il, aucune leçon de patriotisme à recevoir de qui que ce soit. Vaine prétention. Je n'ai probablement pas qualité pour administrer la leçon que refuse le journal. Je lui dirais cependant que son patriotisme est très légitimement suspecté lorsqu'il dénonce l'armée française comme « une école permanente » « d'immoralité » (*L'aube* du 28 décembre 1932). Cette odieuse imputation n'a jamais été, que je sache, désavouée. C'est qu'elle

_____

(1) Les éditions Bloud et Gay, que dirige F. Gay, et qui ont tenu dans les années 1920 une très grande place dans l'édition religieuse avaient leur siège rue Garancière, au chevet de Saint Sulpice.

reflète lumineusement l'esprit qui anime la politique intérieure et extérieure pratiquée par *L'aube* et *La Vie catholique* conjuguées, sous le couvert de prétendues directives
pontificales. Elle empoisonne l'âme des jeunes générations (1) .

La querelle en resta là, la politique intérieure imposant bientôt d'autres préoccupations.

L'affaire du Bassin de Briey
L'A.C.J.F. empoisonne-t-elle la jeunesse ?

Par deux fois le rappel, à des fins polémiques, d'un
épisode mal expliqué de la dernière guerre (2) suscita de
vives controverses entre catholiques acquis au nouvel
esprit pacifique et ceux qui préféraient mettre leur confiance dans les moyens éprouvés, armements et alliances
traditionnels. Chaque fois on retrouve aux avant-
postes le général de Castelnau dont la vigilance ne connaît pas de relâchement dès lors qu'il s'agit de dénoncer dans le catholicisme français les infiltrations des
utopies genevoises.

Le premier engagement l'oppose à l'A.C.J.F. Depuis
longtemps la grande association était suspecte à l'aile
droite de l'opinion catholique : on savait sa fidélité sans
arrière-pensée au Saint-Siège ; son intervention n'avait
pas été étrangère à la condamnation de l'Action française. Mais l'Association jouissait de la confiance de la
Hiérarchie. Une feuille d'Action française, le *Paysan du
Sud-Ouest*, l'ayant attaquée en 1928, des évêques
avaient pris sa défense. Cependant elle avait dû « pour
des circonstances indépendantes de sa volonté ajourner

---

(1) *L'Écho de Paris,* 22 mars 1936.
(2) Sur toute cette affaire on consultera la mise au point de Jean-Noël Jeanneney dans sa thèse sur *François de Wendel en République. L'argent et le
pouvoir, 1914-1940,* Paris, 1976.

son congrès sur le patriotisme » (René du Ponceau, *Annales de l'A.C.J.F.,* 15 octobre 1929).

Une imprudence allait donner prise à l'adversaire. Le 15 octobre 1932, les *Annales de l'A.C.J.F.* publient un important article de Jean Giraud (ne pas confondre avec le rédacteur en chef de *La Croix,* Jean Guiraud, dont les opinions sont fort différentes), intitulé « Au service de l'esprit de guerre ». C'est un réquisitoire assez âpre contre la grande presse : si les peuples ne s'entendent pas, c'est que les journaux entretiennent la défiance, parce qu'ils sont au service d'intérêts puissants à qui la guerre est profitable. A preuve :

> ... *Quelques faits :* Des faits... il est facile d'en citer, presque trop facile, ouvrez n'importe quel grand journal d'information : *Ami du Peuple* ou *Petit Parisien, Journal* ou *Écho de Paris*... vous êtes sûrs d'y trouver, sous des formes variées, adaptées aux événements du jour, l'article venimeux contre la Paix. Ce sont les couplets classiques sur la faiblesse de la S.D.N. et les difficultés de la Conférence du Désarmement, sur la mauvaise foi de l'Allemagne, la duplicité de l'Autriche, sur les complots tramés par le Gépéou dont le nom seul fait déjà frémir, l'anarchie de la Chine, etc. Il y a évidemment du vrai dans toutes ces informations, et c'est ce qui fait que tant de lecteurs de bonne foi se laissent séduire ;... mais tout cela est exploité, grossi, déformé, et utilisé pour la propagande belliciste. Oh, certes, on ne veut pas la guerre ; au contraire, on cherche à l'empêcher. La France, environnée de tant d'ennemis, est à la veille d'une attaque et d'un démembrement. Il faut armer, surarmer, construire des sous-marins, acheter des canons, pour se défendre...
> *Les causes :* A cette attitude de la presse, nous reconnaissons deux causes principales : l'intérêt matériel chez presque tous, et chez les autres une question de mentalité.
> Le facteur intérêt peut jouer de façon constante ou de façon accidentelle. Il joue de façon constante pour la plupart des grands quotidiens d'information, de France comme d'Allemagne, par le fait que ceux-ci sont placés sous le contrôle financier des grands trusts industriels,

dont la fabrication du matériel de guerre est l'une des branches principales. Le Comité des Forges, pour la France, et le trust Hugenberg pour l'Allemagne. On comprend aisément que ceux qui vivent de la guerre favorisent l'éclosion de celles-ci, et qu'ils aient reconnu comme un des plus sûrs moyens de les provoquer, d'entretenir dans l'opinion publique les méfiances xénophobes, et cette idée qu'il n'y a de vraie sécurité que dans les armements intensifs. Ainsi, même si le conflit n'éclate pas, le renouvellement constant du matériel de guerre que nécessite, pour chaque pays, l'état de paix armée, est à même de fournir à ces messieurs leur pain quotidien...

Ces industriels ne courent qu'un seul risque, la destruction de leurs usines en cas d'envahissement du territoire, car on peut supposer que l'effort des armées ennemies doive se porter, tout naturellement, sur les centres de fabrication du matériel de guerre. Mais ce risque est minime, car ils sont bien sûrs que leur gouvernement les indemniserait d'autant plus largement qu'ils auraient travaillé à la défense du pays. Et ce risque minime, ils ne le courent même pas toujours, car ces sociétés métallurgiques font partie des trusts internationaux : en temps de guerre, par l'influence que chaque branche nationale exerce sur l'État-Major de son pays, elle empêche la destruction des usines situées dans le pays adverse, augmentant ainsi les chances de durée du conflit.

Sans que l'on puisse donner des affirmations très nettes (car cette affaire a toujours été étouffée, c'est si facile lorsqu'on tient la presse) il semble que le non-bombardement par l'aviation française du bassin de Briey, où se fabriquait une grosse partie des munitions allemandes, soit dû à l'action, sur l'état-major, du Comité des Forges qui avait partie liée avec la Metallgesellschaft allemande...

C'était déjà la dénonciation des multinationales...

Peut-être excessif sur le fond, l'article était imprudent dans sa rédaction, certaines assertions aventureuses : il n'avançait d'autre référence qu'un numéro du *Crapouillot* (juin 1930), dont la caution devait paraître peu bourgeoise au public catholique des journaux conservateurs. C'était donner beau jeu à l'adversaire. La riposte vint du général de Castelnau qui s'estima doublement offensé, comme chef des catholiques et comme ancien chef d'état-major de l'armée pendant la guerre. Il contre-attaqua sous le titre « L'histoire telle qu'on l'enseigne à la jeunesse catholique » :

Ces stupides et grossières imputations ne sont évidemment justiciables que du plus profond mépris.

Au reste, il serait trop long de relever ici et là et de stigmatiser, comme il convient, tous les passages de l'article « Au service de l'esprit de guerre » qui soulèvent le dégoût. Il suffira, pour en dégager l'inspiration profonde, de signaler les sources où, de son propre aveu, le rédacteur puise, avec dilection, son abondante documentation. C'est, d'une part, le violent et inique réquisitoire contre les constructeurs de matériel de guerre prononcé à la Chambre, le 11 février 1932, par un fougueux S.F.I.O., un pur celui-là ! C'est, d'autre part, *Le Populaire, L'Information sociale, Le Crapouillot* dont chacun connaît les doctrines et les tendances de révolution sociale. C'est, enfin, la *Librairie du Travail,* essentiellement et ouvertement communiste. Les directives pontificales n'ont jamais, à notre connaissance, considéré ces diverses publications comme l'Evangile de la formation et de la préparation de la Jeunesse à l'apostolat catholique !...

Est-ce l'esprit de guerre qui anime les maîtres éminents appliqués à instruire, avec une admirable générosité, la jeunesse laborieuse orientée vers les grandes Écoles militaires de notre pays ? Non, certes ! c'est uniquement et exclusivement « l'Esprit de légitime défense ». Il n'a certes jamais été condamné, celui-là, ni par saint Thomas d'Aquin, ni par le savant Suarez, ni par aucun des grands théologiens de l'Église, ni par le saint et pacifique Pape Pie IX lorsqu'il faisait appel, il m'en souvient bien, au dévouement des zouaves pontificaux et au concours de la France, ni par notre Saint Père le Pape Pie XI glorieusement régnant, quand il parle « du noble sentiment du courage militaire dans la défense de la Patrie et de l'ordre public » (Encyclique sur l'Éducation chrétienne de la jeunesse).

Et c'est ce même « Esprit de légitime défense » qui nous anime, lorsque nous faisons appel à la vigilance et à la fermeté de l'opinion et des pouvoirs publics, en dénonçant les assauts de convoitises, les appétits de revanche et les menaces répétées qui grondent à l'horizon. Les événements ne donnent hélas ! que trop complètement raison à notre attitude. Libre au rédacteur des *Annales de la Jeunesse Catholique* d'envisager d'un cœur léger le jour où il devra courber la tête sous la botte de l'envahisseur. Nous ne mangerons pas, nous, de ce pain-là.

Comme catholiques et comme Français, nous sommes aussi sincèrement et aussi ardemment attachés que quiconque à l'organisation de la Paix. Mais nous voulons la Paix dans l'honneur, la dignité et la sécurité de notre pays.

C'est pour cette Paix et pour cette Paix seulement, que nous avons sacrifié nos enfants.

L'Association catholique de la Jeunesse française fut, jadis, un admirable foyer de formation morale et religieuse.

Elle a rendu à l'Église et à la France d'éminents services. Mais, à l'heure actuelle, elle se manifeste comme un groupement politique, une pépinière de recrues « au service » d'utopies dangereuses et de doctrines révolutionnaires.

Aux foyers catholiques d'aviser (1) !

Le scandale fut d'autant plus grand que le général, au lieu de s'épancher dans une feuille confessionnelle et relativement confidentielle, avait publié son acte d'accusation dans un grand quotidien politique conservateur.

Le jour même, les dirigeants de l'A.C.J.F. s'adressent aux évêques et les font juges de leur attitude et de celle du président de la F.N.C. Ils considèrent que l'Association et l'ensemble de son action sont mis en cause, précisent que les cardinaux Verdier et Maurin ont accordé

(1) *L'Écho de Paris,* 23 novembre 1932.

leur patronage au prochain congrès de Lyon sur la conception chrétienne de la paix. Ils se refusent à engager une polémique publique mais pressent l'épiscopat de les exonérer du reproche qui leur est fait.

La polémique fait grand bruit. Les journaux conservateurs se rangent aux côtés du général et font écho à ses accusations. C'est une aubaine pour l'*Action française* qui voit une justification de ses dénonciations des conspirations tramées contre la sécurité et la grandeur de la France par le Vatican allié aux démocrates populaires. Le Comité des Forges intervient auprès du cardinal Verdier et invite Mgr Courbe, secrétaire de l'Action Catholique, à tancer l'A.C.J.F.

L'embarras des autorités ecclésiastiques est grand : il leur est difficile d'assister impassibles à la mise en accusation de la principale organisation d'Action catholique, mais il leur répugne aussi de blâmer publiquement un homme dont le dévouement à l'Église est hors de question et qui lui a rendu de grands services. Elles se tirent de ce pas délicat, selon l'habitude, par des biais et des prudences dont les intentions ne sont perceptibles qu'aux initiés. A l'occasion d'un numéro spécial que la *Vie catholique* consacre à la J.O.C. — qui n'est pas, il est vrai, directement en cause —, le cardinal Verdier adresse une lettre qui n'est qu'éloges (26 novembre) : pas un mot sur le sujet du jour. Mais le 27 novembre le Comité central de l'Action catholique française rappelle dans un communiqué les principes qui doivent régir les rapports entre organisations catholiques, en particulier de ne pas polémiquer.

« Les œuvres interdiocésaines ne pouvant avoir de but politique doivent s'abstenir de traiter, dans leurs conférences ou leurs revues, les sujets d'ordre nettement politique, qui, l'expérience ne le prouve que trop, ne peuvent qu'aigrir et diviser. » A bon entendeur salut ! Ce sera le germe de toutes les crises que l'Action catholique traversera de 1932 à 1965.

La veille, l'A.C.J.F. avait reçu du cardinal Pacelli,

Secrétaire d'État, au nom du Pape une lettre d'approbation pour son action et dans les semaines suivantes les lettres d'encouragement d'évêques se succèdent.

Les autorités religieuses s'emploient à rapprocher les points de vue et à obtenir de part et d'autre des concessions. Jacques Courel, le président de l'A.C.J.F., s'est absolument refusé à publier un désaveu de l'article incriminé, mais en janvier 1933 le Comité général de l'A.C.J.F. demandera à J. Giraud sa démission, ce qui provoquera une crise à l'intérieur de l'Association, avec la J.E.C. qui incorpore à son équipe dirigeante l'auteur de l'article litigieux. Mais le général de Castelnau ne facilite pas les arrangements ; il récidive et revient à la charge dans l'*Écho de Paris* à deux reprises (29 novembre et 6 décembre). Plus moyen de retenir le directeur de *L'aube* qui riposte alors le lendemain, 7 décembre :

Il ne servirait à rien de prolonger un silence unilatéral qui ne ferait qu'aggraver le douloureux scandale provoqué par les articles réitérés que publie le général de Castelnau dans les colonnes de *L'Écho de Paris* à propos de l'Association catholique de la Jeunesse française, mais qui visent incontestablement et directement les directives pontificales sur la paix...

A vrai dire, depuis des années et des années, tous les milieux informés, à droite comme à gauche, dans les sphères ecclésiastiques comme dans le monde de la presse ou du Parlement, savaient parfaitement que le président de la F.N.C. n'acceptait qu'avec beaucoup de mauvaise humeur certaines directives sociales et internationales de l'Église. Autour de lui son état-major à Paris et dans les diocèses était composé, en grande partie, d'anciens militaires ou de parlementaires appartenant aux fractions les plus extrémistes des partis nationalistes ou conservateurs, un Xavier Vallat, un Philippe Henriot, par exemple.

Depuis surtout la condamnation de l'Action française, le malentendu ne fit que s'étendre. Pendant des mois et des années, les révoltés ont pu injurier, calomnier, diffamer toutes les autorités religieuses, les Évêques, les Cardinaux, le Nonce apostolique, le Secrétaire d'État, les Congrégations romaines, le Pape lui-même, sans que jamais le président de cette ligue de défense religieuse fît entendre le cri spontané de la conscience catholique indignée.

On accuse le Nonce apostolique d'avoir été un espion aux gages de l'Allemagne et le Pontificat actuel d'être le plus allemand de l'Histoire, le général de Castelnau n'estime point qu'il ait à sortir de son silence obstiné ; il ne juge pas que son témoignage décisif d'ancien chef militaire doive être donné et, en l'occurrence, avec quelque éclat en faveur des autorités religieuses dont il apparaît le mandataire. Par contre, que quelque incident vienne éveiller ses susceptibilités nationales, aussitôt, on le voit partir en guerre sans nul ménagement. On se souvient de son intervention à la tribune de la Chambre après la lettre de S.S. Pie XI au sujet de l'occupation de la Ruhr. Le 7 janvier 1927, au lendemain du discours du Nonce à l'Élysée, le général de Castelnau en tête de *L'Écho de Paris* réclame le maintien de l'occupation rhénane, ironisant contre la « symphonie des hymnes à la pacification générale des peuples, les plus entraînants, les plus capiteux "lancés" vers le bleu du ciel genevois ».

Le 10 janvier 1928, et je ne prends que des articles manifestes, le général récidive, toujours sur le même ton ironique, il demande si nous devrions « soumettre à la curie romaine la question complexe de la sécurité de nos frontières orientales » et plus direct encore, il déclare avoir ignoré qu'il existait une « Sacrée Congrégation des problèmes stratégiques » à côté de la Congrégation des Rites. Rappelons encore les incidents provoqués par le manifeste des femmes catholiques au sujet de la paix, et la circulaire du général de Castelnau le 8 mai 1931. En vérité, la plus récente agression n'est que le développement de cette dernière escarmouche...

Devant ces textes nos amis comprendront que, quelque soit le respect dont nous entourons ici le général de Castelnau, nous ne devions pas, nous ne pouvions pas plus longtemps garder un silence qui serait une abdication, une lâcheté...

C'est une des tâches de *La Vie catholique* et non la

moins belle, non la moins féconde, que de faire apparaître que dans les champs de l'économie et de la politique pure, des catholiques peuvent se hasarder librement en proclamant une joyeuse, enthousiaste, reconnaissante adhésion à toutes les directives du grand Pape qui dirige l'Église et à celles de tous ses prédécesseurs, interprètes fidèles du Christ et de son Évangile.

L'article, suivant un procédé dont F. Gay est coutumier, est repris dans *La Vie catholique* (10 décembre) précédé d'une brève explication.

Les catholiques ne sont-ils plus patriotes ?

Porté sur la place publique, le différend a atteint l'opinion qui s'avise d'un problème neuf : les jeunes catholiques se détourneraient-ils du patriotisme ? Christianus (1), dans *La Vie intellectuelle* du 25 décembre, dégage la signification historique de l'incident :

> C'est bien d'une liquidation qu'il s'agit. Le nationalisme « intégral » a été farouchement rejeté par l'Église. Il reste à faire place nette de ses succédanés, plus ou moins virulents, qui, par la faute d'une presse de droite, catholique seulement de clientèle, intoxiquent encore un grand nombre de fidèles.
> L'opération du reste se poursuit. Car pourquoi ne pas l'avouer tout crûment ? tel nous paraît être le sens véritable d'une controverse qui a tout récemment agité l'opinion catholique.
> Peu importe au fond l'occasion qui la suscita. Ce fut, on le sait, un article des *Annales de la Jeunesse Catholique* ; il pouvait bien être assez emporté de ton, imprudent dans l'utilisation de ses sources, téméraire dans quelques-unes de ses affirmations de faits : ce sont des défauts ordinaires chez les jeunes et nous ne prétendons pas couvrir

(1) Voir, en annexe, les indications biographiques.

leurs erreurs. Mais le vrai débat n'est point là : une simple rectification eût suffi à le clore. Or, en fait à l'A.C.J.F. un procès d'attitude et de tendance. Au vrai, ce n'est pas sur le terrain des faits que se situe le conflit, c'est sur le terrain des principes.

Une certaine façon d'aimer la paix (les lecteurs de cette revue n'ont pas oublié qu'il y en a deux) est présentée comme inconciliable avec l'amour vrai de la patrie. Nous dirons, nous, que c'est la charité chrétienne qui décidément ne peut faire bon ménage avec le nationalisme. Par nationalisme, est-il besoin de le préciser ? nous entendons un abus et un excès : l'abus du légitime attachement à la patrie, et l'excès du sentiment de juste piété envers la nation (Pie XI, Encyclique *Caritate Dei compulsi*). L'usage chrétien tend de plus en plus à restreindre ainsi le sens de ce terme, et c'est normal puisque pour désigner la vertu correspondante (sans abus ni excès) nous avons le beau mot de patriotisme.

L'existence en France d'un patriotisme « exagéré » ou d'un nationalisme est si évidente, son emprise sur les milieux « bien pensants » si attestée par l'expérience quotidienne, qu'il apparaît à tout homme de bon sens puéril de les nier. C'est pourtant dans cette négation que se réfugient couramment ceux qui se sentent gênés par les condamnations très claires des Souverains Pontifes. Toujours la vieille distinction du fait et du droit, familière à l'esprit gallican.

Sans doute nous dit-on ! le Saint-Père a bien raison de s'élever contre l'impérialisme belliqueux, mais c'est à nos voisins que ses objurgations s'adressent... D'où vient donc l'obstination, chez beaucoup de catholiques français, à faire la sourde oreille ? Par quelle aberration en viennent-ils à croire que leur tâche dans l'État consiste à entretenir le foyer du nationalisme pour faire pendant aux nationalismes païens d'en face ?...

Si nous luttons contre le nationalisme, c'est donc pour le patriotisme, le vrai. Ne laissons pas se créer l'équivoque. Ne perdons pas une occasion de dissocier le patriotisme et le nationalisme et de rejeter ce dernier. L'incident auquel nous faisions allusion plus haut est une de ces occasions.

La crise qu'il manifeste est grave, on ne saurait le nier. Raison de plus pour s'efforcer (à temps, à contre-temps) de faire la lumière, en toute sérénité. On peut déplorer, dans le cas présent, que la discussion se soit faite si orageuse. Réjouissons-nous cependant si l'orage dissipe enfin la pesanteur de l'atmosphère et nous rend un ciel clair ; je veux dire : si les catholiques de France, sous la conduite de leurs vrais pasteurs et d'eux seuls, ont enfin le droit, sans être soupçonnés de trahir la patrie, d'être pacifiques avec le Christ.

François Mauriac s'inquiète de cette évolution et s'irrite de la démagogie révolutionnaire qu'il croit y subodorer. Il n'est pas loin à l'époque de penser comme le général de Castelnau : au reste ne collaborent-ils pas au même journal ?

> ... Les loisirs de la grippe nous ont permis de relire d'affilée les réponses à une enquête auprès de la jeunesse et diverses jeunes revues catholiques et protestantes. Eh bien ! si ces garçons paraissent être fort divisés, en particulier au sujet du communisme, ils commencent tous ou presque tous par un acte de foi révolutionnaire et antimilitariste. On sent que cela précède chez eux la réflexion. C'est le mot d'ordre du jour, le mot de passe, si l'on veut être écouté. Un uniforme badigeon rouge recouvre d'office ces professions de foi. Il existe des mots interdits, des sentiments qu'il importe de cacher : tout ce qui concerne la patrie. Et, naturellement, l'urgence de détruire l'infâme capitalisme ne souffre même pas la discussion...
> Cette génération se sent coincée entre deux hécatombes, et celle qui n'est encore qu'une menace mais dont le cauchemar pèse sur eux, ils ne voudraient pas qu'un seul mot pût faire croire qu'ils l'acceptent d'avance, qu'ils s'y résignent. On sent qu'à leurs yeux, c'est être déjà complice du destin que de prévoir le pire et le croire possible... D'où leur haine. C'est une génération d'autruches... Comment parler de ces choses sans irritation ? Un débat sur la paix déchaîne toujours les furies ; c'est que nous n'avons pas la paix en nous. Il faudrait que, d'abord,

nos cœurs fussent pacifiés. Les désirs fiévreux de la jeunesse troublent et empoisonnent sa passion de justice et d'amour entre tous les hommes (1)...

Maurice Vaussard s'emploie à le rassurer :

... Les inquiétudes qui depuis quelques mois ont surgi dans les milieux catholiques sur le déclin présumé d'un sentiment qui fut toujours en honneur particulier parmi les chrétiens (le patriotisme) nous incitait à nous poser nous-mêmes la question et, en quelque sorte, à « faire le point », à mesurer le danger éventuel... Il serait grand s'il fallait en croire certain témoignage éclatant dont on n'a pas perdu le souvenir, mais même l'observation peut-être plus émouvante d'un écrivain aussi discret que François Mauriac dans un récent article de *L'Écho de Paris*... Nous croyons qu'il faut ici distinguer entre les milieux catholiques et les autres. A ces derniers la remarque de Mauriac s'applique certainement... A la vérité, pour des catholiques — et c'est ici que nous croyons les généralisations de François Mauriac abusives — l'idée de patrie ne peut pas ne pas demeurer respectable et même sainte. Il en faudrait rétablir le juste prestige si l'on pouvait prouver qu'il est réellement en haine parmi les jeunes, et cependant ne pas cesser de combattre le nationalisme...
Mais la tâche est difficile seulement parce que les maîtres de la grande presse et la plupart des groupements qu'ils inspirent apportent une inlassable obstination à brouiller les concepts autrefois les moins discutés et, par exemple, à exiger le respect que mérite le patriotisme pour des surenchères et des combinaisons qui n'ont rien à voir avec lui. Les jeunes gens n'en sont plus dupes ? Tant mieux dirons-nous et ne l'ont-ils pas été comme nous et nos pères trop longtemps ?...
Il n'y a pas que dans la guerre qu'on peut cultiver les vertus guerrières. La guerre à soi-même et au mal partout répandu demande autant d'énergie, plus peut-être. Ce n'est pas l'admirable analyste du cœur humain qu'est François Mauriac qui me démentira (2).

(1) Propos sur la guerre et la paix, *L'Écho de Paris,* 28 janvier 1933.
(2) L'idée de patrie est-elle en danger ? *Bulletin catholique international,* avril 1933.

Au même moment l'A.C.J.F. tient à Lyon son congrès sur la conception chrétienne de la paix. Le débat s'apaise et les autorités religieuses y veillent de près. Ainsi la *Documentation catholique,* publication de la *Bonne Presse,* avait annoncé, le 18 février 1933, que sa prochaine livraison comporterait un dossier sur le patriotisme et l'esprit de paix qui « contiendra tous les documents concernant l'incident récent entre le général de Castelnau et l'A.C.J.F. ». Or, à la place de l'ensemble promis, on lit, la semaine suivante, cet avis :

« Plusieurs de nos abonnés et de nos amis... nous font remarquer que la publication du dossier sur l'incident entre le général de Castelnau et l'A.C.J.F. est "prématurée". »

Gageons que de ces amis plusieurs devraient être assez haut placés. Le dossier paraîtra le 15 avril seulement mais manifestement édulcoré.

Le débat aura révélé l'importance de cette nouvelle ligne de partage qui sépare les catholiques et les jette dans deux camps adverses. On la verra reparaître.

Les catholiques et la défense nationale

Deux ans plus tard, la controverse sur le bassin de Briey rebondit. Le général de Castelnau y tient derechef le premier rôle, mais son antagoniste a changé : c'est un nouveau journal avec lequel il a déjà rompu des lances trois mois plus tôt à propos de la loi qui portait la durée du service militaire à deux ans. *Sept* s'était permis de dire, le 1er mars 1935, que l'adoption de cette mesure « risque de provoquer une réaction défavorable surtout à l'étranger ». Et de citer, à l'appui de cette opinion, le *Catholic Herald* qui « commentait en termes sévères » un article du général paru dans *L'Écho de Paris* (11 janvier 1935), et déplorait :

... l'interprétation des paroles pontificales qui justifiait la position du général. On n'a pas le droit sous prétexte de sécurité de préparer l'augmentation des armements que le Souverain Pontife a condamnée.

Sept était sans doute mal inspiré d'aller prendre ses cautions outre-Manche. Le général le lui fit bien voir : exaspéré de cette ingérence étrangère dans une question qui regardait l'intérêt national, il répondit de sa plus belle encre. Voici ce que devient, sous sa plume, l'observation du *Catholic Herald* :

> En d'autres termes : « Souffrez qu'on vous égorge au nom du Saint Père ! »... Inutile aussi, très chers frères du *Catholic Herald,* d'invoquer l'autorité de textes sacrés ou profanes plus ou moins falsifiés, maquillés ou tendancieusement interprétés : ça ne prend plus...
> Sous prétexte de servir la cause auguste de la paix, des agents conscients ou inconscients de l'étranger ont inondé notre pays essentiellement et foncièrement pacifique d'une intense propagande essentiellement et foncièrement défaitiste... Ces propagandistes par la plume, par la parole, par l'affiche ont spéculé sur la lâcheté des uns, sur la culture élémentaire des autres [1].

La réponse à la diatribe vint non de *Sept,* mais d'*Esprit.* Mounier a indiqué dans quelle disposition il écrivit la note qui devait faire tant de bruit :

> Devant les constantes provocations du général aux jeunesses catholiques et un récent article où il se dépassait en bêtise et en ignominie, j'ai écrit un soir sur un coin de table cette note... il y avait en moi de l'impatience, mais le dernier mot est venu de plus profond, du sentiment de ces jeunes morts exploités, parasités de beaux sentiments [2].

[1] *L'Écho de Paris,* 9 mars 1935.
[2] *Mounier et sa génération,* p. 161, 17 mai 1935.

La réaction de Mounier était vive :

Nous sommes avertis. Quand on rappellera que des Papes successifs ont formellement condamné la paix armée comme le plus sûr moyen de nécessiter la guerre, quand un journal catholique écrira (coupable : le *Catholic Herald,* Londres) qu'« on n'a pas le droit, sous prétexte de sécurité, de préparer l'augmentation des armements que le Souverain Pontife a condamnés », il y aura un M. de Castelnau, général de son métier pour traduire « Souffrez qu'on vous égorge au nom du Saint Père ». Ceci dans le très catholique *Écho de Paris* du 9 mars 1935, si catholique qu'il a trouvé M. François Mauriac, naguère, un peu trop communiste pour le goût de ses lecteurs. En suite de quoi le général nous apprend que certaine déclaration des Cardinaux nous a débarrassés, nous Français, de ces poisons contenus dans, ou enfin extraits des encycliques. Alors, général, calmez-vous ! Mais non, il paraît que ce n'est pas fini : de vils objecteurs de conscience, « agents de l'étranger », « embusqués de toutes les obédiences », « en délicatesse avec le solide bon sens de nos pères », et bien entendu « sectateurs de la loi du moindre effort », nous empêchent encore de dire que « la France est le plus beau pays du monde, qu'elle possède les plus beaux paysages, les plus beaux panoramas », etc., et tuent ainsi « les légitimes réflexes ataviques ». Ils vont jusqu'à prétendre, au lendemain de 14-18, que « les hommes de guerre sont les fléaux du monde... »
Général, trois fils, n'est-ce pas assez (1) ?

L'apostrophe finale passait sans doute les bornes. Le général perdit son sang-froid :

Réponse à une apostrophe impie

L'article publié ici même sous le titre « les Catholiques et la Défense nationale » a soulevé les colères de la revue

(1) *Esprit,* 1ᵉʳ avril 1935, pp. 133-134. Mounier fait ici allusion à la mort de trois fils du général de Castelnau, tués à l'ennemi pendant la guerre.

internationale *Esprit*. Elle les a exprimées dans les termes ci après :...

A cette triste élucubration, j'ai répondu ce qui suit :

Monsieur le Directeur,

Dans le numéro du 1er avril courant de la revue internationale *Esprit,* vous vous dressez violemment contre les idées que j'ai exprimées dans *L'Écho de Paris,* sous le titre « Les catholiques et la Défense nationale ». Vous vous gardez bien d'ailleurs d'en tenter la moindre réfutation. Votre Esprit ne s'abaisse pas à discuter les arguments d'un « Monsieur de Castelnau, général de son métier ». Mais comme manifestation de votre charité chrétienne, vous lui adressez, courageusement, *in fine*, cette apostrophe impie : « Général, trois fils, n'est-ce pas assez ? »

Vous avez peut-être de l'esprit, monsieur le directeur, bien qu'il soit impossible d'en trouver la plus modeste trace dans votre lamentable revue internationale, mais très certainement vous n'avez pas de cœur. Qu'est-ce qui vous reste ?

Que reste-t-il en effet à la revue internationale dirigée par M. Mounier ? Des esprits faussés, déformés, détraqués par l'orgueil, l'envie, la niaiserie ; des âmes desséchées par les rancœurs et des entrailles envahies par les sanglots à la moindre apparence de danger mortel ?... Le domaine politique ne suffit pas aux ébats chorégraphiques de ces trublions. Ils transportent leur piétinements et leurs vomissements jusque sur le terrain religieux. Là, ils se cambrent en dépositaires privilégiés de la doctrine, en interprètes qualifiés des pensées et des encycliques pontificales, dans le redoutable et complexe problème de la paix et de la guerre.

Ils entendent y régenter, y contraindre la conscience des catholiques. Pour eux, la défense légitime de la patrie en danger est attentatoire aux lois de l'Église...

J'ai donc conscience d'être en plein accord avec la doctrine chrétienne et avec les encycliques pontificales quand, fort de ma vieille expérience, je demande avec instance, à l'heure actuelle, le développement de la puissance armée et le relèvement des forces morales de mon pays compromises par les propagandes pacifistes dont la revue internationale *Esprit* est une coupable manifestation...

Les protagonistes de la revue internationale *Esprit* renient, au profit de l'étranger — et lequel ! — le passé de noblesse, de grandeur, de gloire et de générosité de leur Patrie. Ils entendent s'élever contre les dispositions militaires qui s'imposent, aujourd'hui, à la vigilance du gouvernement alerté ; ils couvrent impudemment leurs prétentions équivoques du magistère auguste de l'Église et des enseignements pontificaux.

Leur attitude évoque le souvenir de « l'Ane vêtu de la peau du Lion » dont parle le bon La Fontaine :

« Un petit bout d'oreille échappé par malheur
Découvrit la fraude et l'erreur.
Martin fit alors son office (1). »

Tel était l'état des rapports entre lui et *Sept* quand il lut dans l'hebdomadaire des Dominicains un article anonyme intitulé « Que penser des marchands de canons ? » L'auteur se demandait ce qu'avait de vrai l'idée que les marchands de canons mènent en sous-main les affaires du monde. Le non-bombardement du bassin de Briey lui semblait un commencement de preuve. Il se fondait sur une autorité plus sérieuse, au moins pour des lecteurs catholiques, que le *Crapouillot* :

Nous trouvons une réponse ou du moins quelques indications précises dans le discours qu'a prononcé le 28 mai dernier au Sénat belge le Révérend Père Rutten, Dominicain et sénateur de Belgique. On connaît le rôle de premier plan qu'il joue dans le mouvement social en Belgique, et l'autorité incontestée qu'il exerce non seulement sur les travailleurs chrétiens, mais dans les conseils gouvernementaux et jusque sur le roi lui-même. C'est dire le crédit que l'on peut faire à ses déclarations et la rectitude morale, dégagée de toute passion, qui a inspiré son discours. Or, ce discours est, il faut le reconnaître, un

(1) *L'Écho de Paris,* avril 1935.

réquisitoire très sévère contre les agissements de certaines industries de guerre...

Le Père Rutten rappelle l'affaire du bassin de Briey qui a soulevé tant de polémiques déjà et provoqué tant de démentis. Il fait sienne cependant l'opinion que le bombardement de Briey fut évité pour des raisons autres que militaires. Sans pouvoir juger par nous-mêmes de cette querelle, nous reproduisons ci-dessous les déclarations du Père Rutten : « On sait que les Allemands ont trouvé dans le bassin de Briey les matières premières qui leur ont permis de fabriquer leurs munitions. Or, M. Flandin a affirmé, que, pendant vingt-sept mois, les Allemands ont pu extraire le minerai de fer sans qu'on donnât suite aux propositions de bombarder le bassin de Briey...

Il faut que le public sache qu'il n'est plus permis de douter de l'existence d'une sorte d'internationale occulte des fabricants d'armes et de munitions. Lord Cecil affirme de son côté que Vickers, Krupp et le Creusot ont conclu des accords internationaux et ont à leur disposition une presse très répandue... Je demande aux catholiques de méditer les paroles émouvantes du Pape, qui dénonce la responsabilité de ceux qui déclencheraient une nouvelle guerre. Aucun catholique ne peut se contenter d'enregistrer ces paroles en regrettant qu'elles ne soient pas plus écoutées. Il nous incombe de déduire des paroles du Pape les conséquences qui en découlent. Certains munitionnaires se gêneraient-ils plus s'ils se savaient attentivement surveillés (1) ?

Du haut de ses tribunes ordinaires, le général de Castelnau, qui devait avoir l'impression d'une conjuration, se déchaîne :

Paroles regrettables

... J'ai eu le redoutable honneur d'exercer pendant plus d'un an les fonctions de Chef d'État-Major général de l'armée. En cette qualité et sans parler d'autre titre, il m'est permis, je pense, de protester contre les odieuses

(1) *Sept,* 14 juin 1935.

imputations reproduites par le journal *Sept.* Elles sont, je l'affirme, absolument contraires à la vérité...

... Je m'élève respectueusement, mais véhémentement, contre l'étrange attitude du R.P. Rutten, dans la question dite du bassin de Briey qui, d'ailleurs, dépasse, semble-t-il, le cadre de ses compétences spéciales.

« Chacun son métier », a dit le bon La Fontaine. Cette moralité d'un charmant apologue est toujours de saison. C'est pourquoi il ne m'est jamais venu à l'esprit la pensée d'apprendre à mon curé à confesser ses ouailles.

Enfin, le rédacteur anonyme du journal *Sept,* après une très rapide mention des polémiques et démentis multiples provoqués jadis par l'affaire de Briey, déclare ne « pouvoir juger de la querelle ». Plus près que le R.P. Rutten des sources d'information, il aurait pu s'enquérir, se documenter, étudier, se faire une opinion ; il eût peut-être évité ainsi le rôle, toujours équivoque, de Ponce-Pilate, dans une question intéressant l'honneur du Commandement des armées de son pays. Il ne s'est pas, semble-t-il, condamné à cet austère labeur.

Dès lors, on peut se demander à quel mobile il a obéi, en signalant, sans plus à ses lecteurs, les si regrettables paroles du sénateur de Belgique ? A-t-il voulu s'associer à l'odieuse campagne menée dans certains journaux ou certaines revues nouvelles contre l'armée et ses chefs passés, présents ou futurs ? Je ne veux pas le croire.

Déjà en mars 1935, à l'occasion d'une citation du journal *Sept,* j'ai dû protester, ici même, contre les critiques injustifiées d'un journal anglais scandalisé par une soi-disant méconnaissance des directives pontificales dans l'éternel problème de la paix.

Décidément, le rédacteur anonyme de *Sept* n'est pas toujours heureux dans le choix de ses informations empruntées à l'éloquence sénatoriale ou à la presse politique de l'étranger.

Peut-être pourrait-on charitablement lui conseiller de tremper sept fois sa plume dans l'encrier avant de livrer à ses lecteurs le fruit de ses recherches hors frontières [1] ?

(1) *L'Écho de Paris,* 29 juin 1935 et *France catholique,* 6 juillet 1935.

Après *L'aube, La Vie catholique,* l'A.C.J.F., *Esprit,* c'était donc au tour de *Sept* et des Dominicains de voir suspecter leurs intentions et mettre en doute leur patriotisme. Le journal eut le bon goût, l'habileté ou la charité, de répondre avec modération. Mais la violence des polémiques comme leur renouvellement périodique montrait assez combien la question de la paix et du patriotisme, sur laquelle les catholiques avaient longtemps donné le spectacle d'une inaltérable unanimité, les divisait désormais :

Déclaration à propos des attaques du général de Castelnau

Nous ne voulons entreprendre ici aucune discussion avec le général de Castelnau, pas plus qu'avec aucun des Chrétiens et des Français dignes de ce nom, qui devraient, estimons-nous, travailler en commun avec nous à l'Ordre catholique.

Nous n'avons à l'égard du général de Castelnau que respect pour sa personnalité et reconnaissance pour les services qu'il a rendus dans le passé.

Mais puisqu'il veut bien suivre *Sept* attentivement (du moins nous voulons l'espérer), nous nous permettons de lui rappeler qu'il a le droit de relever, censurer, attaquer les paroles que nous avons vraiment prononcées, les faits que nous avons vraiment rapportés et garantis. Mais il n'a pas le droit de nous faire dire autre chose que ce que nous disons, et il n'y a aucune loi divine et humaine qui lui permette de juger de nos intentions qu'il ne connaît d'ailleurs aucunement. C'est pourtant ce qu'il vient de faire dans *L'Écho de Paris*. Il a cru devoir affirmer que *Sept* était à la remorque de *L'Humanité* et du *Populaire*. Si ce n'était une erreur, ce serait une calomnie... Nous déplorons que de semblables querelles entre catholiques aient lieu sur la place publique. Nous déplorons davantage que le Président de la Fédération nationale catholique choisisse, pour attaquer une œuvre de doctrine catholique, un journal politique comme *L'Écho de Paris,* et qu'il perpétue ainsi une vieille confusion entre le christianisme et certains partis politiques, confusion qui a déjà fait tant de mal à l'Église et contre laquelle nous ne cesserons de nous élever (1)...

Après un demi-siècle où catholicisme et nationalisme avaient été constamment confondus pour le meilleur et pour le pire, par les amis comme par les adversaires, la dissociation était plus qu'à demi opérée. L'approche de la guerre, le déclanchement du conflit, l'occupation entraînèrent des changements aussi amples qu'imprévus dans les positions respectives. Tel nationaliste d'hier se découvrit attaché à la paix, quel qu'en fût le prix, tandis que la Résistance recrutait quelques-uns de ses premiers soldats dans les pacifistes de la veille.

(1) *Sept,* 12 juillet 1935.

CHAPITRE III

L'AFFAIRE ÉTHIOPIENNE
ET LA MORALE INTERNATIONALE
1935-1936

Le conflit italo-éthiopien qui divise les catholiques et ajoute un sujet de désaccord à tous ceux qu'ils avaient déjà, présente pour eux une gravité toute particulière. La morale internationale est en cause : n'est-ce pas l'occasion d'appliquer les récents enseignements pontificaux sur la paix ? Mais, outre que le régime politique de l'Italie inspire à beaucoup une sympathie d'ordre idéologique, comment oublier qu'il a résolu pour le bien de l'Église et à l'amiable la question romaine qui avait joué un si grand rôle dans la politique intérieure française ? Plus d'un hésite à épouser la querelle de la puritaine Angleterre contre la catholique Italie : la communauté de foi n'implique-t-elle pas une solidarité de sentiments ? Enfin, le Saint-Siège semble lui-même embarrassé : le pape, naguère si ferme dans ses jugements, paraît hésiter à condamner l'agression. Son embarras gagne les catholiques français : les plus enclins à réclamer l'application des sanctions à l'agresseur ne le font pas sans réserves. Aussi scrute-t-on avec une attention extrême les déclarations du Pape et la moindre de ses paroles donne-t-elle lieu à une exégèse qui fait le fond de nombreux articles.

Précisément, le 27 août 1935, Pie XI, s'adressant au Congrès international des infirmières catholiques, évoque les menaces de guerre. De sa déclaration, un passage surtout retient l'attention : « Une chose nous semble hors de doute : c'est-à-dire que si le besoin d'expansion est un fait dont il faut tenir compte, le droit de défense a des limites et des modérations qu'il doit garder, afin qu'il ne soit pas coupable... »

Cette phrase capitale, puisqu'elle vise le conflit italo-éthiopien (l'Italie fonde en partie sa revendication sur la nécessité de son expansion), suscite, en raison de son ambiguïté, des interprétations divergentes auxquelles ne met pas entièrement fin la mise au point de l'*Osservatore Romano* (30 août 1935).

Les communistes chrétiens de *Terre Nouvelle* n'y trouvent pas leur compte :

> Nous l'attendions cette parole du Pape. Nous avions adressé une supplique au Saint Père, sans doute en même temps que des centaines d'autres catholiques angoissés, pour lui crier que des millions d'âmes vivaient dans l'espoir que l'Église, enfin, allait prouver par un acte solennel que sa théologie de la guerre juste n'était pas seulement un enseignement livresque mais l'expression de la volonté de Dieu s'imposant aux rapports des peuples...
>
> ... Ces paroles pontificales « si graves, si lumineuses, si émouvantes », comme disent les courtisans du journal *La Croix,* appellent de la part des catholiques conscients et non dépourvus d'esprit critique un certain nombre de réflexions qui doivent être publiquement exprimées et qui peuvent l'être sans manquer au respect qui est dû au Chef de l'Église.
>
> Tout d'abord une question. Après ces deux déclarations publiques et solennelles, la conscience des fidèles italiens se trouve-t-elle davantage éclairée sur son devoir ? La morale catholique nous enseigne que nous ne pouvons participer sans pécher qu'à une « guerre juste » et qu'en cas de guerre injuste il faut « obéir à Dieu plutôt qu'aux

hommes ». Et qui donc dira si la guerre est juste ou injuste, sinon l'Église ? Prétendre que son verdict n'est pas de son ressort, mais seulement de celui de la conscience individuelle, serait une conception théologique protestante qui conduirait tout droit à l'objection de conscience. Le patriotisme italien de Pie XI ne saurait l'aveugler au point que sa conscience ne réprouverait plus le vol et l'assassinat du moment qu'ils deviennent l'œuvre du gouvernement de son propre pays. Nous croyons pour notre part au Pape catholique, nous ne voulons pas croire au Pape italien, mais nous sommes bien obligés de croire au Pape victime de la peur. Car c'est là que réside l'explication de l'ambiguïté balancée des propos de Pie XI. Le Pape redoute Mussolini et les catholiques italiens... Pie XI a failli à son devoir de Pape, et nous le lui disons avec une infinie tristesse (1)...

Au contraire, Georges Bidault, dans *L'aube* du 30 août 1935, se dit pleinement satisfait par les paroles du Pape : elles lui permettent de concilier sa fidélité au Souverain Pontife et son opposition à la politique de Mussolini :

L'événement important aujourd'hui dans le conflit italo-éthiopien, c'est le discours du Souverain Pontife. D'aucuns qui connaissaient mal Pie XI prétendaient que le Vatican était d'avance résigné aux entreprises de la force. D'autres n'hésitaient pas à dire que devant les dangers évidents d'une attitude un peu nette, le Pape se réfugierait dans l'abstention prudente, à moins qu'il ne se prononce d'emblée pour l'Italie. Les paroles que Pie XI a adressées aux infirmières manifestent que le Pape est au-dessus de nos frayeurs. Investi qu'il est, par assistance divine, de la sollicitude de toutes les églises, les grincements de dents d'une dictature ne sont pas en mesure de l'effrayer... Le Pape a parlé pour la Paix. Il est à craindre que ses paroles ne soient pas communiquées au peu-

(1) Maurice Laudrain : « L'Église et le conflit italo-éthiopien, le Pape a parlé », *Terre Nouvelle*, octobre 1935.

ple italien. Mais ce qui a été dit demeure pour quiconque a le sens du juste... A choisir entre l'ordre pacifique et le désordre belliqueux l'Église catholique en la personne de son chef... n'a pas hésité...

Même langage sous la signature de Gaston Tessier :

> ... La récente allocution de S.S. Pie XI qui a résumé de si admirable façon les principes chrétiens et humains à l'égard des relations internationales, de la paix et de la guerre, contenait une indication précise, utile, sur le droit à l'expansion, pour un pays surpeuplé mais cela dans les conditions de la vie moderne peut et doit se régler autrement que sur les champs de bataille.

La dictature porte la guerre en germe. Les arguments de l'Italie ne sont que de mauvais prétextes. Gaston Tessier poursuit :

> On nous la baille belle en découvrant maintenant que l'Abyssinie est une terre arriérée, barbare, esclavagiste. C'est en 1923, au moment où elle fut admise dans la S.D.N., sous le parrainage de la France, qu'il aurait fallu s'aviser de tout cela.
> Mussolini veut sa guerre ; et que sera-t-elle ? La formidable aviation italienne va bombarder, hacher, anéantir un peuple de paisibles laboureurs à peu près désarmés : voilà ce qu'on nous promet. Traiter de « croisade » une aussi déshonorante boucherie, quel blasphème à peine surprenant, il est vrai, sous la plume de certains idolâtres de la force (1)...

Faut-il appliquer les sanctions ?

Appliquer à l'agresseur les sanctions ne serait que justice :

(1) *L'aube,* 1ᵉʳ septembre 1935.

Quant au problème des sanctions, je ne saurais mieux faire que de renvoyer à l'article de M. Pierre Brossolette dans la *République* d'hier... Il est éclatant que M. Brossolette, comme nous tous, souhaite qu'on n'ait pas à recourir à des sanctions. Mais, face à tous ceux qui nous disent que Mussolini est au-dessus des sanctions, il maintient selon le bon sens et selon la justice, notre droit, notre devoir de ne pas laisser prescrire les fondements essentiels de notre politique.

Redisons ici que nous ne souhaitons pas être réduits à décréter des mesures désagréables à l'Italie, mais que nous n'accepterions jamais de nous brouiller avec l'Angleterre en rompant avec les maximes qui sont depuis quinze ans la base de toute notre action extérieure. Que M. Mussolini comprenne, et aussi les amis chaleureux qu'il possède, depuis quelques jours, sur notre territoire ! (1).

Voilà qui nourrit contre les démocrates chrétiens l'accusation de vouloir la guerre ! *L'Action française* a engagé une campagne d'une violence inouïe contre quiconque préconise l'application des sanctions à l'Italie. Ce sont autant de criminels qui répondront sur leur vie de la paix européenne :

Si cette guerre éclate, les responsables en répondront ; il faut le leur faire savoir. Vous, lecteurs, découpez l'article qui porte la menace avec les noms de ses auteurs. Serrez-le dans votre portefeuille. Si le carnage arrive, faites que ces auteurs puissent y passer les premiers (2)...

Aux parlementaires réputés « bellicistes » s'ajoute bientôt le nom du directeur de *L'aube* :

L'aube est pour la guerre

... *L'aube* essaye de se couvrir en disant qu'elle ne suggère que des sanctions économiques ; elle escompte que

(1) G. Bidault, *L'aube,* 30 août 1935.
(2) Ch. Maurras, *L'Action française,* 23 septembre 1935.

l'Italie y répondrait par la guerre et subirait un désastre !
Acculer l'Italie à la guerre et au désastre, engager la
France dans cette aventure, tel est donc le plan de nos
démocrates chrétiens ; il est absolument conforme à celui
du Front commun. On ne s'étonne pas que M. Guy
Menant, député de la Mayenne, ami de *L'aube*, ait
adhéré au manifeste des Cent Quarante. Cette liste rouge
continue de s'accroître. Nous avions attribué à Léon
Blum le numéro 141. M. Francisque Gay, responsable de
la prose que son journal a éditée hier, est le cent
quarante-deuxième (1).

L'aube réagit avec promptitude et détermination. A
l'accusation de vouloir la guerre répond l'éditorial de
Georges Bidault des 29-30 septembre : où sont donc les
bellicistes ?

Silence à l'imposture
Ceux qui sont contre le pacte sont contre la paix

Donc *L'Action française* nous accuse de vouloir la
guerre ! Cette accusation s'accompagne d'une provocation
au meurtre qu'on trouvera d'autre part relevée comme il
se doit. La provocation au meurtre n'améliore pas la
mauvaise foi d'une imputation encore plus ridicule
qu'odieuse. Mais puisque nombre d'imitateurs ont repris
après *L'Action française* — sans la nommer — le refrain
qu'elle a lancé : les sanctions, c'est la guerre, nous ferons
aux hommes sincères qu'une telle campagne a pu abuser
l'honneur d'une réponse à leurs inquiétudes...
On nous accuse de vouloir la guerre. Qui nous accuse ?
Les gens dont le goût de la vérité se traduit exactement
par la double affirmation que Hitler n'est pas antisémite
et que Mussolini est aujourd'hui le champion de la
liberté des peuples. Vous ne le croyez pas ? Il faut se
frotter les yeux, j'en conviens. Mais lisez : « Blague !
Blague ! Blague ! l'antisémitisme d'Hitler » (Charles
Maurras, *L'Action française,* du 19 septembre 1935).

(1) Par intérim, A.F., *L'Action française,* 28 septembre 1935.

... « Sans doute il importe d'attendre que Mussolini ait formulé clairement ses décisions. Mais les Français peuvent se déclarer dévoués à la liberté et à la sécurité des nations du monde, dont il est aujourd'hui l'éminent défenseur » (Charles Maurras, *L'Action française* du 20 septembre 1935). Qui ose attenter à la vérité avec cette insolence, pourra bien, ensuite, nous accuser de vouloir la guerre : il est jugé...

Qui veut la guerre ? Mussolini... Qui veut la guerre ? De toute part les journaux français répondent : ceux qui parlent des sanctions. Nous assistons en vérité à un singulier spectacle : voilà quinze ans que la France parle de sanctions, qu'elle en réclame la mise au point, qu'elle s'étonne de voir s'opérer sans contrecoup les novations aux traités. Aujourd'hui pour des motifs qu'on a tort de mésestimer, l'Angleterre se rallie à l'attitude que tous nos gouvernants ont maintenue depuis la paix. L'Angleterre adopte en septembre 1935 la conduite que les Français — nationalistes au premier rang — exigeaient d'elle jour après jour depuis des années. On reprochait au gouvernement de Londres de rester impassible devant les manquements à la parole donnée. Aujourd'hui qu'elle se décide à se prononcer pour l'ordre international en toute circonstance, c'est un vacarme de protestations.

Il faudrait pourtant s'entendre. La France n'a pas souhaité que l'application du Pacte débutât par l'affaire éthiopienne. Mais elle a fondé sa politique sur l'application du Pacte. En changera-t-elle parce que le Pacte limite aujourd'hui des ambitions qui ne la contrarient pas directement ?...

Pas de sanctions demain quand M. Mussolini, menacé, comme il l'explique, par le retrait à trente kilomètres des troupes éthiopiennes, aura pris l'offensive. Soit. Mais alors, pas de sanctions non plus, il faut s'y résigner, quand l'Allemagne hitlérienne débarquera à Memel ni quand elle envahira l'Autriche. Pas davantage quand l'Allemagne remaniera le statut du Danube, en attendant celui du Rhin. Rien à faire contre cette logique... Ce que préparent les adversaires de l'application du Pacte, c'est l'isolement de la France. Ce à quoi aboutit leur politique, c'est à déchirer notre signature, à décourager nos alliés, à organiser pour le compte de Hitler, une Europe où l'agression soit assurée de l'impunité. Je n'écrirai pas, car je respecte ma plume, qu'ils veulent la guerre : mais j'affirme qu'ils font leur possible pour la rendre inévitable et désastreuse..

A l'appel au meurtre, Francisque Gay, seul non-parlementaire visé, plus décidé que tous les députés ensemble, riposte par une plainte en justice, dont son journal publie le texte :

Nous ne tolérons pas la provocation au meurtre
Lettre au Procureur de la République

Paris, 28 septembre 1935.
Monsieur le Procureur de la République,
J'ai l'honneur de porter plainte pour menaces de mort, contre le sieur Charles Maurras et contre l'anonyme qui a signé « par intérim A. F. » dans *L'Action française* de ce matin, 28 septembre.
Le 22 septembre, M. Charles Maurras invitait ses « jeunes amis » à conserver dans leur portefeuille, ou mieux, à apprendre par cœur une liste de « cent quarante noms d'assassins de la paix, d'assassins de la France ». En conclusion de cet article, M. Maurras écrivait : « En l'absence d'un pouvoir national capable d'arrêter le cours de vos entreprises de trahison, il importe que les suprêmes mesures soient ordonnées : il faut que votre sang soit versé le premier. »
Chaque jour depuis la provocation au meurtre est renouvelée, notamment le jeudi 26 septembre où M. Ch. Maurras en titre de son article écrit : « Les cent quarante assassins de la jeunesse française seront mis à mort. » Aujourd'hui samedi 28 septembre, un anonyme signant par intérim A. F. écrit : « Cette liste rouge continue de s'accroître, M. Francisque Gay, responsable de la prose que son journal a éditée hier est le cent quarante-deuxième. » Bien qu'appréciant à son prix l'honneur d'être le premier des non-parlementaires désignés aux coups de quelques illuminés, j'estime, pour qu'à coup sûr

l'action publique soit déclenchée, qu'un bon citoyen se doit de prendre ses responsabilités.

Aussi estimant que si de telles menaces de mort ne recevaient pas aussitôt leur sanction la paix publique pourrait en être troublée, je considère comme un devoir de porter plainte en me déclarant prêt, si besoin est, à me constituer partie civile.

Je vous prie d'agréer, Monsieur le Procureur de la République, l'expression de ma haute considération.

> L'un des directeurs de *L'aube,*
> *signé :* Francisque Gay (1).

La justice n'ayant donné aucune suite à sa démarche, F. Gay adresse, en date du 5 octobre, une seconde lettre au Procureur de la République. Charles Maurras, poursuivi, sera condamné à une peine de prison qu'il purgera.

La Croix est en retrait sur *L'aube.* Elle s'en distingue moins par le fond que par le ton : sa position quasi officielle l'astreint à la modération. Le conflit y tient aussi une moins grande place. Tout en admettant le bien-fondé de certains des arguments italiens, elle conteste qu'une guerre de l'Italie contre l'Éthiopie soit une banale guerre coloniale :

Quelle guerre ? C'est ici que se pose le plus angoissant des points d'interrogation. Si comme il faut, hélas, le craindre, M. Mussolini rejette les propositions des Cinq, l'expédition militaire en Abyssinie est chose décidée. Simple guerre coloniale en principe. Mais il y a la Société des Nations, et il y a l'Angleterre.

D'abord la Société des Nations. Le projet des Cinq consistant à placer l'Éthiopie sous une véritable tutelle internationale représente le clair aveu de l'erreur qui fut commise à Genève, lorsqu'on décida l'admission d'Addis-Abeba à l'Assemblée des Nations. Il est en même temps une reconnaissance implicite du bien-fondé de certaines

(1) *L'aube,* 29-30 septembre 1935.

accusations dirigées par l'Italie contre le gouvernement du Négus. Mais, même membre diminué, même membre soumis à un régime qui ne laisse plus guère subsister ce « libre gouvernement » exigé des États sociétaires (article premier du Pacte), l'Éthiopie n'en appartient pas moins à la Société des Nations, et à ce titre elle a droit à toutes les garanties qu'offre le pacte aux États membres.

Point de vue de juriste, dira-t-on. Non pas ; simple respect des engagements internationaux. Nous pouvons donc prévoir que, même si les hostilités commencent en Afrique, la Société des Nations restera saisie, et s'efforcera par tous les moyens de rétablir la paix et de préserver ce qui subsistera de l'indépendance abyssine (1)...

Ferme sur la question de droit, *La Croix* est plus indécise sur la ligne de conduite à tenir. Les principes ne sont pas tout, il importe de considérer données de fait et possibilités pratiques d'appliquer les sanctions :

... La loi internationale doit être respectée. Certes, elle le doit et ce n'est pas nous qui le contesterons, nous qui avons toujours défendu dans ces colonnes la cause de Genève... Mais il faut bien se mettre en présence de la réalité. Et la réalité c'est l'impossibilité d'obtenir l'unanimité en faveur des sanctions quelles qu'elles soient...

Pour toutes ces raisons, nous ne croyons pas que la Société des Nations puisse s'engager à la légère dans la voie des sanctions.

Nous regrettons profondément que l'Italie ait cru devoir passer outre aux recommandations de la Société des Nations et nos pensées et nos prières vont désormais à ceux, noirs ou blancs, que guette la mort sur les champs de bataille. Mais nous souhaitons ardemment que la guerre reste limitée et que les passions politiques ou raciales ne viennent pas encore chez nous ou ailleurs aggraver la situation. Plus que jamais, le sang-froid est nécessaire (2).

(1) Jean Caret : « Le dernier quart d'heure », *La Croix,* 21 septembre 1935.
(2) Jean Caret : « Le sang-froid nécessaire », *La Croix,* 5 octobre 1935.

L'irrémédiable accompli, le journaliste de *La Croix* ne sait plus qu'énoncer des sentiments désormais contradictoires et des devoirs antagonistes :

> ... Voilà quinze ans que par la bouche de nos délégués, qu'ils s'appellent Tardieu, Herriot, Briand, la France a demandé à Genève l'organisation réelle de la paix par l'application stricte du pacte et de toutes les mesures qui en découlent. Voilà quinze ans que la France veut substituer à la loi de la jungle la loi internationale et qu'elle adjure l'Angleterre de s'associer pleinement avec elle dans cette tâche essentielle... Sécurité collective, assistance mutuelle, respect des engagements internationaux sous peine de sanctions internationales arrêtées d'avance, moyens pratiques propres à appliquer le Pacte. « Tout le Pacte, rien que le Pacte », lequel est en dernière analyse, un instrument de force : c'est là ce que la France a soutenu depuis qu'il existe une Société des Nations. C'est là le terrain sur lequel elle avait, vainement jusqu'alors, cherché à entraîner l'Angleterre, songeant non pas tant à sa sécurité sur le Rhin qu'à la sécurité pour tous, et se montrant ainsi une digne héritière de la tradition de celle qui fut la mère du droit, l'instauratrice de la pax romana.
> Et il a fallu que cette mère du droit manquât à la loi internationale pourtant si nécessaire dans un monde en proie à la suspicion mutuelle et aux passions. C'est de Rome qu'est parti le nouveau signal, déjà donné par le Japon et l'Allemagne, du manquement aux engagements les plus solennels. Et cela à l'heure même où l'Angleterre était enfin persuadée du bien-fondé de la thèse française d'organisation intégrale de la paix. La Société des Nations remplit son rôle juridique contre un État qui a donné au monde le droit et l'État qui bénéficie du droit n'a rien donné au monde qui compte.
> Les thèses françaises ont enfin convaincu l'Angleterre, mais la première application qu'on en fait l'est dans un cas qui ne peut attirer l'adhésion complète ; car on n'oublie pas que jamais l'Éthiopie n'aurait dû être admise à Genève, que le Pacte n'a pas été appliqué intégralement jusqu'à présent contre d'autres États et que la

clause qui concerne notamment la révision des situations susceptibles de mettre en danger la paix du monde (article 19) est restée lettre morte en ce qui concerne l'Italie.

Il y a la loi internationale, oui et son respect s'avère plus que jamais indispensable dans cette Europe déchirée par les luttes intérieures. Mais la S.D.N. ne doit pas oublier non plus ce qu'elle doit à l'Italie, et que si, lors de l'assassinat du Chancelier Dollfuss, Rome n'avait pas pris les mesures immédiates que certains réclament aujourd'hui avec tant d'acharnement contre elle, et envoyé ses soldats sur le Brenner, les nazis seraient sans doute depuis plus d'un an maîtres de Vienne, au mépris du Covenant, garant de l'indépendance politique et de l'intégrité territoriale de tous les membres de la société [1].

Moins déchirée, *L'aube* est plus catégorique : le même jour, Georges Bidault, supputant les développements possibles, fait justice des objections et des appréhensions :

La mise en marche des sanctions inquiète évidemment une partie très notable de l'opinion publique... Les Français qui, à la suite de tous leurs gouvernements, ont réclamé pendant quinze ans le renforcement du pacte et l'automatisme des sanctions se trouvent, aujourd'hui, déconcertés par l'application, en un sens imprévu, de leurs propres requêtes. De là, le trouble et la nervosité qui, soigneusement entretenus, fournissent aux adversaires de la Société des Nations d'excellentes conditions de propagande.

Pour répondre à cette propagande, nous avons déjà formulé à plusieurs reprises les arguments décisifs. Nous avons rappelé la signature donnée, la continuité d'une attitude jamais démentie, l'intérêt qui rejoint l'honneur. Mais on objectera sans doute que, dans le déchaînement des passions, tout cela peut n'être pas jugé convaincant. La dialectique du parti pris s'obstine contre les meilleures

---

[1] Jean Caret : « Le drame », *La Croix,* 12 octobre 1935.

raisons. D'ailleurs, beaucoup de gens ont cessé de raisonner. Que dire à celui qui ne veut rien entendre ?

Ceci peut-être : supposons que la Société des Nations échoue dans l'affaire éthiopienne, supposons que la première expérience des sanctions collectives contre l'agresseur aboutisse à une constatation d'impuissance. Imaginons l'état de choses dont rêvent ceux qui, pour un motif ou pour un autre, redoutent l'action de l'organisme international. Il n'y aurait plus de Société des Nations, ou ce qui en resterait serait un pur simulacre. A en croire certains, tout irait mieux pour tout le monde et d'abord pour nous. C'est précisément ce qu'il s'agit de vérifier en faisant taire tout fanatisme.

Plus de Société des Nations, plus de sanctions. Il y a des gens qui se réjouissent. Mais lesquels ont des raisons de se réjouir ? Est-ce M. Mussolini ? Certainement pas. La disparition des institutions de Genève n'adoucit pas la pente des montagnes abyssines... elle ne supprime aucune des difficultés probablement insurmontables, qui barrent le chemin des conquérants. En revanche, elle abandonne l'Angleterre aux seules inspirations de son amour-propre froissé, de sa puissance méconnue. Je sais qu'on accuse Genève d'organiser la guerre, sous prétexte de l'empêcher. C'est le contraire qui est vrai.

Que Genève croule ou s'efface : c'est la guerre... Nous pensons que c'est servir à la fois l'Italie et la paix que de faire le possible pour la retenir sur la route qui mène aux défilés sanglants de la montagne. Nous pensons que c'est servir à la fois la paix et l'Italie que de substituer une action collective et sage au duel désastreux qui, sans cela, serait à la veille de commencer...

Le Pacte rompu ou délaissé, rien ne nous empêcherait plus de maintenir étroitement notre amitié avec l'Italie. Avec une Italie, du moins qui, dans la meilleure hypothèse sortirait de son aventure éthiopienne poussée jusqu'au bout, victorieuse, mais ruinée, affaiblie au-dedans, affaiblie au-dehors. Quant à nos autres amis, on nous dit que leur alliance repose sur l'intérêt et non sur le sentiment et qu'ils nous resteront donc fidèles en toute hypothèse. Voire.

L'Angleterre se retournerait vers son empire, c'est certain, et déjà en face de quelques propos stupides prononcés chez nous, il y a chez elle des hommes pour le réclamer.

On parle d'un rapprochement italo-allemand. Pas si bête. Hitler regarde avec beaucoup plus d'appétit du côté de Londres : il sait le rapport des forces. Quant à nos amis de la petite Entente, ils nous demanderaient si un agresseur européen nous trouverait dans les mêmes dispositions que l'agresseur africain. Si oui, bonsoir. Et la *Mittel Europa* est faite.

Si non, la France seule est le gendarme du continent. Sur le Rhin, sur le Danube, sur la Vistule, sur le Niemen ! Quelle folie ! N'oublions pas non plus la prime qui serait offerte par la faillite d'aujourd'hui à l'agresseur de demain (1)...

La bataille des manifestes :
Défense de la civilisation occidentale et Justice pour tous les peuples

L'affaire éthiopienne accentue les divisions de l'opinion publique : les catholiques prennent une part active à leurs manifestations. Un catholique maurrassien, Henri Massis, est le principal rédacteur d'un texte où s'affirment la solidarité active avec l'Italie et le refus des sanctions, au nom d'une certaine notion de la civilisation occidentale :

Manifeste des intellectuels français
Pour la défense de l'Occident et la paix en Europe

A l'heure où l'on menace l'Italie de sanctions propres à déchaîner une guerre sans précédent, nous, intellectuels français, tenons à déclarer devant l'opinion tout entière, que nous ne voulons ni de ces sanctions ni de cette guerre.

(1) *L'aube,* 12 octobre 1935.

Ce refus ne nous est pas seulement dicté par notre gratitude à l'endroit d'une nation qui a contribué à la défense de notre sol envahi ; c'est notre vocation qui nous l'impose.

Lorsque les actes des hommes, à qui le destin des nations est confié, risquent de mettre en péril l'avenir de la civilisation, ceux qui consacrent leurs travaux aux choses de l'intelligence se doivent de faire entendre avec vigueur la réclamation de l'esprit.

On veut lancer les peuples européens contre Rome.

On n'hésite pas à traiter l'Italie en coupable... sous prétexte de protéger en Afrique l'indépendance d'un amalgame de tribus incultes, qu'ainsi l'on encourage à appeler les grands États en champ clos.

Par l'offense d'une coalition monstrueuse, les justes intérêts de la communauté occidentale seraient blessés, toute la civilisation serait mise en posture de vaincue. L'envisager est déjà le signal d'un mal mental où se trahit une véritable démission de l'esprit civilisateur.

L'intelligence — là où elle n'a pas encore abdiqué son autorité — se refuse à être la complice d'une telle catastrophe. Aussi les soussignés croient-ils devoir s'élever contre tant de causes de mort, propres à ruiner définitivement la partie la plus précieuse de notre univers, et qui ne menacent pas seulement la vie, les biens matériels et spirituels de milliers d'individus, mais la notion même de l'« homme », la légitimité de ses avoirs et de ses titres — toutes choses que l'Occident a tenues jusqu'ici pour supérieures et auxquelles il a dû sa grandeur historique avec ses vertus créatrices.

... C'est à cette alliance désastreuse [de l'Angleterre et de toutes les forces révolutionnaires] que Genève prête les redoutables alibis d'un faux universalisme juridique qui met sur le pied d'égalité le supérieur et l'inférieur, le civilisé et le barbare. Les résultats de cette fureur d'égaliser qui confond tout et tous, nous les avons sous les yeux ; car c'est en son nom que se formulent des sanctions qui, pour mettre obstacle à la conquête civilisatrice d'un des pays les plus arriérés du monde (où le christianisme même est resté sans action), n'hésiteraient pas à déchaîner une guerre universelle, à coaliser toutes les anarchies, tous les désordres, contre une nation où se sont affirmées, relevées, organisées, fortifiées depuis quinze ans quelques-unes des vertus essentielles de la haute humanité.

Ce conflit fratricide ne serait pas seulement un crime contre la paix, mais un attentat irrémissible contre la civilisation d'Occident, c'est-à-dire contre le seul avenir valable, qui, aujourd'hui comme hier, soit ouvert au genre humain. Intellectuels, qui devons protéger la culture avec d'autant plus de vigilance que nous profitons davantage de ses bienfaits, nous ne pouvons laisser la civilisation choisir contre elle-même. Pour empêcher un tel suicide, nous en appelons à toutes les forces de l'esprit.

4 octobre 1935.

Les « forces de l'esprit » répondirent nombreuses : en quelques jours le manifeste recueillit plusieurs centaines de signatures, dont celles de beaucoup de catholiques connus pour tels : Mgr Baudrillart, Henry Bordeaux, Maurice Denis, Henri Ghéon, Jean de Fabrègues, Gabriel Marcel...

Ce rassemblement d'intellectuels conservateurs et nationalistes suscita deux sortes de réactions. Les intellectuels de gauche se comptèrent sur un autre texte énonçant des positions opposées. D'autre part, tous les intellectuels catholiques n'entraient pas dans les vues de leurs confrères de droite : entre autres, l'identification du christianisme à la civilisation occidentale leur semblait illégitime. Des distinctions s'imposaient. Entre les deux blocs, de droite et de gauche, n'était-ce pas le moment d'ouvrir une voie médiane, d'offrir un espoir à la réconciliation des esprits ? Position strictement conforme à la logique et à la mission des chrétiens démocrates. De ces réflexions sortit un troisième texte, dit *Manifeste pour la Justice et la Paix* :

Dans la confusion actuelle des esprits, et devant la situation si grave créée par le conflit italo-éthiopien, il est impossible à ceux qui se refusent tout à la fois à laisser obscurcir les principes de la conscience et à admettre l'hypothèse d'une nouvelle guerre européenne de garder le silence.

... La justice doit être respectée dans toutes ses exigences. C'est elle-même qui demande qu'on s'oppose à toute extension du conflit armé. Une nouvelle guerre européenne serait une catastrophe irréparable. Ce n'est pas parce qu'on refuse d'approuver M. Mussolini que l'on est prêt à accepter un tel malheur. Non seulement la généralisation du conflit serait une calamité pour la civilisation et pour le monde entier, elle serait aussi une autre iniquité à l'égard, cette fois, des peuples qui se trouveraient engagés dans cette tragédie. C'est un devoir de venir en aide à qui souffre injustice, mais jamais la plus stricte morale politique n'a demandé à un peuple de recourir pour cela à des moyens qui entraîneraient sa propre perte ou une catastrophe universelle. C'est à d'autres moyens qu'il doit alors recourir. Il faut constater comme un fait que le monde est impuissant à intervenir par la force des armes dans le conflit italo-éthiopien sans courir à des maux encore plus grands. Il ne faut jamais oublier non plus que c'est une grande injustice de jeter, même au nom du droit, un peuple au désespoir. Mais nulle force au monde ne peut contraindre pour cela la conscience à trouver bien le mal, et mal le bien.

Nous ne nions pas l'importance de l'œuvre colonisatrice accomplie par les États européens, et nous savons qu'elle ne pourrait être anéantie sans un immense détriment pour l'humanité. Mais nous savons aussi qu'elle n'a pas été accomplie sans lourdes fautes. Et au moment où l'Europe commençait de prendre mieux conscience de ses responsabilités à l'égard des peuples de couleur, et des conditions de justice et de liberté vers lesquelles doit évoluer le régime de la colonisation, on doit considérer comme un désastre moral que « les bienfaits de la colonisation occidentale » soient manifestés à ces peuples, avec un éclat inégalé, par la supériorité de ses moyens de destruction mis au service de la violence, et qu'on prétende avec cela que les violations du droit dont témoigne une telle guerre deviennent vénielles sous prétexte qu'il s'agit d'une entreprise coloniale. C'est la civilisation occidentale elle-même qui est menacée ici, et plus nous lui sommes attachés plus nous nous sentons tenus de protester contre des mœurs qui lui font abdiquer sa plus haute raison d'être et qui sont propres à la rendre odieuse à l'univers.

Il importe aussi de dénoncer le sophisme de l'inégalité des races. Si l'on veut dire que certaines nations se trouvent dans un état de culture moins avancé que d'autres, on constate simplement un fait évident. Mais on passe de là à l'affirmation implicite d'une inégalité *essentielle* qui députerait certaines races ou certaines nations au service des autres, et qui changerait à leur égard les lois du juste et de l'injuste. C'est là du paganisme pur. Le christianisme nous fait comprendre et réaliser cette vérité d'ordre naturel que la justice est due aux hommes sans acception de personne, ni de race, ni de nation, et que l'âme et la vie d'un noir est aussi sacrée que celle d'un blanc. Beaucoup d'hommes déjà ont trouvé dans cette guerre une mort cruelle. Morts italiens, morts abyssins, le cœur chrétien les enveloppe tous de compassion fraternelle.

Si le sens du juste et de l'humain ne suffisait pas ici à émouvoir les cœurs, au moins la considération de cet Occident qu'on essaie avec tant de légèreté de lier à une mauvaise cause devrait-elle porter tout esprit réfléchi à redouter l'usage que d'autres violents peuvent faire de ces mêmes doctrines de l'inégalité de races, et de l'insignifiance des manquements aux engagements internationaux.

Les événements actuels nous montrent d'une façon terriblement claire que l'organisme de Genève ne peut être vraiment utile à l'ordre du monde que si les peuples et les gouvernements veulent sincèrement la justice et la paix. C'est cette volonté de justice et de paix tout ensemble, qu'il importe plus que jamais d'affirmer aujourd'hui.

Ce texte publié dans *La Vie catholique* du 19 octobre 1935, reproduit par *Esprit* de novembre, était suivi de signatures qui le situaient nettement dans l'éventail des tendances politiques de l'opinion catholique : Fernand Aubier, Etienne Borne, Dr Biot, Henri Davenson (1),

(1) Pseudonyme de l'historien Henri Marrou.

Robert Delavignette, Georges Duveau, Maurice de Gandillac, Henri Guillemin, Olivier Lacombe, Maurice Jaubert, Jean Lacroix, Jacques Madaule, Jacques Maritain, Emmanuel Mounier, P.-H. Simon, Daniel Villey... En dépit du souci de tenir la balance égale, le texte penchait sans doute vers la gauche : une douzaine d'intellectuels qui avaient signé le manifeste antifasciste, donnèrent leur signature au texte démocrate chrétien sans penser se déjuger ; rien de semblable ne se produisit à droite. *La Croix* aussi inclinait du même côté : en tout cas la leçon de catéchisme que son rédacteur en chef, le P. Merklen, dispensait le 23 octobre à certains catholiques visait plutôt le premier manifeste :

Un peu de catéchisme

... Que de catholiques excellents et soumis à la loi morale dans leur conduite privée, semblent s'imaginer que sur le terrain social — d'autres sur le terrain politique des rapports entre peuples — la justice, la charité, les vertus morales, les enseignements de l'Église n'ont pas à intervenir ! Cette erreur, condamnée par Pie XI, par Léon XIII, s'appelle le libéralisme. Pie XI, au début de son pontificat, pouvait stigmatiser cette laïcisation de la vie publique sous le nom de modernisme social...

On distingue dans leur essence, comme si des règles de conduite différentes devaient s'appliquer à elles, la guerre coloniale et la guerre européenne. La guerre, même limitée aux frontières d'un pays, est cependant toujours un fléau. Que ses victimes soient des Boliviens ou des Japonais, des Chinois ou des Paraguayens, des Abyssins ou des Italiens, il n'importe à notre sympathie fraternelle. Toutes les personnes humaines sont créées à l'image de Dieu, toutes sauvées par Notre-Seigneur, toutes appelées à la destinée du ciel...

Que notre civilisation, latine ou occidentale, l'emporte sur la leur, quoi d'étonnant après dix ou quinze siècles de christianisme ? Ce n'est pas cependant cette civilisation que nous les invitons à suivre, encore moins que nous prétendons leur imposer... L'Évangile s'adapte à toutes les cultures humaines ; toutes, elle *(sic)* les transforme et les surnaturalise ; seul il est vraiment immuable et universel. Il ne sera jamais permis de dire à un Chinois : pour être un bon chrétien, deviens d'abord un Français ; à un noir : tu seras d'autant plus civilisé que tu renieras plus entièrement les traditions, même les plus saines, de ta race...

Ces prises de position en faveur du droit, ces rappels de morale n'étaient pas du goût des amis de l'Italie. Leur argumentation reposait essentiellement sur la distinction du droit et du fait, des principes et des réalités. C'est le langage que tient l'organe de la F.N.C. :

Les Catholiques et le conflit italo-éthiopien

Si on pouvait attendre des observateurs et des juges sans passion, en présence du conflit actuel qui met la France en si délicate posture, il semble bien que c'est parmi les catholiques français qu'on eût dû les trouver. Les intérêts conjoints de la France et de l'Europe, nous pourrions y ajouter ceux de la civilisation occidentale tout entière, exigent impérieusement que le front franco-anglo-italien soit maintenu. Et nul Français ne saurait, sans criminelle sottise, prendre parti pour l'Angleterre contre l'Italie ou pour l'Italie contre l'Angleterre.

Sans doute, la justice a des exigences que nul chrétien ne saurait oublier ; le païen Aristote lui-même en faisait la plus haute des vertus. Mais le rappel de ses droits ne conduit à rien d'utile s'il demeure dans le vague d'une définition générale qui n'a aucune prise sur les réalités concrètes.

... Certaine attitude qui consiste à marquer que le sort de l'Église et son éternité ne sont liés à aucune culture, entraîne trop aisément à méconnaître qu'entre les cultures et les civilisations, une hiérarchie demeure que l'Église a garde de méconnaître.

... Nul esprit sérieux, enfin, n'admettra que l'Italie et l'Éthiopie soient traitées comme deux puissances égales, lors même que toutes deux, d'une erreur monstrueuse, partagée par le gouvernement italien, siégeraient à Genève sur le même pied.

... Toutes ces évidences et les fautes de la Grande-Bretagne, celles de la France, celles beaucoup plus graves de l'Italie, il eût fallu les mettre en balance pour rendre une sentence vraiment juste. On pourrait alors demander où est le juge suffisamment informé de tous les faits connus ou cachés.

Ce n'est pas autre chose, au fond, que disait le Souverain Pontife, en deux allocutions retentissantes (1) qu'on a détournées, chez nous, de leur sens exact. Il repoussait la pensée de la guerre que le Père commun ne saurait jamais accueillir. Il suppliait qu'on l'évitât et qu'on n'écartât, pour y parvenir, aucun droit légitime...

Mais là où il eût fallu calmer les esprits, rappeler calmement les faits connus et notre ignorance des autres, redresser les extravagances mises en circulation de tous les côtés, nous avons vu souffler et entretenir la guerre des passions. On accueillait avec joie l'idée de sanctions successives — sans souci d'impossibilités qui commencent à apparaître ni des inextricables difficultés qu'elles provoqueraient. On admettait que ces sanctions allassent jusqu'à la guerre, sans voir qu'elle eût mis l'Europe en feu. Toutes les forces du front commun, dit populaire, étaient mobilisées, les loges en tête, en France et à travers l'Europe. Ce magma, qui entraînait le peuple vers une tuerie, recevait les renforts les plus inattendus mobilisés au nom de la même justice éthérée (2)...

Le même journaliste, le 9 novembre suivant, cessant de parler par allusion, s'en prend nommément aux rédacteurs du *Manifeste pour la justice et la paix* et leur intente un procès de tendance :

(1) L'une de ces deux allocutions est celle, déjà citée, adressée le 27 août 1935 au Congrès international des infirmières catholiques. L'autre a été prononcée en septembre au cours d'une audience accordée à des Anciens Combattants.
(2) G. Viance, *La France Catholique,* 2 novembre 1935.

Les faux docteurs

... On a voulu entraîner une partie de l'opinion catholique sur ces voies de rêves où la justice géométrique dessine d'autant mieux les procès qu'elle en ignore le fond et maints détails. Nous n'avons pas cité, la semaine dernière, le *Manifeste pour la justice et pour la paix*. Il était assez nettement visé, mais nous tenons à distinguer tant de signataires, qui n'ont pas compris, des initiateurs. Ceux-ci, depuis deux mois, se sont signalés par trop d'acharnement contre le fascisme et M. Mussolini, pour qu'on ignore que le souci de la justice n'était pas leur seul moteur. A parler net, ce n'est pas même le fascisme qu'ils poursuivent. Ils n'y comprennent rien. C'est un fantôme où se réunissent et se concentrent toutes les erreurs et tous les préjugés d'un démocratisme et d'un libéralisme malsains. Les erreurs individualistes les hantent et le moralisme dont ils les parent n'enlève rien, au contraire, à cette attitude d'esprit plus protestante que catholique, qui consiste à s'ériger en juge souverain...

Depuis plus de dix ans, qu'il s'agisse de la paix ou de la guerre, du désarmement, des ligues ou du Front Populaire, de la culture, de la civilisation ou de la société, nous voyons se répandre les thèses inspirées du même esprit abstrait, irréel, moraliste plus que moral qui résout, du haut des nuages, les problèmes les plus complexes. Le trouble des intelligences est si profond qu'on provoque un malaise à rappeler les vérités mésusées, trésor de notre humanisme latin. C'est ce qui arrive à M. Thierry Maulnier, qui n'est pas catholique, lorsqu'il écrit fort justement : « Il y a une grave confusion de pensée à prétendre appliquer aux rapports des nations les règles qui s'appliquent à la conduite des individus. » M. François Mauriac l'en reprend vivement et le renvoie à MM. Blondel, Claudel et Maritain qui ne sont pas encore Pères de l'Église. Il serait plus sage d'aller aux Docteurs authentiques, dont on apprendrait que les nations, limitées à une destinée temporelle, ne sauraient être confrontées comme des hommes qui paraîtront devant Dieu...

Voici précisément que se présente un de ces docteurs

« authentiques » en la personne du R.P. Barbera, dont l'article, dans la *Civiltà Cattolica,* ne tend à rien moins qu'à demander aux catholiques étrangers d'épouser, au nom de la solidarité de foi, la cause de l'Italie. Il oppose à la rigueur inhumaine des principes les tempéraments que recommande l'équité. Il jette un blâme discret sur le *Manifeste pour la justice et la paix.* L'article est porté à la connaissance du public français par *La Croix* qui le présente avec les égards dus à la qualité de son auteur et au caractère officieux de la publication :

Le prochain numéro de la *Civiltà Cattolica* publiera un important article du R.P. Barbera, S.J., dont nous pouvons d'ores et déjà donner la conclusion. Nos lecteurs ne manqueront pas d'y prêter une particulière attention, sachant les attaches traditionnelles qui relient la *Civiltà Cattolica* au Saint-Siège. Ils trouveront dans cet article intitulé : « Principes et faits : Est-il possible d'éviter la guerre ? », de précieux éléments d'information et d'appréciation permettant de se former une conscience vraiment catholique au regard d'un problème si complexe et si délicat.

Alverne.

... Le *Manifeste pour la justice et la paix,* signé d'un certain nombre de catholiques français, énonce bien les principes immuables de justice entre les peuples. C'est parfait : nous ne pouvons pas ne pas être d'accord. Mais cela n'empêche pas qu'il faille tenir compte des conditions de fait, pour pouvoir maintenir la paix. Le Manifeste se tient dans l'abstrait : « La justice doit être respectée dans toutes ses exigences. » Qui le niera ? Mais, dans le concret, dans les choses humaines en général, et en particulier dans les conflits si complexes entre les nations, qui pourra déterminer avec exactitude « toutes les exigences de la justice » et prononcer de quel côté elles se trouvent ? Il est donc nécessaire, pour maintenir la paix, de ne pas faire intervenir seulement la justice *in abstracto,* mais aussi, et même encore plus, l'équité, la charité et la prudence, qui précisément tiennent compte des conditions de fait, pour mieux proportionner les moyens à la fin de la paix.

Et pour être encore plus précis et actuel, ne pourrait-on pas (tout en laissant de côté tant et tant d'autres observations d'ailleurs considérables) se demander, en vertu des conditions de fait, si la Société des Nations, ayant jugé nécessaire un mandat sur l'Éthiopie (qui l'a accepté), pour l'aider dans l'abolition effective de l'esclavage et dans la réorganisation civile et administrative, n'accomplirait pas une action équitable et sage en le confiant à l'Italie qui allègue pour cela des raisons et des conditions de fait, comme celle de n'avoir jamais reçu aucun mandat, tandis que les autres nations n'ont pas manqué de s'en attribuer. On éviterait ainsi non seulement un conflit européen, mais la guerre coloniale elle-même.

Cette bienveillante compréhension des conditions de fait, nous la demandons aux catholiques anglais et français (1)...

La déclaration d'un jésuite ne lie pas les dominicains. Pour un catholique italien qui se plaignait de l'injustice faite à son pays, Christianus refuse d'absoudre l'injustice :

Il est assez compréhensible que le jugement moral ait porté sur le fait que nous remarquons plus haut, et qui est comme l'extrême pointe lumineuse de ce conflit. La guerre est un événement si éclatant qu'elle retient aussitôt l'attention universelle. En soi, il n'y aurait pas de raison pour que le jugement moral se limitât à ce seul cas. Si l'on est mû, comme nous le souhaitions, par la détestation de l'injustice comme telle, partout où il y eut injustice, là aussi devrait s'élever la réprobation. Des instances viennent aux catholiques français de l'autre côté des Alpes, afin qu'ils jugent l'Angleterre comme ils ont jugé l'Italie. Si toutefois les catholiques français n'y cèdent point, la raison n'en est pas qu'il serait impolitique de s'aliéner un pays ami ; puisqu'ils ont prononcé un pre-

(1) Reproduit *in extenso* par *La Croix,* 6 novembre 1935.

mier jugement moral, ils ont accepté la loi du genre, qui est de tenir compte du bien et du mal, sans plus ; ils joueraient leur rôle et les politiques le leur. La raison n'en est pas non plus qu'il deviendrait sans doute assez onéreux de se faire les justiciers du monde, et qu'on usurperait pour de bon cette fois un office que Dieu seul remplit sans reproche. On a proclamé l'injustice italienne, on a donné à cette manifestation un grand retentissement, parce que ne rien dire, dans le cas, eût été laisser en danger un progrès moral que le monde est en train de faire, et qui est de régler par le droit les litiges entre nations. Parce que l'Angleterre au contraire se fait à l'heure qu'il est le champion de la société internationale, mettant au service d'une haute pensée son prestige et ses moyens, on ne peut que se féliciter de l'œuvre qui, par elle aujourd'hui, prend corps et s'affermit : quelque jugement que l'on porte sur son passé colonial, sur ses intentions présentes, sur son opposition à l'entreprise italienne, il reste qu'elle soutient l'établissement d'une méthode juridique à l'encontre d'une méthode de violence — telle que l'emploie l'Italie ; et c'est aussi à cause de la nature particulière et des redoutables effets, quant au progrès moral, de l'attitude adoptée par cette dernière puissance, qu'on a pu légitimement donner un grand éclat à la condamnation portée contre elle, sans qu'on doive maintenant proclamer aussi haut d'autres injustices qui seraient ailleurs [1]...

La fin des opérations militaires ne rapprochera pas les points de vue. Les uns persistent à tenir l'Italie pour coupable d'une agression. Les autres sont d'autant plus fermes sur leur position que les événements paraissent leur donner raison. Quel accent de triomphe dans l'exultation avec laquelle le général de Castelnau lance le cri :

A bas les sanctions !

Devant les menaces de conflagration sanglante qui flottent dans l'air, il importe, au plus haut degré, de faciliter

[1] Christianus, *La vie intellectuelle,* 10 décembre 1935.

la prompte solution du conflit éthiopien. Dégagée de cette emprise, l'Italie reprendra dans le concert des puissances européennes la place si importante qui lui revient... L'Italie indignée s'est vigoureusement dressée contre la décision de la cour de Genève... Elle a vaillamment supporté le poids des mesures punitives décidées mais elle en garde, comme il était aisé de le prévoir, une sourde rancœur qui ne l'incline guère vers les voies de la conciliation. Enfin elle a victorieusement protesté par la vertu des actes ; son drapeau flotte aujourd'hui sur les murs de Dessié ; il flottera demain aux portes d'Addis-Abeba... Le gouvernement italien, fort d'une carte de guerre impressionnante, entend négocier librement l'armistice et le pacte qui doit, enfin, mettre un terme à un lamentable et dangereux conflit. On ne saurait lui en vouloir.

Et, d'autre part, le maintien d'inutiles sanctions, génératrices de rancœurs, qui lèsent les uns et favorisent les autres, risque de peser lourdement sur l'orientation et l'atmosphère des pourparlers prochains entre les gouvernements de Rome et d'Addis-Abeba. Donc, dans l'intérêt suprême de la paix, à bas les sanctions (1).

Comme si la victoire des armes décidait du droit !

(1) *L'Écho de Paris,* 25 avril 1936.

CHAPITRE IV

LA DÉMOCRATIE A L'ÉPREUVE

Autant que sur les questions sociales et guère moins que sur la politique internationale, les catholiques français se divisent sur la politique intérieure, et particulièrement sur le régime. Cependant on peut estimer que, vers 1930, la plupart sont ralliés aux institutions légales, ce qui ne les empêchera pas d'approuver, presque unanimes, l'esprit du 6 février 1934. Pratiquement, aucune dissonance ne trouble le concert d'hommages qui monte des publications catholiques vers les victimes. Jean Guiraud célèbre « Le sang généreux qui a coulé sur la place de la Concorde » (*La Croix,* 14 février). L.-A. Pagès stigmatise les calomnies qui dénaturent les intentions des manifestants (*Ouest-Éclair,* 28 février). *L'aube* elle-même s'associe au mouvement ; seul Gaston Tessier marque des réserves (*L'aube,* 8 février).

La démocratie : plusieurs interprétations pour un même vocable. La controverse Archambault-Mounier (janvier-mars 1934)

Au même moment, alors que la démocratie parlementaire connaît une grave crise de confiance et de fonctionnement, s'engage entre Paul Archambault, philosophe de la démocratie d'inspiration chrétienne, et Emmanuel Mounier, le jeune directeur de la revue *Esprit*, fondée quinze mois plus tôt, une controverse, qui a pu paraître à l'époque à certains n'être qu'un malentendu, mais des plus éclairantes pour l'avenir. Elle révèle en effet dans une lumière crue que la jeune génération récuse une certaine image de la démocratie à laquelle les anciens ont voué leur fidélité. Le désaccord est pour partie un différend entre générations : Archambault a cinquante ans et appartient à une génération de catholiques qui ont dû rompre avec les convictions et les habitudes de leur milieu pour se rallier aux institutions de la démocratie ; Mounier, qui n'a pas trente ans, exprime les aspirations d'une jeunesse à un régime plus juste et plus efficace. Par-delà ce désaccord entre deux expériences successives, le dissentiment s'enracine plus profondément dans une différence fondamentale entre deux philosophies politiques.

C'est Archambault qui engage le dialogue — ou la controverse — dans un article de *L'aube* (dont il est un collaborateur régulier) à la suite d'une conférence à laquelle il a assisté, prononcée par Mounier à l'Union pour la Vérité. Puisque le directeur d'*Esprit* veut promouvoir une transformation de la société dans un sens personnaliste, pourquoi ne pas se situer dans la grande tradition de la démocratie d'inspiration chrétienne ? Celle-ci ne se propose-t-elle pas le même objectif ?

La démocratie et la révolution
Lettre ouverte à M. Emmanuel Mounier par Paul Archambault

J'étais, l'autre soir, de vos auditeurs, monsieur, à la réunion pour la Vérité. Je vous ai entendu, confessant, avec autant de simplicité que de noblesse, les certitudes contradictoires qui vous déchirent, peut-être à votre insu. (...) Une fois de plus, j'ai touché du doigt l'extrême richesse de votre pensée, mais aussi l'extrême vulnérabilité de votre position pratique. Une fois de plus, j'ai senti se poser en moi une question que je vous demande la permission de vous adresser tout haut. (...) « Pourquoi, monsieur, alors que tout vous y attache ou vous y ramène, tenez-vous à vous situer hors de la grande tradition démocratique, j'entends de la tradition démocratique d'inspiration spiritualiste et personnaliste, la seule qui compte à nos yeux ? »

Sachons voir les choses de haut. La démocratie, ce n'est pas ni l'individualisme, ni l'étatisme, ni le capitalisme, ni même un certain parlementarisme — accidents historiques — qu'elle a rencontrés ou subis, dont elle a pâti, dont elle s'est laissé souiller peut-être, mais qui enfin ne la constituent pas. La démocratie, c'est l'effort passionné d'un certain nombre d'hommes, faillibles et pécheurs comme tous les hommes, mais en ceci du moins sincères et louables, voulant qu'à tout homme il soit donné de vivre vraiment en personne, par une participation sans cesse élargie à tout ce qui fait le prix de la vie humaine et de la force de la communauté humaine. Personnalité, communauté : pas d'idées qui vous soient plus chères, pas de mots qui reviennent plus souvent dans votre bouche. Pouvez-vous ignorer à ce point leur histoire ?

Oh ! j'entends bien la réponse. Si la démocratie a été peut-être cela, au plus creux des meilleurs cœurs, vous dites-vous, il y a longtemps qu'elle a cessé de l'être. Elle est devenue quelque chose de si indifférent, à base d'égoïsme veule et cynique, elle a noué avec la bêtise, la violence ou la cupidité de si intimes alliances, que nous n'en sortirons pas sans un retournement complet de ses manières de penser et d'agir, une réfection totale de son esprit, de son personnel, de ses institutions, il faut oser dire une révolution — révolution spirituelle, mais aussi révolution temporelle.

Mais c'est là que nous croyons vous voir victime à la fois d'une illusion et d'une injustice.

Illusion quant à votre mystique de la Révolution. Révolution spirituelle ? Soit, encore que le mot nous semble mal choisi et qu'en fait aucun grand spirituel n'eût consenti à y recourir. Révolution temporelle ? Libre à vous de nous juger gens de courte vue, mais, il nous faut l'avouer, nous avons peine à y croire. (...) Ou le mot révolution ne veut rien dire, ou il signifie un grand déchaînement de brutalité et de violence ; et de tels déchaînements, comme tels, l'histoire d'aujourd'hui l'atteste avec celle d'hier, l'esprit n'a rien à attendre, c'est sur d'autres voies qu'il chemine, et par d'autres moyens.

Injustice aussi, quant à votre répudiation dédaigneuse de toute mystique démocratique. « Idéologies périmées », vous plaît-il à dire. L'appréciation ne pèse pas lourd devant des œuvres comme celles des Hauriou et des Gurvitch (1) dont l'ampleur et la force égalent celles des plus grandes et qui, elles, ne cherchent point à couper ou à cacher leurs racines historiques. « Libertés inefficaces », vous plaît-il encore de dire. C'est que vous avez une conception trop exigeante de l'efficacité. Il est facile de plaisanter le suffrage universel : c'est pourtant à lui, à la pression continuelle de ses élus, talonnés eux-mêmes par leurs électeurs, que nous devons toutes les réformes sociales qui, insuffisamment encore, mais « efficacement » ont contribué à relever le niveau de vie matérielle et sociale des masses. Il est facile de dénoncer la République comme une personne sans mœurs, acoquinée depuis toujours avec les puissances d'argent : c'est pourtant à l'intérieur de cette République et sous son égide que s'est créé ce statut ouvrier — organisations professionnelles, conventions collectives, coutume ouvrière peu à peu consacrée — qui peut être, pour peu que nous le voulions, le noyau d'une société meilleure. Et c'est tout cela qui disparaîtrait, ou se trouverait remis en question, monsieur, dans toute révolution de type antidémocratique. Comment n'en conclurions-nous point que le problème n'est pas de chambarder la république démocratique, mais de la réformer et de la rénover ? Audacieusement, brutalement, s'il le faut : mais en nous gardant bien d'introduire l'ennemi dans la place.

---

(1) Maurice Hauriou (1856-1929), professeur de droit à la faculté de Toulouse, a influencé la pensée des catholiques sociaux par ses travaux sur l'institution. L'engagement des mouvements d'Action catholique dans l'action institutionnelle lui doit beaucoup.
Georges Gurvitch (1897-1965), professeur à la Sorbonne, a été l'un des rénovateurs des études de sociologie en France et a contribué à mettre en évidence l'importance des structures sociales sur les comportements.

Aussi bien en sommes-nous sûrs, monsieur, à mesure que vous serez amené à définir le programme « institutionnel » qu'annonçait la fin de votre exposé ; à mesure aussi que se multiplieront les désolidarisations que vous êtes contraint d'effectuer (hier la *Troisième force*, aujourd'hui *L'Ordre nouveau*, demain d'autres encore) et qui déterminent, mais en le limitant étroitement, votre terrain de lutte, on verra vous advenir ce qui vient d'advenir à Jacques Maritain. Maritain, descendant enfin, avec *Du régime temporel et de la liberté,* du ciel des principes abstraits au sol de nos batailles quotidiennes et définissant du même coup ce qu'on eût appelé dans ma jeunesse un programme démocrate-chrétien : programme emprunté pour moitié au catholicisme social et pour moitié à la démocratie d'inspiration catholique. « Fécondité de l'argent et primauté du profit » : voilà, disiez-vous l'autre jour à nos applaudissements, les deux adversaires à pourchasser et à vaincre. Croyez-vous vraiment être le premier à prononcer de telles paroles ?

Et c'est pourquoi, monsieur, nous vous disons ; votre place n'est pas parmi ceux qui s'efforcent de discréditer l'idée démocratique. Elle est à l'avant-garde de ceux qui combattent pour elle. Là où ils luttent, pour qu'ils profitent de votre jeune force et de votre enthousiasme ; là aussi où ils défaillent, là où ils se trompent, là où ils pèchent, pour les aider à rester ou à redevenir dignes de leur cause, à la hauteur de ses nouvelles exigences. (…) — (Et si la révolution ne vient pas, vous disait Garric (1), qu'aurez-vous fait de votre vie ?) — A condition que le levain ne se refuse pas à cette pâte affadie.

Si vous ne pensez pas ainsi, monsieur, ou plutôt puisque vous ne semblez pas penser ainsi, dites-nous exactement pourquoi (2).

Avant même qu'Archambault ne reçoive de Mounier une réponse à son interpellation, deux personnalités

(1) Robert Garric a fondé au lendemain de la première guerre les Équipes sociales par lesquelles sont passés nombre de militants qu'on retrouvera plus tard dans les mouvements confessionnels ou politiques, de la Paroisse universitaire au M.R.P.
(2) *L'aube,* 21-22 juin 1934.

111

interviennent en tiers dans le débat, qui ne sont pas les premiers venus. C'est d'abord Jacques Maritain, mis en cause par Archambault, qui redoute de couvrir de son nom des confusions et qui énonce avec hauteur des distinctions essentielles dans la notion de démocratie. La sienne n'a rien à voir avec celle dont s'inspirent les institutions représentatives et la pratique politique. On relèvera qu'il introduit, pour définir la conception qui a son adhésion, l'expression d'humanisme intégral qui donnera son titre à l'un de ses ouvrages les plus fameux, publié en 1936.

Au sujet de « La démocratie et la révolution »
Une lettre de M. Jacques Maritain

Meudon, 22 janvier
Monsieur le Directeur,
Puisque M. Paul Archambault fait allusion, dans *L'aube* du 21-22 janvier 1934, à mon dernier livre, je vous serai reconnaissant de donner l'hospitalité à cette lettre qui me paraît nécessaire.
Les conceptions que je défends dans *Régime temporel et liberté* relèvent d'une certaine philosophie de l'homme et de la culture, et ont peu de choses à voir avec « ce qu'on eût appelé dans la jeunesse de M. Archambault un programme démocrate chrétien ». Au surplus, il n'est pas d'une bonne méthode de ramener sur le plan des activités de parti, des recherches d'un ordre plus libre et plus élevé, qui tendent au contraire à renouveler la manière même de poser les problèmes. Je n'ai nulle intention de méconnaître les mérites des catholiques sociaux, ni des démocrates chrétiens, et si ma pensée rencontre la leur sur tel ou tel point, j'en prends acte volontiers. Je dois bien avouer cependant qu'elle envisage les choses d'un point de vue fort différent.
En ce qui concerne le mot démocratie, ce mot a plusieurs sens qu'il importe de distinguer. Il y a la démocratie au sens rousseauiste, qui implique toute une métaphysique naturaliste-optimiste de la société, et qui s'est concrétisée dans les systèmes de démocratie libérale par ailleurs liés

au capitalisme moderne. C'est elle qui procure aux partis politiques dits démocratiques une bonne part de la mystique vertu qu'ils attendent de leur vocabulaire. Si l'on n'a pas l'esprit entièrement libre de cette erreur, on risque d'engager sa propre action dans le processus de dissolution dont on combat certains effets, de confondre liberté et libéralisme, universalisme et opportunisme, et de compromettre la vérité évangélique avec des illusions.

Il y a la démocratie au sens scolastique du mot et qui constitue un des types de gouvernement politique classiquement reconnus comme légitimes. Un « régime mixte » est, d'après saint Thomas, le meilleur régime politique ; j'ai indiqué dans mon livre quel est à mon avis celui qui semble appelé par les circonstances historiques actuelles.

Il y a enfin un sens pour ainsi dire affectif du mot démocratie, que je me garde de mépriser, et qu'il y aurait lieu d'analyser pour en dégager la valeur inconditionnelle. Il commande bien des choix pratiques. Il s'agit alors de savoir comment on conçoit le respect dû à la personnalité populaire. C'est à mon avis le mot d'« humanisme intégral » qu'il conviendrait plutôt, pour éviter les confusions, d'employer ici.

Beaucoup d'autres distinctions seraient nécessaires. Mais ce que je désire avant tout marquer dans cette lettre, c'est que les idées exposées dans mon livre — qu'il s'agisse des principes d'une philosophie de la liberté ou des fondements métaphysiques de la conception de la cité, ou du jugement à porter sur l'histoire moderne et sur le monde moderne, ou de la question des moyens à employer —, ne se laissent réduire à aucune des idéologies en cours dans les formations politiques issues du XIXᵉ siècle et actuellement existantes.

Jacques Maritain (1).

Quelques jours plus tard, c'est Luigi Sturzo (2), ce

---

(1) *L'aube,* 25 janvier 1934.
(2) Luigi Sturzo (1871-1951), secrétaire général de l'Action catholique italienne (1915-1917), concourut à la fondation du Parti Populaire Italien en 1919. Adversaire du fascisme, il s'exila et vécut à Londres, puis à New York. Rentré en Italie après la fin de la guerre, il siégea comme sénateur à vie. Il publia plusieurs ouvrages importants pour l'élaboration de la pensée de la démocratie chrétienne.

prêtre sicilien, un des fondateurs du Parti Populaire Italien, et le penseur de la démocratie chrétienne transalpine, qui intervient à son tour dans la discussion. Sa contribution, marquée par l'expérience de l'exil et du fascisme, esquisse un raccourci historique et élargit le débat : elle manifeste que la pensée de la démocratie chrétienne est doublement critique : hostile à l'étatisme, elle ne l'est pas moins à l'égard de la démocratie individualiste, libérale et bourgeoise. A cet égard la conception de Sturzo est plus proche de Maritain que d'Archambault et se situerait à mi-chemin entre les deux controversistes. Après avoir souligné le caractère récent, sur le globe, de la démocratie et cherché les premières apparitions de l'État moderne, l'abbé constate :

La démocratie commence à apparaître avec les révolutions anglaise, américaine et française, mais elle est la démocratie du tiers état, la participation au pouvoir de la bourgeoisie. Celle-ci, à travers une série d'expériences opposées, passant d'une démagogie désordonnée à un nouvel absolutisme d'origine populaire (démagogique, lui aussi, comme celui des deux Napoléon) a réussi à réaliser une certaine forme de démocratie — la forme individualiste-libérale — seulement pour un temps d'ailleurs fidèle à ses origines et jamais complètement.
Au moment où la bourgeoisie démocratico-libérale a entrevu la possibilité d'être supplantée par la classe ouvrière, alors elle a tenté de regagner ses positions en transformant la démocratie en un régime de privilège pour elle-même.
Deux voies s'ouvraient à elle : ou maintenir les formes démocratiques, en assurant la prédominance bourgeoise par la corruption électorale et administrative, les syndicats d'intérêts privés, les congrégations politiques et économiques ; ou franchir le Rubicon et constituer l'État *totalitaire* aux mains d'un parti armé, supprimant toutes les garanties formelles des libertés civiques.
Tant que ce processus imprévu mais logique — sous la forme typique qu'il revêt en Allemagne et en Italie, mais aussi en Pologne, en Hongrie, en Yougoslavie, en Rou-

manie, en Autriche et ailleurs — se limite à la prédominance politique d'un parti, il ne représente qu'un phénomène local déterminé et la défense d'un groupe d'intérêts
qui peuvent même avoir leur légitimité du point de vue
national. En somme, ces événements, et d'autres semblables, ne sortent pas du domaine des réactions historiques
qui depuis 1789 ont suivi toutes les expériences (sincères
ou factices) de la démocratie politique bourgeoise.

Évidemment, il y a une grande différence entre la réaction agrario-industrielle de l'Italie de 1922, qui arma et
finança le fascisme, et la réaction raciste allemande
d'aujourd'hui ; ou les oscillations des pays neufs ou nou-
vellement agrandis comme la Pologne, la Roumanie et la
Yougoslavie, où une vraie classe moyenne bourgeoise n'a
jamais existé et n'existe pas encore.

Mais le problème de la démocratie, en soi, est lié à celui
du développement et de la persistance de la classe
moyenne comme de la classe politico-économique dirigeante. C'est pourquoi il se pose dans ses termes exacts,
bien que sous des aspects divers, en Angleterre et en
France, comme aussi en Belgique ou en Suisse et dans un
petit nombre d'autres pays d'Europe, si nous faisons abstraction des États-Unis.

Parlons de la France.

La démocratie libérale individualiste fut une réaction natu-
relle contre les entraves économiques et les privilèges de
classe du XVIIIe siècle. Même sous les régimes politiquement absolutistes, ou presque, du XIXe siècle, l'économie
libérale progressa et porta ses fruits. L'écart entre économie et politique était tel qu'à la longue l'absolutisme
devait tomber, pour faire place au régime de la liberté
d'opinion sous la IIIe Répulique.

Seulement l'individualisme économique — surtout depuis
la grande guerre — sur lequel reposait le régime libéral,
ne correspond plus à nos exigences sociales. La crise a
aggravé la situation. On tend vers une économie organique, qu'elle se nomme économie dirigée, ou socialisme
d'État, ou économie nationalisée : le courant est impossible à remonter. Il n'est pas tourné contre la démocratie,
mais contre la démocratie individualiste libérale, ce qui
est différent. Toute l'économie dirigée par l'État, toute-

fois, fournit aux classes dominantes le plus sûr moyen de déposséder politiquement et économiquement les autres catégories de citoyens...

Le nazisme, avec la lutte contre les juifs, a déplacé une très large zone d'intérêts en faveur de ses propres affiliés. Semblable phénomène est advenu en Italie depuis dix ans. Il s'y est même déjà formé une mainmorte d'État tant en actions industrielles qu'en participations à de vastes domaines fonciers, qui ne s'était pas constituée avant le fascisme en près d'un siècle après la ruine de la féodalité et la vente des biens communaux aux particuliers.

C'est pourquoi en Italie comme en Allemagne on a commencé par enlever aux citoyens tout droit politique.

La France pourrait subir pendant quelque temps — comme il advint dans le passé — une réaction politique unie à une doctrine nationale bien définie ; mais elle ne pourrait jamais être le théâtre d'une révolution économique aussi profonde que le pensent ceux qui veulent arriver à des formes extrêmes d'économie dirigée. Sa structure économique et sa position internationale ne le permettent pas. Aussi la France peut-elle regarder comme des phénomènes qui ne sauraient l'atteindre le bolchevisme, le fascisme et le nazisme.

D'un autre côté, toutefois, la démocratie purement formelle, soumise aux congrégations économico-politiques de droite et de gauche, ne peut plus durer ; elle a perdu peu à peu sa raison d'être et elle est devenue une vaine apparence.

C'est pourquoi les jeunes générations la regardent de travers.

Il faut à la France une nouvelle expérience démocratique (qui se vérifiera certainement), basée sur une économie organisée (ou mieux, organique) et sur une véritable moralité publique ; mais elle aura besoin d'une nouvelle mystique.

La démocratie déclinante trouva dans le positivisme son élément pseudo-spirituel, dirons-nous, ou — comme on dit aujourd'hui — sa mystique. Mais le positivisme n'a plus cours ni comme interprétation de la vie, ni comme doctrine politico-sociale.

La nouvelle démocratie sera spiritualiste ou elle ne le sera pas.

Voilà le problème (1).

La réponse de Mounier à l'interpellation d'Archambault paraît avec cinq semaines de retard. Il est vrai que dans l'intervalle se sont produits de graves événements : les journées de février 1934, dont les désordres sanglants sont présents à l'arrière-plan de cette controverse qui perd de ce fait tout caractère académique ; il y va de l'avenir de la démocratie. La crise du parlementarisme n'est pas faite pour désarmer les préventions de Mounier contre la démocratie libérale, qu'il amalgame avec le fascisme et le communisme stalinien sous l'appellation commune de régime totalitaire. Elle est viciée par le règne de l'argent : il dénonce ce qu'il appelle « le régime démocratique en régime capitaliste ». Ce régime mou, bavard, inefficace ne lui inspire que mépris. Il oppose à la démocratie formelle, abstraite, la démocratie réelle, qui n'a nulle part encore été réalisée et qui reste à établir. La liberté individuelle n'est pas un absolu : il combat l'idéologie de 89 et se défend d'être un adepte inconditionnel de la souveraineté populaire. On mesure quel abîme le sépare des démocrates chrétiens qui ont voué leur vie à la réconciliation du christianisme et de la République.

La Démocratie et la Révolution
Lettre ouverte à Paul Archambault par Emmanuel Mounier

Paris, le 20 février 1934
(...) Vous nous avez mis, jeunes hommes *d'Esprit,* devant notre conscience : permettez-moi de demander à ce même public qui vous a écouté un pareil retour sur lui-même. Cet effort parallèle nous amènera sans doute à voir si les

(1) *L'aube,* 13 février 1934.

« déchirements » que vous nous attribuez ne sont pas vos propres déchirements au moment de lier ensemble des attitudes que vous avez toujours pensées ou vécues disjointement.

Il faut choisir. Vous avez choisi, entre 1890 et 1914. Tout le drame entre vous et nous est que le monde a tourné, que des positions ont été bouleversées, et que, sous des mots malgré vous trompeurs, vous nous proposez le *même* choix, c'est-à-dire pour nous un choix sur le passé, sur des données académiques, pour répondre aux questions d'un monde nouveau. Vous êtes, par toute une part de vous-même, qui informe jusqu'à votre indéniable attention à l'histoire vivante, des républicains d'avant-guerre : de 89 pour l'idéologie, de 75 pour le généreux optimisme, de 1905 pour les défauts de style. Avec les vieilles peurs d'alors : Mac-Mahon, Boulanger et Maurras à droite, à gauche « l'abîme » ou « l'illusion » socialiste (« l'abîme » pour les romantiques, « l'illusion » pour les classiques et les « réalistes »). La république libérale et parlementaire, telle que vous l'avez connue, et parce que vous l'avez connue adolescente et menacée, fut pour vous quelque chose comme un sacrement naturel. Voilà, plus importante que vos formules, l'atmosphère où elles ont grandi.

Je sais que nous vous paraîtrons ingrats. Que voulez-vous, la gratitude est une vertu d'historiens. La jeunesse, la vie, la création sont ingrates. Elles ne retrouvent profondément que ce qu'elles ont d'abord nié. Celui qui à vingt ou trente ans se préoccupe de références et de déférences, commence à creuser son tombeau. Si vous nous avez donné des richesses vivantes, vous le reconnaîtrez à votre volonté que ce don soit *sans retour* et aille féconder des terres plus lointaines en vous étonnant comme le fils étonne le père. Nos œillères, nos défauts de style, nous n'en manquons certes pas, partis jeunes à l'aventure dans un monde déréglé. A nos enfants le soin...

Nous nous tournons donc vers vous pour vous exposer notre monde, et nous nous disons : vous avez donné de l'aisance, sans toujours les reconnaître toutes, aux forces d'avenir, soit ; mais nous, nous avons à batailler aujourd'hui directement avec nos forces. Ne nous appelez pas à des problèmes antérieurs, réglés ou dépassés. Maurras, fini : il s'agit aujourd'hui de Mussolini, Hitler, Staline. Le laïcisme, démodé : il est question d'un athéisme dialectique et militarisé. Le libéralisme, déconsidéré : il s'agit aujourd'hui d'organiser la communauté pour y sauver la liberté. L'« illusion socialiste », j'allais dire le socialisme artisanal des comités électoraux, démocratisé : il en reste une seule doctrine révolutionnaire, le communisme, des fuyards qui ne comptent pas ; enfin, libérées de leur hypothèque, des structures, appelées jusqu'ici socialistes, dont une bonne part sont exigées par le développement de la technique ou par le salut même de l'homme, et qui n'attendent qu'une nouvelle fécondation spirituelle. Morte aussi la république opportuniste des braves gens. Nous sommes nés à la vie, au sortir de la première en France ou de l'adolescence, dans le Mensonge et la Mort. Nous ne sommes pas sortis depuis de la grandeur. Des millions de misères ont succédé aux millions de morts et aux millions de mensonges. Des peuples montent d'une ombre de plusieurs siècles. Des civilisations s'affaissent, d'autres surgissent. Des barbares apparaissent. Nous ne sommes pas nés en une de ces périodes où l'homme glisse sur une tradition qui l'assure. Nous nous faisons nous-mêmes dans un monde en pleine démiurgie. Ce n'est pas le moment de regarder en arrière.

Et cependant, nous ne sommes pas coupés de ce qui est en arrière. « La grande tradition démocratique », oui. Mais où est-elle ?

Ne croyez pas que je veuille masquer le choix sous des nuances. Commençons par un choix brutal. Appelons *régime totalitaire* tout régime dans lequel une aristocratie (minoritaire ou *majoritaire*) d'argent, de classe ou de parti assume, en lui imposant ses volontés, les destins d'une masse amorphe — fût-elle consentante et enthousiaste, et eût-elle par là-même l'illusion d'être réfléchie. Exemples, à des degrés divers : les « démocraties » capitalistes et étatistiques, les fascismes, le communisme stalinien. Appelons *démocratie,* avec tous les qualificatifs et superlatifs qu'il faudra pour ne pas le confondre avec ses minuscules contrefaçons, le régime qui repose sur la responsabilité et l'organisation fonctionnelle de toutes les personnes constituant la communauté sociale. Alors, oui, sans ambages, nous sommes du côté de la démocratie. Ajoutons que, déviée dès son origine par ses premiers idéologues, puis étranglée au berceau par le monde de l'argent, *cette démocratie-là n'a jamais été réalisée dans les faits, qu'elle l'est à peine dans les esprits.*

Ajoutons surtout que nous n'y inclinons pas pour des raisons proprement et uniquement politiques ou historiques, mais pour des motifs d'ordre spirituel et humain. C'est dire que nous ne nous donnons pas sans précisions essentielles. Les principes *politiques* de la démocratie moderne : souveraineté du peuple, égalité, liberté individuelle, ne sont pas pour nous des absolus. Ils sont jugés par notre conception de l'homme, de la personne et de la communauté qui l'accomplit.

Sur le plan spirituel où nous nous appuyons, la liberté de choix nous apparaît comme le moyen à la personne d'exercer sa responsabilité, de choisir son destin et de s'y donner, avec un constant contrôle des moyens. Elle n'est pas un but, elle est la condition matérielle de l'engagement. Comme la théologie négative, comme l'attitude critique, elle ne se justifie que dans l'affirmation où elle conduit. Elle ne s'épanouit que dans une autonomie qui est en même temps adhésion totale. Voilà pour notre opposition au libéralisme. Elle doit être limitée dans ses moyens de puissance quand elle fait la voie à l'oppression : voilà pour notre opposition au libéralisme économique.

Sur le même plan, l'égalité ne peut signifier que l'équivalence des personnes incommensurables en face de leur destin singulier. A d'inégales possibilités de création, d'inégaux instruments doivent être donnés : mais nous nous opposons à tout régime qui tend à fonder une hiérarchie de classes et de considération sur les différences fonctionnelles. Une certaine mystique diffuse de l'élite et de la révolution aristocratique est le principal danger que court aujourd'hui la révolution spirituelle.

La doctrine de la souveraineté populaire, enfin, n'est rien pour nous si elle se réclame de la loi du nombre inorganisé, ou de l'optimisme naïf de l'infaillibilité populaire. Elle ne fait pour nous qu'évoquer grossièrement ceci :

l'unité nécessaire au corps social ne se trouve pas, hors du multiple et séparée de lui, dans l'abstraction d'un homme ou d'une aristocratie, mais dans l'organisation fonctionnelle du multiple. Un régime personnaliste est celui qui donne à *toutes* les personnes, chacune à la place que lui assignent ses dons et l'économie générale du bien commun, une part aux fonctions de l'unité, qui cherche donc à réduire progressivement l'état, inhumain et dangereux, de gouverné passif. Gouverné passif, on peut l'être par un abandon à l'infaillibilité d'un homme : ce sont des individus qui à chaque poste donnent leur vertu aux institutions, mais celles-ci doivent être telles qu'elles soutiennent les défaillances des individus et que le souverain (peuple ou individu) ne les ait point à sa disposition. En ce sens, comme le dit Gurvitch, la démocratie n'est pas le règne du nombre, mais le règne du droit. Comme tout régime politique, elle comporte un relativisme dans sa définition même : nous croyons moins dangereux le relativisme de l'équilibre des pouvoirs et des influences que le relativisme d'une dictature incontrôlée, voilà tout.

Que découle-t-il de ces positions sur le plan politique ? Un libéralisme sans discipline, l'égalitarisme de la médiocrité, et ce tumulte populaire contre lequel la Comédie-Française (1) ameutait récemment son public spécial jusqu'à se faire envoyer le gendarme ? Point du tout. Et nous ne voulons point acheter une popularité à bon compte, par cette confusion de démocratie réelle avec la démocratie libérale et parlementaire.

Mais cette démocratie réelle, ainsi rapidement définie, *est un avenir à réaliser et non pas une acquisition à défendre.* La « démocratie » actuelle, celle que vous ne voulez pas abandonner parce que vous ne voyez pas qu'elle n'est qu'un mensonge est, nous l'avons dit, faussée dans ses origines par une idéologie viciée, et étranglée dans son exercice par le règne de l'argent.

(...) Ce que nous combattons, c'est ceci : l'individu, vidé de toute substance et attache charnelle ou spirituelle, for-

---

(1) La Comédie Française représente alors Coriolan, le drame de Shakespeare : le public de droite fait un triomphe à certaines répliques qui persiflent la démocratie.

tifié de ressentiments et de revendications, érigé en absolu ; la liberté considérée comme un but en soi, sans rapports à quoi se donner, jusqu'à juger le choix même et de la fidélité comme des impuretés ; l'égalité par le vide, entre des individus neutres et interchangeables (auquel sens le prolétaire est le couronnement du citoyen) ; le libéralisme politique et économique, qui se dévore lui-même ; l'opportunisme dévot de la souveraineté nationale ; l'opposition purement négative au socialisme ; l'attachement à un parlementarisme abstrait et mensonger, qui par ailleurs se déconsidère de jour en jour. Une telle démocratie méconnaît aussi bien la personne originale et pleine que la communauté organique qui doit relier les personnes : l'histoire de ces cent cinquante années en témoigne.

Je sais bien, monsieur, votre *lettre* en témoigne, que vous conviendrez d'un certain nombre de ces critiques. Je crains toutefois que vous y soyez porté seulement par le sentiment vif de quelques insuffisances et non pas par une différence radicale de point de départ et d'atmosphère. A beaucoup de démocrates-chrétiens nous reprochons précisément de n'avoir pas donné un congé définitif à toutes ces impuretés idéologiques et cherché avec suffisamment de grandeur l'audacieuse tradition qui les eût poussés à l'avant-garde, au lieu de les paralyser dans des fluctuations modérées jusqu'à en faire trop souvent la dernière et malsonnante remorque de la réaction.

Il y a plus. On ne dénoncera pas assez le mensonge démocratique en régime capitaliste. La liberté capitaliste a livré la démocratie libérale, en utilisant ses formules mêmes et les armes qu'elle lui donnait à l'oligarchie des riches (oligarchie de puissance et de classe) ; puis, au dernier stade, à un étatisme contrôlé par la grande banque et la grande industrie, qui se sont emparées non seulement des commandes occultes de l'organisme politique, mais de la presse, de l'opinion, de la culture, parfois des représentants même du spirituel pour dicter les volontés d'une classe et modeler jusqu'aux aspirations des masses à l'image des leurs, tout en refusant les moyens de les réaliser. La démocratie capitaliste est une démocratie qui donne à l'homme des libertés dont le capitalisme lui retire l'usage. L'égalité ? On y proclame l'égalité juridique, et surtout, ce qui compte pour elle, l'égale chance de tous dans la course à l'argent : hypocrisie, dans un régime où — malgré quelques réussites (souvent nées de la violence et de l'usure), malgré quelques infiltrations apparemment ménagées — l'enseignement et les fonctions de commandement sont pour l'ensemble un monopole de caste, où en tout domaine, les sanctions frappent différemment les riches et les faibles. La souveraineté populaire, enfin, n'y est plus qu'un leurre. L'État politique n'y représente pas des hommes ou des partis, mais des masses, des gens « libres », indifférenciés, lassés, qui votent n'importe comment et se soumettent d'eux-mêmes sous la domination des puissances capitalistes qui par la presse et le Parlement entretiennent le cercle de cet avilissement.

Ici encore, je lis dans votre lettre, monsieur, des mots durs contre la corruption qui nous submerge. Ici encore je crains que vous ne reconnaissiez le mal que comme un mal du dehors, l'encrassement d'un rouage sain. Ne diminuons pas le problème : il s'agit de l'emprise, sur une structure démocratique défaillante, d'une structure capitaliste inacceptable. Il ne s'agit pas de purifier, mais de reprendre à la racine toutes les structures sociales, courageusement — et le cœur des hommes au surplus, mais ceci est autre chose. Ce n'est pas avec des tendresses sur de chères vieilles choses que nous renverserons le mur de l'argent, que nous compenserons les mystiques fascistes.

Un changement radical s'est toujours appelé une révolution. Si l'on a peur du mot, je crains bien que l'on n'ait peur de la chose. Aucune révolution, certes, ne va sans quelque brutalité. Mais les journées récentes (1) nous ont appris que les hésitations des gouvernements peuvent être plus sanglantes que les volontés fermes. Elles apprennent aussi à ceux qui en doutaient encore que désormais le problème n'est plus de choisir entre la révolution et les demi-mesures, mais entre la révolution qui sauvera les valeurs humaines et celles qui les étrangleront.

(1) Il s'agit des journées de février 1934.

C'est pourquoi les jeunesses, qui se sentent une volonté et une foi libres, se tournent vers vous, qui devant eux défendez un passé, et vous disent :
La grande tradition démocratique, oui. Mais pas les petites. Et pour la grande, les grands chemins (1).

La riposte d'Archambault à Mounier paraît dès le lendemain, 28 février, dans *L'aube*. Là où le directeur d'*Esprit* souligne à plaisir des divergences, Archambault s'attache à relever des convergences.

La Démocratie et la Révolution
Réponse à Emmanuel Mounier par Paul Archambault

J'aurais quelque droit de contester, Mounier, cette analyse pour le moins simpliste que vous risquez de l'état d'esprit de votre interlocuteur : « De 89 pour l'idéologie, de 75 pour le généreux optimisme, de 1905 pour les défauts de style »... Mon style hélas ! s'est en effet formé en 1905. Mais j'étais fort petit en 1789, et pas plus grand en 1875, et vraiment à l'abri de toute contagion du milieu. Par contre, durant mon enfance et ma jeunesse, quelques autres petits événements se sont passés, qui ont eu pour nous autrement d'importance, à commencer par certaine encyclique *Rerum Novarum*.
Je pourrais protester contre ce parti pris que vous nous prêtez de regarder toujours en arrière, soit pour défendre contre vous de « chères vieilles choses » attendrissantes et de chères mémoires menacées d'oubli, soit pour vous contraindre à faire sur le passé, dans des termes empruntés au passé, les options dont dépend le monde nouveau. Si je maintiens contre vous que la démocratie est en quelque mesure « une acquisition à défendre », je crois aussi, et bien davantage encore, qu'elle est « un avenir à réaliser ». J'adhère à tout ce qu'en disait hier, à cette place, notre grand ami don Sturzo, ajoutant à ma lettre des harmoniques qui manquaient peut-être à mes formules, mais nullement à mes pensées. Se refuser à confondre le

(1) *L'aube,* 27 février 1934.

réalisable avec le désirable et à faire un programme d'action immédiate de toute anticipation d'avenir, ce n'est pas forcément esquiver le risque et la difficulté, c'est peut-être le seul moyen de ne pas trahir le devoir d'aujourd'hui... Quant à « l'ingratitude » dont vous éprouvez le besoin de vous disculper tout en vous en vantant... Eh ! bien, Mounier, vous aurez des fils un jour. Vous saurez que ce que nous leur demandons, pour peu que nous ayons quelque sens des choses de l'âme, ce n'est pas de nous copier, c'est d'être plus chics que nous. Mais à quoi bon nous attarder à ces misères !... Une seule chose importe, le fond du débat et surtout l'attitude qu'il nous commande.

Sur le fond du débat, voilà ce qui m'apparaît dès l'abord avec évidence :

Tout ce que vous répudiez — « loi du nombre inorganisé », « opportunisme naïf de l'infaillibilité populaire », « individu vidé de toute substance et attache charnelle ou spirituelle », « liberté considérée comme un but en soi », « égalité par le vide », « domination des puissances capitalistes » — à quelques nuances d'expression près (en ce qui concerne le parlementarisme et le suffrage universel), nous le répudions avec vous, nous l'avons répudié avant vous. Tout ce que vous voulez servir — à commencer par la démocratie entendue comme « le régime qui repose sur la responsabilité et l'organisation fonctionnelle de toutes les personnes constituant la communauté sociale » — à quelques nuances d'expression près (en ce qui concerne l'idée de révolution) nous voulons comme vous le servir, nous l'avons servi avant vous. En face de chacune de vos formules positives et de presque toutes vos formules négatives, je pourrais m'amuser, si le temps était de s'amuser, à reproduire d'autres formules empruntées aux publications où à des titres divers nous reconnaissons notre esprit : *Association catholique* ou *Sillon* autrefois, *Chronique Sociale, Politique* ou *Vie Intellectuelle* aujourd'hui.

Et si des principes nous poussions aux applications, la convergence, je crois, n'en serait que plus saisissante encore. Parmi les mesures « révolutionnaires » que vous pouvez sérieusement envisager, il en est bien peu que nous ne puissions envisager nous-mêmes : parmi les mesures « réformistes » ou « novatrices » que nous proposons, il en est bien peu que vous ne soyez contraint d'incorporer à votre propre programme. Car nous aussi, comme Maritain, vous portez nos enfants dans nos bras.

Et alors, qu'est-ce qui nous sépare ?

Une différence d'âge ? C'est vrai, Mounier, j'ai cinquante ans, et je vous assure que c'est bien malgré moi. Est-ce que cela suffit à disqualifier un homme ? Si oui, dites-le. Je m'empresserai de passer la parole à un plus jeune. Il y en a tout de même quelques-uns derrière nous. Vous n'avez pas encore tout pris.

Une différence de mentalité et comme vous dites, d'atmosphère ? Ceci est vrai aussi, et un peu plus grave. Vous croyez à la vertu supérieure de l'indignation et du dégoût portés à leur paroxysme ; nous estimons qu'ils peuvent être eux-mêmes de mauvais conseillers, et que rien ne vous dispense du sang-froid. Vous confondez tous les sens du mot violence : nous nous attachons à les distinguer. Mais quoi, les différences de tempérament et de mentalité interdisent-elles toute action commune ? S'il en allait ainsi, le christianisme lui-même ne serait plus depuis longtemps qu'un vague souvenir historique.

Et c'est alors, je le répète, que le problème s'impose à moi avec une acuité dramatique, le seul problème qui présentement m'occupe — car, en fait de « données académiques », Mounier, permettez-moi de vous le dire, votre lettre suffit à prouver que le risque en est au moins partagé.

Si je parcours des yeux l'intervalle heureusement considérable qui sépare les conceptions « totalitaires » de droite et les conceptions « totalitaires » de gauche ; si je fais l'inventaire des forces capables de frayer entre les deux une voie libératrice, de préparer cette démocratie des « grands chemins » qui « n'a jamais été réalisée dans les faits » et qui « l'est à peine dans les esprits » — qu'est-ce que je vois ?

D'un côté, une masse imposante, mais mal organisée, parfois timide et souvent découragée, de gens qui ne sont nullement disposés à jeter au gouffre d'une « révolution » hasardeuse les éléments déjà acquis d'un ordre démocratique vrai : liberté politique, régime représentatif, lois sociales et syndicalisme ouvrier. Précisons au hasard, si vous voulez : catholiques sociaux, militants du parti démocrate populaire ou de la Jeune République, jocistes et syndicalistes chrétiens, hommes d'œuvre ou d'action qui ont appris par expérience les avantages et les ressources d'un régime de liberté, et autour d'eux un nombre plus imposant encore d'ouvriers, de paysans, d'employés, d'artisans, de commerçants et de chefs d'entreprise sans oublier les curés en soutane verte et les intellectuels au veston élimé, à qui il ne manque généralement que de connaître nos thèses et nos programmes pour s'y reconnaître.

D'un autre côté, quelques jeunes équipes, un peu handicapées par leurs divisions et leurs impatiences, mais pleines d'allant, de courage, d'enthousiasme, susceptibles de ranimer en cette masse la ferveur spirituelle et la faculté de rebondissement, susceptibles de lui rendre cette confiance et cette combativité qui menacent de la quitter.

L'une peut-être trop attachée à ses méthodes et à ses habitudes, l'autre certainement trop défiante de toute méthode et de toute habitude, il me semble que ces deux forces s'appellent — mettons, et je pense que cette comparaison vous fait la part assez belle, comme le carburant et l'étincelle.

A cette rencontre, qu'est-ce qui s'oppose ?

De notre part, rien d'irréductible, je crois. En tout cas, pas la bonne volonté. Je pense que vous l'avez pu discerner, à l'écho qu'ont tout de suite trouvé chez nous vos premières paroles et manifestations.

De votre part, je dois le constater, une étrange insistance à méconnaître et à sous-estimer, non seulement tant d'efforts généreusement dépensés, mais tant de réalisations modestes et solides, déjà posées sur le sol comme les pierres d'attente et d'appui d'une cité meilleure. De sorte, Mounier, qu'au premier paradoxe d'une révolution accomplie en dehors de toutes les forces révolutionnaires organisées, vous ajoutez aujourd'hui ce second paradoxe d'une démocratie réalisée en dehors et à l'encontre des meilleurs démocrates.

Je crois, Mounier, que vous prenez là une lourde responsabilité. Je souhaite qu'elle ne vous soit pas un jour accablante.

La controverse comporte encore un échange de lettres, mais qui n'ajoute guère aux arguments échangés. Il atteste seulement une volonté partagée de manifester un esprit de conciliation. Le point final est donc mis à la discussion dans *L'aube* du 9 mars 1934. En dépit des tentatives d'accord, le malentendu est insurmontable et le différend irrémédiable. Il est l'équivalent de celui qui divise les socialistes entre réformisme et révolution. Archambault croit, avec les démocrates-chrétiens, à la posibilité d'une amélioration progressive par des ajustements limités, opérés jour après jour ; Mounier croit à la nécessité d'une rupture radicale et globale avec le « désordre établi ».

La différence des points de vue sur la démocratie explique que Mounier n'ait pas été tenté de pleurer la disparition de la IIIe République. Elle rend compte aussi de son opposition constante au M.R.P. après 1945 : cette formation présentait à ses yeux la double tare d'exprimer la tradition de la démocratie libérale et parlementaire et d'être un parti confessionnel confondant la foi et une certaine politique.

Par-delà le directeur d'*Esprit*, la controverse éclaire le cheminement par lequel une partie de l'aile marchante du catholicisme sera attirée après 1970 par le socialisme : contre les injustices et les hypocrisies de la démocratie libérale, elle pensera découvrir dans le programme socialiste les promesses d'une société plus juste et d'une démocratie authentique. Toute cette évolution est déjà contenue en germe dans les articles de janvier-mars 1934. Dès lors les démocrates-chrétiens ont cessé d'être l'extrême-gauche du catholicisme français : il y a désormais plus avancés qu'eux. C'est toujours vrai.

A partir du 6 février, un facteur important modifie profondément les conditions de la vie politique et divise le pays : l'essor des Ligues. La gauche croit y reconnaître le visage détesté du fascisme. La droite y voit une défense de l'ordre social menacé par les entreprises de subversion. Ce dernier point de vue est partagé par de nombreux catholiques. Des journaux catholiques ne déguisent pas leur sympathie pour telle ou telle ligue. A preuve cette curieuse interview du chef des Croix de Feu par un collaborateur du dernier-né de la presse catholique :

Le colonel de La Rocque nous dit, à bâtons rompus...

... Dans un bureau sévère et pauvre, je trouve un homme, jeune, fin, d'un abord extrêmement séduisant, ce qui explique sans doute en partie le culte que lui ont voué ses troupes.

— Mon colonel, je viens de lire votre livre *Service public*. J'y ai trouvé une pensée qui, dans l'ensemble, ne peut qu'être sympathique à *Sept*. Nous avons fondé notre journal pour donner aux catholiques un sens vraiment chrétien des événements et pour travailler par là-même à la réconciliation des Français... Je ne dois pas vous dissimuler que ceux qui ont la responsabilité des jeunes catholiques ne voient pas sans une certaine inquiétude des jeunes gens se laisser emballer par la mystique, souvent irrationnelle, des ligues politiques, et leur formation religieuse, spirituelle ou même tout simplement leur culture générale, risquent d'en pâtir sérieusement.

— C'est bien pourquoi je ne fais rien pour attirer spécialement les très jeunes gens. Ils ont d'abord à se former. Quand ils viennent je les prends. Seulement je les encadre tant au point de vue moral qu'au point de vue des disciplines...

— Mais, dans votre pensée, quels sont les rapports de ces œuvres de jeunesse avec les œuvres catholiques ? N'y a-t-il pas concurrence possible ?

Ici le colonel est très net et semble attacher un grand prix à ce qu'il n'y ait pas de difficulté sur ce point.

— Les buts poursuivis sont et doivent être complémentaires des œuvres religieuses quelles qu'elles soient. Je suis personnellement catholique et catholique pratiquant. Je ne veux donc rien faire qui puisse le moins du monde contrecarrer l'Église et les œuvres qu'elle anime...

— Je reste encore un peu en défiance, faut-il l'avouer, à cause du caractère quasi mystique de ces mouvements de jeunes, qui risquent surtout de les exciter et de leur faire perdre la tête...

— J'ai horreur des manifestations tapageuses, des discours inutiles. Quant aux uniformes, je les ai toujours proscrits. J'estime que mon mouvement doit, si j'ose dire, s'embrayer sur les couches profondes du peuple français. Il ne s'agit pas de chahuter. Il faut réunir tout ce qu'il y a de sérieux et de sain parmi les Français, et construire.

— Par conséquent, nous autres catholiques, nous n'aurions pas à redouter cette mystique totalitaire qui fait tant de mal à l'Église chez nos voisins ?

— Bien loin de là, et mon livre s'explique là-dessus. J'estime même que notre mouvement doit préparer un milieu de réceptivité pour toutes les forces spirituelles [1]...

Si *Esprit* reproche à *Sept* son interview trouvée trop complaisante, *La Vie intellectuelle* rend compte assez favorablement de l'ouvrage du colonel de La Rocque, *Service public* (10 février 1935). Les rapports entre les expressions autorisées du catholicisme et les Ligues s'altèrent vite, pour diverses raisons dont certaines, propres aux catholiques, avaient été effleurées au passage par *Sept*. La Hiérarchie, qui veille sur la croissance de l'Action catholique, redoute pour elle la confusion des plans dont la condamnation de l'Action française vient à peine de l'affranchir, et le débauchage des troupes

_____

(1) *Sept,* 28 décembre 1934, anonyme.

par l'attirance d'une action plus engagée. Le 26 octobre 1935, le cardinal Liénart, présidant la séance de clôture du congrès diocésain de la F.N.C., marque les distinctions nécessaires et formule un avertissement à l'endroit des Ligues :

... Faut-il abandonner pour elles l'Action catholique ? Assurément non, a dit le cardinal. Le rôle essentiel de l'Action catholique est de refaire la société chrétienne ; notre devoir est de continuer à notre époque l'élaboration de cette civilisation, basée sur la justice et la charité, que l'Église a entrepris depuis ses origines d'établir et de développer sur la terre. Cette action se poursuit au milieu des agitations humaines et des problèmes que posent à chaque instant les circonstances ; on comprend que, devant la menace d'une invasion matérialiste et antireligieuse, les hommes de cœur aient réagi en se groupant. C'est assez naturel ; mais l'Église, fidèle à sa doctrine, ne voit pas sans inquiétude les inconvénients que les faits ont révélés et dont vous savez toute la gravité.
L'autorité de l'État appartient au gouvernement ; en se substituant à lui sous prétexte qu'il est faible, les citoyens risquent de l'affaiblir davantage. L'Église est loyale et invite toujours ses enfants à soutenir l'autorité légitime. De plus, en dressant l'un contre l'autre des fronts opposés, on s'expose à déchaîner la guerre civile, la pire de toutes. L'Action catholique ne reniera jamais l'Évangile. Nous avons notre manière à nous de travailler au bien commun. Notre ambition est de rester au-dehors et au-dessus des partis qui divisent et de travailler à gagner pour le bien les âmes de tous nos frères (1).

L'inquiétude pastorale de l'épiscopat rejoint l'inquiétude politique qu'inspirent aux démocrates chrétiens les succès des ligues. Aussi ceux-ci accueillent-ils avec gratitude la mise en garde du cardinal :

Tous les bons citoyens, tous les esprits soucieux de la paix intérieure, de la concorde nationale, savent gré à

(1) *La Croix,* 29 octobre 1935.

S. Em. le Cardinal Liénart, évêque de Lille, d'avoir opportunément rappelé la doctrine catholique touchant les prérogatives de l'État, les droits de l'autorité civile par rapport aux exigences des individus et des factions...

Le cardinal a rappelé que l'Église, avec une extrême loyauté, recommande à ses enfants de soutenir l'autorité légitime : or, dans l'État, l'autorité appartient au gouvernement ; se substituer à celui-ci, sous prétexte qu'il est faible, c'est le diminuer encore...

Et, du même coup, le problème des ligues se trouve posé en pleine clarté : formations d'extrême-gauche ou d'extrême-droite, d'attaque ou de défense, les ligues pourront-elles librement se constituer en petites armées autonomes, préparées à des chocs fraticides ?...

Respecter le pouvoir établi, n'agir que par les voies légales, telles sont les premières obligations des citoyens catholiques... L'attachement d'un trop grand nombre de catholiques aux régimes déchus, leur propension à s'embarquer dans les pires aventures, bien au-delà de ce qu'exigeait la défense de leurs droits et de leurs libertés, tout cela peut expliquer partiellement, sans l'excuser, l'anticléricalisme officiel...

Les catholiques français qui, dans leur ensemble, sont profondément attachés à la République, ne laisseront pas compromettre des résultats qui sont aussi heureux pour l'Église que pour leur pays. Ils ne toléreraient pas, en particulier, que leurs magnifiques phalanges de jeunesse, vouées à l'étude et au dévouement pour la préparation à de grandes tâches constructives, soient annexées par l'un ou l'autre de ces « fronts » auxquels sont incorporés les ennemis de l'ordre social et de la tranquillité publique [1].

L'aube s'emploie à tirer au clair l'« énigme Croix de Feu » :

Tous les républicains sincères et avertis admettent que les « ligues », spécialement depuis le 6 février, font peser une certaine menace sur le régime. Celle du Front Natio-

---

(1) Gaston Tessier, L'aube, 4 novembre 1935.

nal — A.F., J.P., S.F. — est franche. Son but, assez nettement subversif, explique son recrutement limité aux partisans avoués de la dictature et des moyens violents — ce qui ne veut pas dire que son danger soit négligeable.

Les Croix de Feu, avec leurs annexes de jeunes et de femmes, se présentent différemment. Moins catégorique, plus « modérée » d'allure, cette ligue allie dans sa mystique imprécise des affirmations équivoques ou démagogiques à des idées générales acceptables, voire séduisantes. De là pour elle une réelle vogue qui lui vaut les préférences des mécontents de tendances « nationales », parfois la sympathie, sinon l'adhésion, de démocrates mal éclairés.

Cette sympathie est-elle justifiée ? Comment juger cette ligue en démocrate d'action ? Je réponds d'emblée : comme une énigme inquiétante, un mouvement suspect par ses buts, ses méthodes, ses appuis occultes...

La grandiloquence du programme Croix de Feu évite soigneusement sur les moyens pratiques et le but concret final, la moindre précision qu'a le droit d'exiger un citoyen sérieux. L'outrance, le sophisme, l'équivoque y abondent...

Recruter des adhérents nombreux pour un office très vague et négatif de digue au socialisme, sans indication préalable de buts positifs et de solutions concrètes, c'est mettre la charrue avant les bœufs et c'est déjà anormal.

Il y a pis. Substituer à l'éducation politique et à l'action positive d'un parti politique normal une griserie collective, des mots d'ordre autoritaires, des allures militarisées, le culte du chef et de la discipline passive, c'est créer une véritable psychose préfasciste, c'est — comme dirait Paul Archambault — faire œuvre de meneur et non de chef. Les rassemblements monstres des Croix de Feu, c'est un fait, ne sont ni électoraux ni éducatifs, mais seulement excitants. Certains démocrates semblent admettre qu'ils peuvent adhérer aux Croix de Feu avec réserves, pour assagir le mouvement. C'est indéfendable...

Au moins les buts et les « appuis » des Croix de Feu sont-ils francs, clairs, anormaux ? Officiellement, le mouvement se pose en champion rénovateur des conceptions saines et aussi en rempart bénévole supplémentaire au service de l'ordre. Il ne vise pas, dit-il, à détruire la

133

République, mais seulement à la purifier en mettant à la raison les « mauvais bergers ».

Ce n'est pas seulement la forme républicaine qu'il faut respecter, c'est l'esprit républicain. Contre une violence d'extrême-gauche, la défense de l'ordre républicain revient exclusivement au pouvoir régulier. Un républicain authentique n'a pour combattre la propagande du Front populaire que deux seuls moyens : la confrontation éducative des doctrines et la compétition électorale...

Les démocrates d'action ne doivent ni être dupes, ni faire comme s'ils l'étaient, ni endormir l'opinion.

Qu'ils prennent donc courageusement leur position propre en temps utile et crient casse-cou devant l'inquiétante énigme du mouvement Croix de Feu [1].

Quelle différence avec le ton de *Sept* ! Un an, il est vrai, a passé. Le 6 décembre un grand débat se déroule à la Chambre à propos des Ligues. Jean Guiraud y consacre son article : sans prendre leur défense, il déplore néanmoins qu'on frappe toujours à droite. Les Ligues sont-elles autre chose que le symptôme de la faiblesse du gouvernement ? (*La Croix,* 10 décembre 1935).

Civis, le directeur de conscience en matière temporelle de *La Vie Intellectuelle,* émet des réserves fortement motivées :

A. Le point de vue de l'esprit chrétien

La première question à élucider serait, évidemment, celle de la légitimité, dans les circonstances présentes, de groupements de citoyens qui affirment la coupable carence de l'État et s'offrent pour se substituer à l'autorité défaillante.

Dans le cas présent ce qui nous paraît inquiétant, c'est l'équivoque qui a pesé sur la naissance de certaines Ligues. Il n'est pas douteux qu'on aperçoive dans le

_____

[1] François Legabrel, *L'aube,* 30 novembre 1935.

mouvement d'où elles sont issues, des influences troubles. Certaines, pour se propager, ont fait état de faits de corruption insuffisamment connus. Les enquêtes et événements subséquents ont montré que les responsabilités mises en jeu se répartissent de façon moins sommaire qu'on ne l'imaginait d'abord. Le nombre même des Ligues, leurs conflits réciproques, les accusations mutuelles dont elles se chargent, sont une raison de particulière prudence...

Pour les catholiques, il n'est pas davantage possible de se mettre au service de théories aussi condamnables que le racisme et l'antisémitisme dont certains groupements se réclament. Enfin, nous estimons qu'en conscience il est impossible de suivre des chefs qui regarderaient la politique comme un art absolument indépendant de la morale...

B. Le point de vue de l'Action catholique

L'Action catholique doit éviter avec soin de s'inféoder aux partis qui sont cependant des organes dont l'existence est légalement admise...

Or, ce qui est vrai des partis, on est bien forcé d'admettre que c'est vrai *a fortiori* des Ligues. Leur existence est un phénomène anormal, dont les buts, les manifestations, l'atmosphère de violence qu'elles créent, sont encore singulièrement plus compromettants et dangereux que l'activité des partis pour le bon renom et la liberté du pouvoir spirituel.

Dans toute cette question, s'il est un point hors de discussion, c'est l'abstention nécessaire de l'Action catholique. Pour elle, prendre parti serait renoncer à sa raison d'être et se mettre ouvertement en opposition avec les enseignements de la Papauté.

C. Le point de vue des citoyens catholiques

En principe, et sous la réserve des règles relatives à la légitimité de l'insurrection contre un pouvoir tyrannique, devenu intolérable pour la grande majorité des citoyens, insurrection offrant les plus grandes chances de succès, les catholiques, au même degré que les autres citoyens, peuvent s'enrôler dans une ligue dont le programme et l'activité générale ne seraient pas en opposition formelle avec les exigences de l'esprit chrétien...

Il convient toutefois de faire les remarques suivantes :

Les Ligues se proposent ordinairement la violence. Les dangers de la violence sont extrêmes, même quand elle est mise au service du droit. On voit qu'ils sont encore beaucoup plus grands lorsque le droit demeure incertain. Le succès de la violence exige le maximum de violence...

En ce qui concerne les catholiques français, il n'est pas inopportun de leur rappeler que toutes les tentatives d'opposition violente, où depuis soixante ans leur imprudence les a mêlés, ont toujours tourné contre le but qu'ils se proposaient, et ont eu comme résultat de rendre plus difficile la situation du catholicisme.

Les réserves contenues dans les réflexions qui précèdent n'auraient naturellement plus de raison d'être si nous nous trouvions en présence d'une Ligue qui ne fût, dans le respect des pouvoirs établis, qu'un grand mouvement de redressement moral et d'éducation civique (1).

Une des premières mesures du gouvernement Blum fut de dissoudre les Ligues : leur disparition inspira cette oraison funèbre à l'éditorialiste de *L'aube* :

Les Ligues sont dissoutes. Nous nous efforcerons de parler du fait sans haine et sans crainte comme c'est plus que jamais, en temps difficiles, le devoir des commentateurs. Nous sommes ici, il faudrait beaucoup de bonne volonté pour l'ignorer, non seulement étrangers, mais hostiles à l'esprit ligueur...

Si des formules qui furent souvent provoquantes n'avaient pas été mises en circulation par ceux qui se plaignent aujourd'hui d'en subir le contre-coup, si les formations présentement dissoutes s'étaient constamment interdit de faire des appels à la force ou des apologies de la rue, si des menaces aussi vaines que violentes n'avaient

(1) Civis : « La question des Ligues », *La Vie Intellectuelle*, 25 décembre 1935.

pas été prononcées ou imprimées à l'adresse des institutions auxquelles la nation en dépit de sottes forfanteries, maintient inviolablement son attachement, nous serions de bon cœur aux côtés d'hommes pour lesquels nous réclamerions avec passion le bénéfice de franchises dont ils ne se seraient pas eux-mêmes exclus.

Le respect de la vérité commande de dire qu'il n'est pas un seul des mouvements frappés de dissolution qui n'ait pris la responsabilité de véritables déclarations de guerre à l'ordre politique établi...

Aujourd'hui le colonel de La Rocque annonce qu'il va fonder un parti au-dessus des partis. Au pays de Descartes, le fait que cette bouillie pour les chats soit avalée sans sourciller, paraît-il, par 800 000 amateurs, a quelque chose de confondant...

Il a joué sur tous les tableaux. Il a prêché la rénovation et appuyé tous les vieux rossignols de la politique conservatrice. Il a célébré la réconciliation et il a provoqué la colère et la haine. Il a embrouillé toutes ses idées et gâché toutes ses chances.

Ceci dit — et nous devions le dire — il faut ajouter que rien dans les circonstances présentes ne fournissait motif immédiat à la décision du gouvernement (1).

(1) G. Bidault, *L'aube,* 20 juin 1936.

CHAPITRE V

LE GRAND PARTAGE :
LE FRONT POPULAIRE

Les élections générales approchaient, et la polarisation de l'opinion autour de deux blocs antagonistes s'accentuait en conséquence. Pour des raisons tant religieuses que politiques, les publications d'inspiration catholique qui s'efforçaient de briser cet antagonisme redoublaient leurs efforts pour dissocier l'Église de la droite conservatrice de l'*Écho de Paris,* ou nationaliste des Ligues.

Un « tiers-parti » ?

La Vie Intellectuelle publie, dans ses numéros des 25 février et 10 mars 1936, un article dont l'importance ne se mesure pas seulement à ses dimensions : 47 pages ! Signé***, il porte un titre dont le raccourci provoquant est assez parlant : « Dieu est-il à droite ? » Tout l'article énumère les éléments d'une réponse négative. L'Église est par nature au-dessus de tous les partis. La droite n'a jamais été un parti politique d'inspiration chrétienne : souvent indocile à la parole du Pape, elle ne croit pas à la vertu des efforts religieux ou moraux que ne précède pas une victoire politique ; elle sépare la politique de la morale. Son aversion pour les institutions internationales, sa répugnance à l'égard de la législation sociale ne la qualifient guère pour recueillir les voix catholiques. La constitution d'un parti catholique aurait encore plus d'inconvénients que d'avantages. Dans l'immédiat, les catholiques doivent donc choisir entre les partis selon leurs préférences en se souvenant qu'il n'y a pas deux groupes distincts : les bons et les méchants.

Parallèlement à ce rappel de principes, quelques gestes illustrent pratiquement le refus d'une minorité catholique de se laisser inféoder au bloc de droite. En plusieurs circonscriptions de l'Ouest, où leur candidature ne risque pas de faire passer un communiste ou un socialiste, des démocrates chrétiens se présentent contre des conservateurs. Conformes à la position médiane de la démocratie chrétienne, ces candidatures de tiers-parti ont un caractère surtout symbolique : leurs chances de succès sont minces. Au printemps 1935, Jacques Madaule s'était déjà porté candidat à une élection municipale dans le quartier Notre-Dame-des-Champs contre l'ancien Préfet de police Chiappe, derrière qui les droites avaient fait bloc : Madaule avait recueilli quelque 600 suffrages sur 6 000.

L'éditorialiste de *L'aube,* Georges Bidault, se présente en 1936 dans l'Orne, à Domfront. Le député sortant, M. Roulleaux-Dugage, inscrit à l'U.R.D., votait régulièrement à droite et a la sympathie des Croix de Feu. Il est aussi président départemental de la F.N.C. Il personnifie l'union des forces, ou la confusion des plans. C'est contre ce champion de l'ordre que le jeune journaliste de *L'aube*, ancien vice-président général de l'A.C.J.F., entre en campagne. A travers leurs personnes s'affrontent deux générations de militants et deux conceptions des rapports entre le catholicisme et la politique. La profession de foi de G. Bidault qui énonce les grandes lignes de son programme électoral, dégage le sens de sa candidature (1).

(1) Pour plus de renseignements sur cette campagne électorale, lire le

Ma candidature

... Certains déclarent ne pas... comprendre (ma candidature) et me reprochent d'apporter la division à un moment où l'union est plus que jamais nécessaire... L'union exige l'accord des pensées et des volontés...
... Sollicité par mes amis de l'Orne, je n'aurais certainement pas accepté leur proposition — et ils n'auraient d'ailleurs pas même songé à me l'adresser — si nous n'avions pas eu, les uns et les autres, l'assurance que les idées politiques avec lesquelles nous aurions à confronter les nôtres étaient non seulement profondément différentes, mais, sur nombre de points essentiels, exactement contraires.
Je suis républicain. Pas seulement républicain d'étiquette : républicain de cœur et de raison. Quelques beaux esprits estiment que la chose n'a plus aujourd'hui d'importance et qu'on a tort de vouloir encore s'en préoccuper. Pour moi, je pense, selon la logique et le bon sens, qu'en régime républicain, il est essentiel de fixer sans ambages sa position en face des institutions républicaines. Nul n'est obligé de les trouver bonnes. Mais si on les trouve mauvaises, il faut le dire... Pour moi, démocrate populaire, je crois à la nécessité de réformer hardiment la République, mais j'entends qu'il ne soit porté nulle atteinte aux principes libéraux sur lesquels elle se fonde et qui lui ont valu l'adhésion du pays...
De toutes mes forces, parce que je sais à quelles profondeurs de misère et de désespoir peut conduire la servitude, j'entends lutter pour épargner à mon pays la contagion sanglante des régimes de dictature. Ce n'est pas pour le plaisir d'employer les mots sonores que des hommes de mon esprit ont adopté, pour se désigner euxmêmes, le nom de démocrates populaires. Cela signifie pour eux l'attachement passionné, l'attachement exclusif aux principes de respect pour la liberté et pour la dignité humaines en conformité avec lesquelles c'est au peuple, au peuple seul, que doit être confiée la mission de gouverner.

mémoire de Gérard Bourdin : « Politique et religion dans l'Orne (1900-1936) », *Le pays bas-normand,* 1974, n° 2, 55 p.

Non seulement il n'est pas étonnant, mais il est normal et je dirai qu'il est honnête qu'un républicain, qu'un démocrate ait à combattre quiconque n'est ni républicain ni démocrate. Si on refuse de le comprendre, c'est qu'on n'attache aucun sens, aucune valeur aux mots de république et de démocratie.

S'il faut rénover la République pour sauver les libertés républicaines, il ne faut pas moins rénover l'Économie pour sauver l'ordre social... L'un des plus grands scandales dont nous ayons à nous plaindre, n'est-ce pas le scandale de la misère ?... Rebelles aux vues nuageuses de l'utopie, adversaires résolus de toute atteinte aux bases de l'ordre social, nous tenons à honneur de revendiquer hautement ce qu'exige la justice...

Nous savons de quel esprit nous sommes. Nous tenons à proclamer qu'aucune liberté ne nous est aussi chère que la liberté des consciences. Nous savons ce qui manque aujourd'hui, du fait de lois d'exception, à la vraie liberté républicaine. La France a besoin de vertu, de dévouement et d'honneur. Ceux qui en donnent l'exemple au premier rang ne sauraient être des citoyens diminués.

Mais nous ne croyons pas que les fils de la tradition soient ni dans leur ligne ni dans leur avantage, en se dressant contre le mouvement irrésistible et sur tant de points légitime qui entraîne le monde et le siècle où ils vivent. Nous n'entendons point dresser, au nom de convictions mal comprises, une digue tôt ou tard destinée à être emportée au flot des multitudes en marche vers un avenir moins rude. Ce que nous voulons, c'est renouer dans la vérité la chaîne rompue. C'est au nom même de la tradition que nous repoussons la stagnation et l'immobilité béate ou égoïste (1)...

Autre candidature de « troisième force » : celle du directeur de *L'aube*. Francisque Gay se présente dans le Maine-et-Loire, à Cholet (2e circonscription). Il y rencontre l'hostilité inattendue du grand journal démocrate chrétien de la région, l'*Ouest-Éclair*, qui soutient contre

(1) *Domfront-Républicain,* reproduit dans *L'aube,* 6 mars 1936.

lui un jeune candidat, Bernard Manceau. Querelle fratricide entre journaux de même tendance. L'*Ouest-Éclair* accuse F. Gay d'être le candidat de la Jeune République. Or, la Jeune République a adhéré au Rassemblement populaire. F. Gay qui entendait être un candidat de tiers-parti, apparaît comme l'homme du Front Populaire. Au premier tour, 412 électeurs lui donnent leurs voix ; il se retire avant le scrutin de ballottage. Georges Bidault n'eut pas beaucoup plus de succès : 4 873 voix contre 10 953 à son adversaire sortant. Le clergé aurait mené une active campagne en faveur de M. Roulleaux-Dugage, si l'on en croit les assertions de *Terre Nouvelle,* qui jettent un jour cru sur certaines manœuvres :

On était en droit d'espérer que le clergé et les dirigeants des œuvres catholiques garderaient une stricte neutralité, au cours de cette lutte électorale. Il n'en fut rien. Les dirigeants catholiques, prêtres et laïcs, mirent leur autorité au service du candiat réactionnaire, au mépris des règles de l'équité et de la moralité les plus élémentaires. L'Orne possède d'ailleurs un évêque qui ne cache nullement ses convictions réactionnaires (1). C'est ce qui explique qu'avant même l'ouverture de la campagne électorale, les prêtres démocrates de l'arrondissement furent informés que des sanctions leur seraient appliquées s'ils mettaient leur activité au service d'un Bidault ou d'un Hoog. Par contre, la consigne de faire voter pour M. Roulleaux-Dugage fut donnée aux autres prêtres ; et souvent, ceux-ci n'hésitèrent pas à faire pression dans ce sens sur la conscience de leurs paroissiens. *La Croix de Flers,* édition régionale de *La Croix de l'Orne,* ainsi que *La Voix Catholique,* organe de l'évêché, recommandèrent de voter pour le candidat du Front National. Mais l'attitude la plus scandaleuse fut, sans doute, celle du président départemental de la Fédération Nationale Catholique (Ligue Castelnau), Me Moulinet. Celui-ci n'adressa le

(1) L'évêque de Sées est alors Mgr Pasquet.

questionnaire de sa ligue qu'au seul Roulleaux-Dugage, et, la veille du scrutin, il informa les électeurs que seule la candidature de ce dernier était recommandée par les autorités ecclésiastiques (1).

Ces tentatives manquées laissèrent de part et d'autre des ressentiments durables. L'extrême-droite en prit argument pour accuser les démocrates chrétiens d'être des diviseurs et de faire, intentionnellement ou par aveuglement, le jeu des rouges :

... Ce matin-là, comme d'habitude nous écoutions, par devoir, la revue de presse du poste des P.T.T. Nous sommes hélas ! accoutumés à entendre citer chaque jour *L'aube* au même titre que les journaux officiels du Front Populaire. Cependant, nous n'en croyions pas nos oreilles, quand le speaker annonça un grand article de M. Georges Bidault pour flétrir « le sabotage de l'union des catholiques » par M. Philippe Henriot. Etait-il possible que M. Bidault qui avait eu l'audace de poser sa candidature contre M. Roulleaux-Dugage, président de la F.N.C. du département de l'Orne, osât se poser en champion de l'union des catholiques et dénoncer comme un agent de division celui qui est actuellement la bête noire de tous les démocrates populaires, Philippe Henriot si violemment attaqué lors des élections (2).

Les enseignements des élections

Les démocrates chrétiens pas plus que les conservateurs de la droite classique n'eurent à se féliciter du choix des électeurs : pour les uns comme les autres, le triomphe du Front Populaire signifiait la défaite de leurs candidats. Mais de ces données communes ils tirèrent des conclusions divergentes. Rien n'éclaire autant les différences de points de vue que la diversité des

(1) Gaspard, *Terre Nouvelle,* juin 1936.
(2) Guy Armel, *France réelle,* 5 août 1936.

explications invoquées pour rendre compte du succès de la gauche, inséparables de la recherche des responsabilités. Pour le journaliste de la F.N.C., l'explication est toute simple et tient en deux mots : duperie générale :

> Nous disions la semaine dernière, après le premier tour de scrutin : le suffrage universel est le grand vaincu. Cette constatation ne peut que se confirmer après le second tour.
> ... La récente consultation électorale a été avant tout une immense et générale piperie d'où peuvent résulter d'extrême-gauche vis-à-vis de leurs électeurs pour gagner les suffrages de ceux-ci ; piperie inconsciente des foules électorales vis-à-vis de leurs élus auxquels ils ont donné leurs suffrages pour de toutes autres raisons que des raisons de doctrine ; piperie des partis entre eux, se dévorant les uns les autres sous le signe de l'union...
> Le pelé, le galeux, d'où vient tout le mal, a-t-on déclaré aux foules, c'est le fascisme qui veut s'instaurer en France, c'est l'oligarchie financière, la féodalité, qui dirige le pays et affame la population. Et dans ce fascisme et cette féodalité, on confond volontairement pêle-mêle tous les adversaires du Front Populaire, ou plutôt des partis d'extrême-gauche dans le Front Populaire : partis politiques nationaux, grandes ligues comme les Croix de Feu, catholiques, radicaux et même radicaux-socialistes et socialistes [1].

Tout autre est le point de vue de G. Bidault dans *L'aube* du 4 mai : pareil renversement ne se produit pas sans raisons ; il comporte donc des enseignements :

La leçon sera-t-elle comprise ?

> ... La grande cause, c'est la crise. Une autre cause, c'est la droite incorrigible. Il y a un an, des organes à grand tirage nous vantaient la rue comme expression « du pays réel ». Presque seuls nous disions, à l'époque, à ces

[1] A.G. Michel, *La France catholique,* 9 mai 1936.

apprentis sorciers qu'ils avaient tort de faire appel à des puissances dont ils n'étaient pas les maîtres. La réponse est aujourd'hui parfaitement limpide. Il est pourtant à craindre qu'elle ne soit pas comprise. On peut s'attendre, devant le résultat des élections, à ce que les stratèges politiques, forts seulement de la longue succession de leurs erreurs, recommandent avec plus de vigueur que jamais l'abandon du terrain légal, sans même s'apercevoir qu'ils sont eux-mêmes pour beaucoup dans l'échec actuel et qu'à continuer ils préparent l'échec de demain.

Un mode de scrutin absurde a puissamment contribué à aggraver le régime des deux blocs...

Demain comme hier, il s'agira de réconcilier. Nous ne faisons aucune confiance pour cette œuvre à tels « mouvements » qui ont voulu accaparer le mot et la chose. Nous avons vu à l'œuvre tels de ces réconciliateurs qui ne savaient que souffler la haine, tels de ces rénovateurs qui ne savaient qu'épauler les pires représentants du plus lamentable passé. Laissons le colonel de La Rocque se vanter des « arbitrages » qui ont abouti à de si beaux résultats. Et, nous autres, recommençons... Il y a quelque chose à faire. Regardez l'Alsace. Apprenez à son exemple comment on garde des masses populaires fidèles à l'esprit chrétien, parce que l'« esprit chrétien est resté populaire, c'est-à-dire lui-même ».

Georges Hourdin se place à un point de vue différent : il analyse dans *L'aube* du 14 mai ce qu'il est advenu des principales formations politiques et formule des appréciations sur les hommes :

Les leçons du scrutin

... Les communistes sont les grands victorieux. Pourquoi ? Parce qu'ils sont davantage en contact avec le peuple, parce qu'ils ont compris que le pays veut du nouveau, parce qu'ils ont su lui parler, sans s'embarrasser des vieilles finasseries de la politique, un langage direct et simple, qui traduisît en termes clairs et émouvants les aspirations nationales, sociales, républicaines qui sont celles de la grande majorité du pays... Un Thorez, avec sa figure ronde, ses larges épaules, ses grosses mains, ses yeux vifs et ses deux pieds solidement fixés au sol, a su trouver devant le micro, beaucoup mieux que tous les politiciens de profession, les paroles capables de faire tressaillir et de mettre en mouvement le peuple de chez nous...

... Il est paradoxal que les élections du 3 mai se traduisent légalement par l'arrivée au pouvoir de M. Léon Blum, subtil entre les subtils. Je ne méconnais pas les qualités du leader socialiste. Je sais la force analytique de son intelligence et la qualité de l'émotion qui parfois l'étreint... Mais il n'a pas la voix assez forte... il manque de puissance... Il avoue qu'il ne sait pas s'il est le chef que les circonstances exigent. Un Lénine, un Staline, malgré leurs insuffisances, ne doutaient pas de leur destin...

... Il est ridicule que les modérés aient combattu à Lyon M. Herriot. M. Herriot est un des derniers radicaux pur sang. Il est patriote, il est le plus grand orateur de la Chambre. Il était prêt — il l'avait redit cent fois — à ménager les susceptibilités de la France épargnante. Depuis trois ans, il se dégageait de l'esprit de parti, dans ce qu'il a de mesquin, il se dépouillait, il atteignait une certaine grandeur en devenant l'homme qui respecte les contrats. Plus exactement, il vivait si pleinement sa tradition radicale qu'il retrouvait avec le respect du droit et de la parole donnée ce grand fonds d'idées morales qui est commun à tous les Français...

C'est un autre enseignement du scrutin. Nous savons maintenant que le mouvement Croix de Feu est à droite. Jusque-là nous pouvions en douter... Le mouvement Croix de Feu ne groupe que des troupes bourgeoises qui ont voté à droite sans trop se préoccuper de savoir si leurs candidats étaient « purs et vivants ». Le mouvement Croix de Feu est un mouvement conservateur. Ce n'est pas un mal. C'est plus clair ainsi...

Quant à nous, nous avons tenu comme nous avons pu, mieux que certains ne le pensaient... Mais nous n'avons de chance de durer que si nous acceptons de voir que les élections de 1936 posent pour nous un problème primordial. Nous nous trouvons en face du problème du capitalisme. Je prétends que sur ce point précis notre doctrine

147

est incertaine ou équivoque. Nous vivons sur des formules mises en circulation en 1830. Nous avons trop souvent une conception libérale ou moyen-âgeuse de la vie économique. Il faut nous mettre au travail sans parti-pris. De la réponse que nous donnerons dépend l'avenir de tout notre mouvement.

Frappante, et fort révélatrice de ses dispositions profondes, est la concordance avec ces vues des réflexions de *La Croix* :

> ... L'hécatombe des chefs d'hier s'explique par la même raison que le succès du Front Populaire : le mécontentement né de la crise, né de l'impuissance qu'a montrée la Chambre de 1932 à la résoudre, né de l'incapacité du Parlement à se discipliner. On a cherché des hommes nouveaux dans l'espoir qu'ils pourraient apporter des formules nouvelles : l'extrême-gauche et la droite ont bénéficié de cet état d'esprit [1].

Le même journaliste, Alfred Michelin, reprend, en l'approfondissant, son analyse dans la revue *Politique*. Tenu à moins de réserve, il peut y exprimer toute sa pensée sans restriction :

Les raisons véritables du résultat des récentes élections

> ... Une raison importante du succès des gauches, c'est la crise. Ceux-là mêmes qui, aujourd'hui, affirment que le « camouflage » et la démagogie communistes, que la « propagande effrénée » des socialistes sont la cause de ce succès, oublient qu'il y a quelques mois, ils se lamentaient à la perspective que la rigueur et la durée de la crise économique favoriseraient, lors des élections, le Front Populaire. Le moment venu, pouvait-il en être autrement ? Il y a actuellement à travers la France d'immenses souffrances que l'existence satisfaite d'autres Français ne devrait pas faire oublier... Comment ces

---

(1) A.M., *La Croix*, 5 mai 1936.

mécontents, légitimement mécontents, n'auraient-ils pas regardé vers des hommes nouveaux, au moins vers des hommes qui, n'ayant pas donné au gouvernement des preuves de leur impuissance, leur apportaient des formules dont l'expérience ne leur avait point encore démontré la vanité ? Ils ont trouvé des hommes nouveaux à l'extrême-gauche et à l'extrême-droite, et chez les socialistes, des hommes qui leur offraient de transformer des méthodes de gouvernement auxquelles ils n'avaient pas ménagé les critiques. Ils les ont élus. Ils les ont élus aussi, du moins ceux de gauche, et en très grand nombre, parce que la masse de notre peuple est fortement attachée à la République et qu'elle a cru la République menacée, parce que la masse de notre peuple tient ardemment à certaines libertés, et qu'elle a cru ces libertés en danger. C'est le beau travail des Ligues dont nous n'avons jamais cessé de dénoncer ici la maladresse, l'imprévision, l'impuissance...

Enfin voici la troisième des raisons qui mérite, croyons-nous, d'être mise spécialement en lumière, du résultat des élections dernières. Contre des adversaires divisés, mal préparés, aux doctrines trop souvent incertaines, les partis d'extrême-gauche ont agi avec énergie, discipline et en esprit d'union...

Comprendrons-nous ?

La crise, l'usure des vieux partis ; le désir d'une politique nouvelle, l'incompréhension et les fausses manœuvres de la droite, de ses journaux, de ses ligues ; l'organisation, la discipline, l'énergie des formations d'extrême-gauche, telles sont les causes véritables du triomphe de ces dernières : le reste ne compte pas ou compte peu.

La leçon sera-t-elle comprise ? Le Centre que guident la modération et la raison ne pouvait l'emporter, écrivait avec mélancolie un de nos amis : mais, ajoutait-il, un jour viendra où, au Parlement, on devra recourir à sa sagesse. Le Centre eût pu n'être pas écrasé s'il avait su promouvoir une politique progressive et énergique, organiser sa propagande, ne pas lier trop souvent sa cause à celle des droites, témoigner plus de jeunesse et d'entrain. J'avoue n'avoir pas grande illusion touchant une évolution et une rénovation du Centre. Mais je souhaiterais que des hommes du Centre, vivant en contact étroit avec les travailleurs, comprenant les aspirations et les besoins de leur temps, alliant au sens des réalités des vues hardies et neuves, animés de la même ardeur de propagande que les militants d'extrême-gauche, soulevés eux aussi par une mystique généreuse, cessent d'être à la remorque des vieux partis.

Je souhaiterais qu'ils inculquent aux hommes d'intelligence et de bonne volonté que comptent ceux-ci un peu de leur clairvoyance et de leur hardiesse, qu'ils donnent aux hommes de bon sens qu'on trouve dans les partis d'extrême-gauche un peu de leur sagesse.

Ainsi rempliraient-ils leur mission. S'ils y manquent, la route sera libre pour les initiatives imprudentes et les réactions violentes, pour l'aventure (1).

Contre toute attente le général de Castelnau n'incline pas au pessimisme : les résultats ne sont pas si désastreux ; il y voit dans *La France catholique* du 16 mai une incitation à l'action :

La récente consultation électorale a enregistré l'incontestable succès du Front Populaire. Les programmes d'action dictés par la presse dévouée à ce groupement mettraient en péril, s'ils étaient appliqués, les libertés religieuses que nous défendons, détruiraient les assises encore existantes de la famille, les droits légitimes de l'épargne et tendraient à abolir l'ordre social.

Sans doute, l'acte ne suit pas toujours la parole, et il serait déraisonnable de se laisser entraîner par le vent de panique qui souffle dans certains milieux ; mais l'incertitude a manifestement gagné bien des âmes peut-être portées au pessimisme ; il peut en résulter une regrettable vague de découragement ou de flottement contre lesquels il importe de réagir dans l'intérêt des causes religieuses et morales que nous servons... Si, en effet, on analyse, soit la composition de la nouvelle Chambre, soit les suffrages exprimés dans l'ensemble des circonscriptions, on constate

(1) *Politique,* mai 1936.

que les causes dont nous sommes les champions n'ont pas perdu de terrain. Au contraire, elles seront défendues et servies dans le nouveau Parlement par une équipe non négligeable, l'expérience l'a prouvé, très sensiblement renforcée de forces jeunes, ardentes, combatives et décidées, manifestement appuyée sur une partie fort importante de l'opinion publique...

Notre devoir... est de rester plus que jamais ferme dans nos convictions, d'arborer fièrement, sans ostentation mais sans respect humain, notre fidèle attachement à tout ce que nos devanciers ont cru, aimé et servi, d'exercer notre vigilance et, au besoin, de manifester notre résistance par la plume, les paroles ou les actes sur tous les terrains où les catholiques pourraient être l'objet de vexations, de brimades ou d'injustices caractérisées.

Cette vigilance, le chef de la F.N.C., fidèle à lui-même, paraît disposé à l'exercer principalement à l'encontre des catholiques qui ne partagent pas ses opinions politiques. Une semaine avant, il avait lancé dans *L'Écho de Paris* une attaque d'une violence insolite contre l'ouvrage récemment publié par Pierre-Henri Simon, *Les catholiques, la politique et l'argent*. Cette diatribe nous a paru digne d'être reproduite presque intégralement, car elle constitue une manière d'anthologie de tous les thèmes familiers aux catholiques de droite : elle récapitule tous les griefs qu'ils nourrissent ordinairement contre les catholiques plus « avancés » :

Une œuvre de division

M. Pierre-Henri Simon, professeur aux Facultés catholiques de Lille, a récemment publié dans la collection *Esprit* un ouvrage qui est un monument d'équivoque et une œuvre de division des catholiques sur le terrain social et national...

« Mieux vaut, écrit-il, désunir les catholiques que les laisser unis sur une équivoque monstrueuse. Et mieux vaudrait pour certains prélats tourmentés des démons académiques et qui n'ont pas fait vœu d'humilité, n'avoir

151

pas de tribune devant les cercles mondains, que de couvrir de leur soutane les adultérations de l'Esprit par l'orgueil nationaliste et l'égoïsme bourgeois. » Et pour bien préciser sa pensée, le vengeur de la doctrine sociale et pacifique de l'Église procède par exemples concrets, cueillis sur le terrain électoral. Entre M. de Kerillis et M. Léon Blum, dit-il, à supposer ce beau duel symbolique, ce serait à notre cœur de désigner un élu... Entre M. Philippe Henriot (qui fut toujours le défenseur ardent de la religion, de la famille et de la société), et M. Bergery (le louche révolutionnaire que l'on sait), c'est le premier dont l'élection ferait courir à l'Église le danger le plus grand, je voterai donc Bergery.

Après ces quelques indications, nul ne sera surpris si le général de Castelnau et *L'Écho de Paris* sont violemment précipités, par M. Pierre-Henri Simon, dans la géhenne des réprouvés, au nom de la doctrine sociale et pacifique de l'Église.

Sera-t-il permis au général de faire appel de ce jugement, qui n'est pas le dernier, heureusement ? Au cours d'une longue existence, il a quotidiennement accompli de son mieux ses petits devoirs d'État ; il a eu le bonheur et la charge d'élever, dans la crainte de Dieu et l'amour de la France, un foyer abondamment peuplé ; il a défendu de toutes ses forces son pays attaqué ; il a essayé, sans d'ailleurs toujours réussir, d'être partout chrétiennement humain dans ses rapports avec les militaires et les civils soumis hier et aujourd'hui à sa juridiction. Il pensait n'avoir pas absolument failli ni à son devoir social, ni à son devoir national. Vaine prétention !

M. Pierre-Henri Simon se charge de le rappeler, comme certains « prélats » et « quelques grands religieux », à la pratique de la vertu d'humilité... Mais cependant, le malheureux condamné par le porte-parole de la collection *Esprit* est depuis bientôt soixante ans membre assidu d'une Société de secours mutuels, sans parler d'autres sociétés ou groupements analogues. En janvier 1922, à propos de la loi des assurances sociales en discussion, cet affeux retardataire s'est déclaré sympathique à la loi... Il a pris publiquement la défense des syndicats chrétiens dans le Nord. Conséquent avec son passé de vieux mutualiste, il a, paraît-il, donné une très vigoureuse impulsion à la constitution des caisses familiales d'assurances sociales et de capitalisation, répandues aujourd'hui sur tout le territoire... Mais rien de tout cela n'est en suffisante concordance avec la doctrine sociale de l'Église interprétée par M. Pierre-Henri Simon. Alors quoi ?

Pour réaliser le plein « comportement social », faut-il, par exemple, s'agréger à un des multiples groupements ou instituts dits sociaux — où sévissent surtout les fastidieuses et enfantines palabres — traiter et résoudre sur le plan national et sur le plan international la très facile question sociale, sans avoir jamais supporté ni les rudes labeurs de l'ouvrier de l'usine et des champs, ni la lourde responsabilité morale et matérielle du patron industriel ou terrien — combattre le libéralisme économique en se déclarant fils respectueux des immortels principes responsables de la porte ouverte à ce régime si discuté et condamné — maudire les capitalistes sans dédaigner la manne dorée des capitaux — en un mot, étiqueter très ostensiblement et très bruyamment sa culotte, sa veste, son chapeau, chacun de ses gestes, les étiqueter, dis-je, de ce grand vocable, mis aujourd'hui à toutes les sauces : Social ?

Je n'en suis pas. C'est pourquoi *L'Écho de Paris* et moi-même, l'un portant l'autre, sommes traînés aux gémonies par M. Pierre-Henri Simon au nom de la doctrine sociale de l'Église. Je n'en dors plus !

Que dire de mon cas au regard de la doctrine pacifique ? Au nombre des vastes réformes qu'il préconise, le vaillant pourfendeur des tares contemporaines demande que le commerce des armes soit soustrait aux initiatives privées. « Pourquoi faut-il, dit ce saint homme, que cette mesure... soit fréquemment combattue par les journaux habituellement lus par les catholiques ? (cf. articles du général de Castelnau, *L'Écho de Paris* du 29 juin et du 8 juillet 1935)... On voudrait ne pas être obligé de répondre : parce que les journaux habituellement lus par les catholiques sont aux mains, à la dévotion des grands trusts industriels... »

Tout de même on peut se demander si ce publiciste n'est pas, lui, entre les mains des trusts journalistiques revuistes et commerciaux, qui s'appliquent à jeter, à pleines mains, la désunion dans les milieux chrétiens de notre pays, sur le plan social et sur le plan national...

... Enfin, dans un dernier chapitre, M. Pierre-Henri Simon me prend plus directement et violemment à partie à propos de divers articles :

— Sur la franc-maçonnerie que j'aurais, à tort paraît-il, accusée « de trahison pour avoir tenté de favoriser après la guerre, le rapprochement franco-allemand... »

— Sur le conflit italo-éthiopien où ma manière de voir s'est trouvée, par avance, en harmonie avec celle formulée par l'*Osservatore Romano,* par la *Civilta Cattolica* ; elle a même été, *incredibile dictu, horribile visu* ! en concordance avec certains articles de *La Croix* de Paris, publiés sous la signature de Mgr Vanneufville, de son vivant correspondant à Rome de ce journal, sur les finasseries de la politique allemande.

Au fond l'hostilité persistante dont je me sens honoré de la part de certains écrivains et de certaines feuilles dits catholiques, est provoquée par deux ordres de faits :

D'abord, l'indépendance que j'ai toujours et publiquement affichée vis-à-vis des faux et tyranniques prophètes de tous plumages, qui, sans mandat, se disent mensongèrement les interprètes et les commentateurs autorisés des directives pontificales.

En second lieu, l'opposition que je n'ai jamais cessé de manifester à une politique extérieure qui portait en germe la situation si inquiétante de l'heure présente. Les lecteurs de *L'Écho de Paris* n'ont sans doute pas oublié ni l'article sur la « griserie de Locarno » (1926) ni les résistances constantes contre toutes les mesures de désarmement unilatéral, jugées fatales aux intérêts de la Défense nationale et à l'indispensable maintien de la paix dans la dignité et la sécurité du pays.

Les coryphées de la paix à tout prix, eux, ne peuvent pardonner aux événements d'avoir détruit leurs lâches illusions. Faute de pouvoir incriminer les réalités qui les condamnent, ils s'en prennent avec âpreté, toujours au nom des doctrines de l'Église, aux esprits qui ont vigoureusement combattu leurs déplorables et dangereuses chimères.

Ces catholiques pacifistes ont aveuglément subi les erre-
ments d'un « Locarnien » illustre dont les avatars
politico-diplomatiques, avant et pendant la guerre,
auraient dû, ce semble, leur inspirer quelques prudente
réserve. Et aujourd'hui, lorsqu'ils se lamentent avec
grande raison sur « Locarno violé », l'histoire impitoyable leur répond : « Concordat piétiné ». O justice imma-
nente !...
Il est dangereux de réchauffer au foyer de nos Instituts
catholiques, l'enseignement démagogique d'esprits détraqués qui, sous le couvert de l'Église, jettent le trouble
dans les sentiments patriotiques des âmes, créent l'anarchie dans les esprits et contribuent à préparer, sinon à
déchaîner la lutte des classes. La Jeunesse catholique ne
doit-elle pas être soigneusement préservée de tout contact
pernicieux avec ces doctrines plus ou moins
camouflées (1) ?

C'est, on le voit, toute l'interprétation de la doctrine
sociale et de la morale internationale de l'Église qui est
en question (2).

Les grèves de juin 1936

La grande vague de grèves qui déferle sur la France
au début de juin, pose à l'intelligence politique et au
jugement moral des catholiques des problèmes assez
semblables à ceux des élections : à quelles causes attribuer son ampleur et sa soudaineté ? Comment l'apprécier ? Deux différences cependant : les élections pla-
çaient les catholiques devant les résultats d'une consultation régulière ; les grèves, surtout accompagnées de
l'occupation des usines, soulèvent un point de morale,
la question de leur légitimité. D'autre part, relativement

(1) Général de Castelnau, *L'Écho de Paris,* 8 mai 1936.
(2) Sur la polémique Castelnau-Simon, et ses prolongements, lire les documents publiés par P. Christophe, *1936... Les catholiques et le Front Populaire,* Paris, Desclée, 1979, pp. 48-61 et pp. 236-265.

unis sur le terrain de la doctrine sociale de l'Église, les représentants qualifiés du catholicisme ne portent pas le deuil du libéralisme économique dont ils dénonçaient depuis un demi-siècle la malfaisance. Aussi, une relative unanimité se dégage-t-elle des commentaires sur les nouvelles dispositions sociales.

Tout au début des grèves, alors que le mouvement n'a pas encore pris son extension complète, Georges Bidault fait des réserves, pour des raisons essentiellement politiques :

> ... Pour aboutir à faire une société meilleure, l'impatience, même à moitié réfrénée, n'est pas un bon moyen, surtout quand on n'a pas l'excuse d'incriminer un Pouvoir hostile ou indifférent. L'occupation des usines est destinée à servir d'argument à ceux qui ne veulent pas de réformes. Ce ne sera pas la première fois que les révolutionnaires auront apporté de l'eau au moulin des conservateurs. Ou réciproquement.

En somme les grévistes auraient été plus avisés d'attendre la Révolution par la loi.

> Ceci dit, reconnaît-il volontiers, on n'a pas le droit d'oublier que les ouvriers ont des raisons graves de protester [1].

Maurice Guérin se place à un autre point de vue, celui de la morale sociale : le mouvement est-il justifié ? Il penche pour l'affirmative. Il tend même à légitimer l'occupation des lieux de travail. Assurément, si l'autorité appartient à celui qui paie,

> ... il y a révolte contre l'autorité légitime du patronat, et cette révolte constitue un intolérable désordre... Mais si celui qui paie s'acquitte mal de son office ? S'il paie mal ? S'il commande mal ? S'il exploite durement son personnel, tout en retirant de son exploitation des bénéfi-

(1) *L'aube,* 29 mai 1936.

ces illicites comme, nous dit-on, certains fournisseurs de guerre, l'autorité de ce patronat-là ne représente-t-elle pas quelques failles par quoi peut se légitimer une certaine résistance ?

Alors, dira-t-on, les ouvriers ont le droit de faire grève ; ils n'ont pas le droit d'occuper des usines qui ne leur appartiennent pas. Autre question tout aussi grave que la première. Il s'agit de savoir à qui appartient légitimement la propriété des instruments de production. A ceux, répondra-t-on, qui les ont payés de leur argent : aux patrons ou aux actionnaires, aux prêteurs, aux commanditaires. Et cela encore paraît tout simple et péremptoire. Cependant qui a fait fructifier ce capital, cet argent et cet outillage ? Qui a donné à l'entreprise une certaine plus value ? Le travail ! Le travail intellectuel aussi bien que manuel. Celui des directeurs, administrateurs, chefs de service, ingénieurs, employés, contremaîtres, ouvriers. Tout le travail certes ! Mais rien que le travail. Alors, dites-moi, est-ce que le travail n'a pas un droit de propriété sur l'ensemble de l'entreprise ?...

Cet outillage a bien été, dans une certaine mesure, payé par le travail des ouvriers. Ces usines sont bien un peu leurs usines. Ils y sont donc un peu chez eux. Et quand ils refusent d'en sortir, a-t-on absolument le droit de dire qu'ils veulent rester de force chez les autres ?

... Nous sommes au carrefour historique où finit un monde et où commence un autre monde. Un nouveau monde appelle nécessairement un nouveau droit. Ce nouveau droit social doit comporter des modifications à l'exercice du droit de propriété comme à l'exercice de l'autorité. Ce qui est en question, c'est le droit du travail à posséder une part de la propriété qu'il a fait fructifier et une part de l'autorité dans les entreprises auxquelles il communique sa vie propre. Le capital s'attribuait jusqu'ici toute la propriété et, conséquemment, toute l'autorité. L'heure est venue où il doit partager l'une et l'autre, s'il ne veut pas être forcé de tout abandonner (1).

---

(1) Maurice Guérin : « A propos de l'occupation des usines : ce qui est en question », *L'aube,* 3 juin 1936.

Il explique ailleurs que la revendication des salariés était inévitable, et partant justifiée :

> ... La véritable révolution n'a point commencé avec la victoire du Front Populaire. Elle date du jour où il est devenu évident qu'aucune amélioration ne pourrait être apportée à la crise économique sans une modification profonde des institutions et des mœurs existantes... Dès lors, une conviction tendait à s'implanter très fortement dans leur esprit, à savoir que le déséquilibre formidable des situations devait à tout prix prendre fin, qu'il n'était ni juste, ni pratique de laisser se gaspiller les forces vitales de la jeunesse et subsister une masse de chômeurs involontaires ou de travailleurs réduits à des salaires de famine, aux côtés d'une portion de privilégiés consommant imprudemment les réserves du pays. Le tragique de cette situation, devenu sensible à un si grand nombre, autorisait à penser que toutes les volontés devaient s'unir pour trouver une solution.
> En fait cet accord a manqué, et ce fut la cause d'une déception immense. Pendant que modérés et nationaux de toutes nuances reprenaient sans trêve les vieux arguments de l'orthodoxie libérale, qui se résumaient dans la défense monétaire et le retour à une impossible liberté économique, les alliés du Front Populaire se mettaient en quête de répondre à ses aspirations par un programme de réalisations pratiques. On connaît la conclusion (1).

Cette indulgence ne fut pas du goût de tous les lecteurs : un patron, ami de *L'aube,* protesta contre cette quasi-justification des occupations d'usines. Établir en principe que le personnel est un peu propriétaire, c'est oublier que :

> La France est principalement un pays de moyennes entreprises. Or, la moyenne entreprise est très généralement propriété familiale, et son « occupation » revêt alors les proportions d'une véritable catastrophe morale.

(1) *Chronique sociale de France,* juin 1936.

158

C'est aussi faire abstraction des arrière-pensées politiques :

> La vérité, qui me semble évidente, c'est qu'on a voulu d'une part amorcer la violation, en attendant la suppression communiste de la propriété, et, d'autre part, accomplir un acte de pression violente, qui fasse faire, au profit du communisme, un pas de géant à la lutte des classes et à la haine des classes.

C'est enfin tenir pour rien les conséquences morales :

> Le système soviétique des « occupations » a fait un mal moral énorme, incalculable (1).

A quoi M. Guérin répondit fort courtoisement qu'il n'avait jamais songé à légitimer les occupations, mais simplement cherché à les expliquer (*L'aube*, 11 juillet 1936).

Les articles de *L'aube,* dosant l'approbation et la réserve, dessinent une ligne moyenne. Plus à gauche, la réserve s'efface et l'approbation est totale :

> Mais, se demandent encore certains, s'il est permis de penser que ce mouvement est juste dans ses revendications et bienfaisant dans ses répercussions politiques, peut-on dire, surtout lorsqu'on est chrétien, que ses moyens d'action furent également justes et bienfaisants ? Occuper les usines, ateliers, magasins ou autres lieux de travail, est-ce là un acte légitime et moral ?
>
> Il est certain que l'occupation du lieu de travail est présentement un acte illégal ; il est beaucoup moins certain que cet acte soit illégitime. Quel est le moraliste intègre qui oserait prétendre que la propriété du lieu de travail revient au seul propriétaire ? Ce serait affirmer que celui-ci n'a jamais effectué de prélèvement injuste sur le travail de son personnel ; en vérité, nous savons tous que neuf

---

(1) René Lemaire : « Le mal moral des occupations d'usines », *L'aube,* 1ᵉʳ juillet 1936.

fois sur dix, au moins, la fortune des « maîtres » est faite de l'exploitation du travail, et que par conséquent et moralement, les salariés ont un droit de copropriété sur les entreprises auxquelles ils louent leur force de travail.

Cette constatation suffirait, au reste, pour légitimer des actes qui ne seraient plus seulement une occupation temporaire... n'en déplaise... aux syndicats chrétiens qui ont cru devoir « faire des réserves » à propos des « occupations » au risque d'alimenter des campagnes anti-ouvrières. Et puis, à cette raison doctrinale s'ajoute une nécessité de fait. Faire grève en évacuant les locaux, c'était permettre aux employeurs d'embaucher des briseurs de grève, et ils sont hélas ! nombreux en la période de chômage que nous vivons. Rester « sur le tas » c'était la seule tactique raisonnable et même possible. Et seuls les ennemis des travailleurs et les amis de l'injustice sociale peuvent blâmer ces « occupations » (1)...

Les Jésuites de l'Action Populaire, en dépit de leur sympathie de toujours pour les revendications ouvrières, croient devoir faire de graves réserves sur la légitimité du mouvement :

Considérées en elles-mêmes et prises dans leur ensemble, les revendications présentent un caractère légitime... Toutefois si l'on insère ces revendications dans le fait de la grève avec occupation d'usines, les observations suivantes s'imposent :

1. Les conditions préalables requises pour la légitimité de la grève n'ont pas été remplies...

2. L'occupation des usines constitue une méthode contraire non seulement à l'ordre social, mais à l'exercice du droit de propriété tel qu'il est déterminé par notre état social actuel et par la loi qui l'exprime en substance ; elle est donc tout à la fois illégale et contraire à la morale...

3. La grève par son caractère de généralité expose le pays à un danger économique d'autant plus redoutable qu'elle

(1) Marcel Dupont : « Réflexions sur les grèves : ''occupation'' temporaire », *Terre nouvelle,* juillet 1936.

se produit en période de crise et que les grévistes exigent l'adoption immédiate de nouvelles conditions de travail trop peu étudiées ou mises au point pour être appliquées en bloc et sans délai. Dans ces conditions, les revendications formulées, malgré leur importance, ne rendent pas légitime le déclanchement brusqué de la grève, d'autant plus qu'elles auraient sans doute reçu graduellement satisfaction sous le gouvernement actuel.

4. Enfin — c'est là le vice le plus grave — le véritable but de la grève n'est pas professionnel mais politique et révolutionnaire, non sans doute dans la pensée des masses ouvrières, mais sûrement dans l'intention des meneurs communistes... La participation active à ce mouvement de grève avec occupation ne peut prétendre se cantonner dans les revendications économiques et faire ainsi abstraction des autres éléments de ce mouvement, notamment de ses gestes et attitudes révolutionnaires, liés en fait aux revendications. Il importe de ne pas perdre de vue cette donnée, tout en tenant compte des principes généraux de la morale en matière de coopération quand les circonstances particulières imposent la participation (1).

Partant de principes de jugement fort semblables, un rédacteur de *Sept* arrive à des conclusions pratiques apparemment différentes :

Peut-on justifier l'occupation des usines ? A cette question nous répondons nettement que l'occupation des usines ne peut être justifiée ni en droit, ni en fait... Mais alors, dira-t-on, comment comprendre l'attitude des Syndicats chrétiens et celle de leurs adhérents qui ont été mêlés aux occupations d'usines ?... Les syndicats chrétiens, en nombre de cas, sont restés même volontairement avec leurs camarades sur les lieux du travail, c'est vrai, mais il importait grandement que les syndicats chrétiens soient présents pour défendre les intérêts ouvriers, pour contribuer au respect de l'ordre et de la moralité. L'occupation d'ailleurs se présentait comme un fait, mieux

(1) *Dossiers de l'Action Populaire,* juin 1936.

valait le plus souvent que les syndiqués chrétiens soient présents pour acheminer le conflit vers une solution sans autre violence (1)...

L'Action française du 6 juillet 1936 a beau jeu de mettre en contradiction les théologiens des deux publications :

> ... Donc selon les RR. PP. Dominicains de Juvisy, les syndiqués chrétiens ont bien fait. Or, selon les RR. PP. Jésuites de l'Action Populaire, l'occupation des usines est un acte éminemment attentatoire au droit de propriété, à la morale chrétienne et même à la morale tout court. D'où il appert si l'on mélange les deux thèses que les syndiqués chrétiens auraient violé la morale pour sauvegarder la moralité...

Sur un point l'accord se rétablit, par-delà les divergences sur la légitimité du mouvement, entre les organes du catholicisme social : le comportement des militants jocistes. Pour le syndicalisme chrétien, les grèves de 1936 marquent une étape décisive ; pour la J.O.C. son baptême du feu. De leur courage et de leur esprit d'initiative, les journaux qui les avaient soutenus dès l'origine, telle *La Croix,* parfois contre tel ou tel évêque, tirent une grande fierté :

> Les graves et tristes événements des dernières semaines ont mis en relief à un degré que l'on ne pouvait soupçonner, l'efficacité de la formation jociste... Ils ont été magnifiquement ouvriers et magnifiquement chrétiens. Partout ils se sont révélés des entraîneurs et des chefs, partout ils ont agi en véritables militants ; partout ils ont gagné l'estime de leurs camarades. Dans la fièvre de ces heures de grève, et dans une atmosphère agitée par toutes sortes de passions, ils sont restés les représentants authentiques du mouvement chrétien des jeunes travailleurs, fiers, purs, joyeux, conquérants (2)...

(1) Louis Blain : « L'occupation des usines », *Sept,* 3 juillet 1936.
(2) L. Merklen : « L'action des militants jocistes », *La Croix,* 2 juillet 1936.

Même langage dans *Sept,* la *Vie Catholique... Sept*
étend l'hommage, dès le 19 juin, à l'ensemble du mouvement :

> Il faut se réjouir de ce qu'une situation dont l'irrémédia-
> ble pouvait sortir se soit dénouée sans casse ni violence.
> Peu de bagarres, et sans gravité, aucun bris de machine,
> aucune détérioration de bâtiments, aucun sabotage, ce
> bilan dont l'apparence négative cache une réalité positive
> fait honneur aux masses ouvrières de France.

Le même article s'inquiète cependant des conséquences économiques. Assurément les résultats obtenus par
les grévistes sont satisfaisants, mais :

> Les souffrances des grévistes, les efforts de conciliation
> du patronat, les espoirs suscités, tout serait vain si d'ici
> quelques mois la hausse des prix ou la recrudescence du
> chômage et des faillites remettait en question les résultats
> péniblement acquis... Hausse de salaires, progrès sociaux,
> cela suppose une politique cohérente qui tende à la
> reprise des affaires et à l'intensification des échanges, en
> plus bref un mouvement ascensionnel de l'économie fran-
> çaise. Cela suppose encore une politique extérieure non
> moins cohérente, une tension vers la paix du monde et
> vers l'ordre international. Cette politique, le gouverne-
> ment seul pourra la faire qui disposera de la confiance
> des citoyens.

La réflexion ramène ainsi les plus clairvoyants de
l'observation des mouvements sociaux à l'analyse de la
situation politique.

*La campagne de « Gringoire » et la mort de Roger
Salengro*

La presse pose aux catholiques des problèmes assez
semblables à ceux des Ligues. Y interfèrent également
considérations d'opportunité politique et préoccupations

morales : tous les moyens sont-ils licites ? La violence condamnée quand elle provient des Ligues peut-elle se donner libre cours dans la presse ? Là-dessus, les catholiques ne sont pas unanimes.

L'affaire Salengro illustre, à l'automne du Front populaire, la profondeur de leur dissentiment. La presse d'extrême-droite s'était intéressée à la conduite du ministre de l'Intérieur disparu pendant la guerre dans des conditions suspectes et assurait qu'un procès en conseil de guerre s'était terminé sur une condamnation à mort par contumace pour désertion. *L'Action française* d'abord (14 juillet), puis *Gringoire,* à partir du 21 août, harcèlent leur victime : Salengro a beau opposer son démenti à leurs allégations, ses accusations ne lâchent pas prise. Numéro après numéro, *Gringoire* enfonce le clou et accrédite chez ses lecteurs qui ne prennent pas garde au tour interrogatif des insinuations l'idée que le ministère de l'Intérieur a, à sa tête, un déserteur. Un échantillon donnera un aperçu du procédé :

… Est-il exact que Roger Salengro ne reparut plus ? Est-il exact que, le lendemain matin 7 octobre, tous les P.C. furent martelés par les 210 ennemis ? Est-il exact qu'au bataillon on se demanda si Salengro n'en avait pas révélé les emplacements exacts à l'adversaire ? Est-il exact que le capitaine Arnould établit un rapport en conseil de guerre concluant à la « désertion à l'ennemi » du cycliste Salengro, alors âgé de vingt-cinq ans ? Est-il exact que le conseil de guerre de la 51e D.. condamna Salengro par contumace à la peine de mort ?

Est-il exact qu'à la fin de la guerre un pourvoi en révision fut introduit et l'affaire portée devant le conseil de guerre de Paris ? A ce moment la plupart des témoins n'étaient-ils pas tombés au champ d'honneur ? Est-il exact que le capitaine Arnould n'a pas connu la demande de révision, raison pour laquelle il n'a pas apporté son témoignage ? Est-il exact que, durant son service actif, le soldat Salengro était inscrit sur le carnet B, comme révolutionnaire dangereux ?

Les questions que nous posons sont précises. Elles méritent une réponse. Cette réponse, nous l'attendons de M. Roger Salengro. M. Roger Salengro est un personnage officiel, est-ce une raison pour ne pas défendre son honneur ?...

Aujourd'hui deux millions de Français et de Françaises — lecteurs et lectrices de *Gringoire* — connaissent les graves accusations qui pèsent sur le ministre de l'Intérieur.

Si M. Roger Salengro répond, nous publierons sa réponse.

S'il se tait, son silence le jugera (1).

Sous le titre, que le public trouvait sans doute spirituel, de « L'affaire Proprengro », le pamphlétaire Henri Béraud adressait une lettre ouverte au Président de la République (6 novembre). Le 13, *Gringoire* annonçait que le gouvernement avait fait disparaître le dossier Salengro.

Le dénouement de cette féroce campagne est connu. Un débat parlementaire avait tourné à la confusion des accusateurs incapables d'étayer leurs dires. Mais le ministre, qui ne s'était pas remis du chagrin provoqué par la mort de sa femme, succomba à tant de haine : au matin du 18 novembre, on le trouvait mort dans le petit logement qu'il occupait à Lille. L'émotion fut considérable. Le cardinal Liénart, évêque de Lille, l'exprima sur-le-champ avec noblesse. Sa déclaration du 19 condamnait sans ambages les procédés de la presse de droite :

Le tragique suicide de Roger Salengro, maire de Lille, ministre de l'Intérieur, a provoqué une vive émotion dans tous les cœurs. Le nôtre ne saurait demeurer indifférent. Nous éprouvons la plus pénible douleur devant l'acte par

(1) Anonyme, *Gringoire,* 21 août 1936.

lequel, sous l'impression de la souffrance morale, une âme, oubliant la loi de Dieu, s'est jetée volontairement dans son éternité. Nous souffrons à la pensée que, sur sa détermination, ont pesé, ne fût-ce que pour une part, des attaques infâmantes et passionnées.

En conséquence de cette tombe ouverte, nous sentons le devoir de rappeler une fois de plus que la politique ne justifie rien ; que la calomnie et la médisance sont des fautes que Dieu condamne et qu'on n'a pas le droit de se servir de tous les moyens pour arriver à ses fins.

Une presse qui se spécialise dans la diffamation n'est pas une presse chrétienne. Nous la répudions au nom de Celui qui a prescrit d'aimer nos ennemis, de faire du bien à ceux qui nous persécutent et qui, jusque sur sa croix, a prié son Père de pardonner à ses bourreaux (1).

Largement reproduite, la déclaration eut un grand retentissement. Le même jour, *L'aube* dont le directeur avait si souvent essuyé les outrages de la même presse, fit écho aux sentiments exprimés par le cardinal et demandait, par la plume de Georges Bidault, un renforcement des dispositions légales contre la diffamation :

Il faut qu'on en finisse. Cette mort affreuse d'un ministre en exercice ne peut être envisagée comme un épisode dramatique mais normal de nos controverses publiques.

Si une preuve encore ignorée mais décisive n'est pas immédiatement fournie du bien fondé de ces accusations sous lesquelles M. Salengro a succombé, une preuve écrasante aura été fournie, par le fait même, de la nécessité d'armer la loi contre la calomnie.

Dans l'appel véritablement admirable qu'il a adressé aux travailleurs de Lille, M. Léon Blum a repoussé l'oubli et la vengeance. Les mesures qu'il ne manquera pas de proposer au Parlement, ne sauraient être des mesures de parti pris contre la juste liberté qui doit être assurée aux adversaires du régime eux-mêmes. Elles devront être et

(1) *L'aube*, 20 novembre 1936. Texte intégral de la *Semaine religieuse du diocèse de Lille*, 29 novembre 1936, reproduit par P. Christophe, *op. cit.*, pp. 155 et s., qui analyse également le courrier reçu alors par le cardinal.

nous espérons fermement qu'elles seront des mesures de justice et de propreté. Il y a assez longtemps que des forbans peuvent, sans péril, accuser n'importe qui de n'importe quoi. Il faut que demain toute accusation véridique soit admise à faire la preuve et que toute accusation calomnieuse soit aussitôt châtiée sans merci.

Les hommes libres et sincères, dans tous les partis, ont assez et plus qu'assez de l'impunité assurée par une trop longue faiblesse aux ouvriers d'infamie.

Le surlendemain, *L'aube* reproduisait en première page l'appel intitulé « Pour l'honneur » d'un groupe d'intellectuels :

Les soussignés, profondément émus par la tragédie morale qui vient de pousser au suicide un membre du gouvernement, croient de leur devoir d'intellectuels d'appeler l'attention du public sur les graves conséquences des mœurs politiques instituées par les passions partisanes dans notre pays.

Parlant en dehors des partis, ils constatent l'écrasante responsabilité encourue par ceux qui osent parler sans preuves contre l'honneur d'un homme, par ceux qui lancent contre un adversaire des accusations de telle nature qu'aucune réfutation ne peut jamais lever le doute introduit en des esprits passionnément prévenus. Ils croient qu'un peuple dont la conscience a été imprégnée par des siècles de christianisme et d'humanisme, devrait être unanime à penser qu'aucun intérêt de parti ne justifie le recours à l'injustice. Ils souhaitent enfin qu'un redressement de la conscience publique crée de nouveau pour la France une atmosphère de concorde et de loyauté, la seule où elle puisse se sauver en retrouvant l'esprit de son histoire et de sa culture (1).

(1) *L'aube*, 21 novembre 1936. Suivait une première liste de signatures où se lisaient des noms connus : Jeanne Ancelet-Hustache, docteur-es-lettres, professeur agrégé au lycée Fénelon ; Paul Archambault ; Fernand Aubier, éditeur ; Jean Baillou, agrégé de l'Université ; Georges Bidault, professeur agrégé au lycée Louis-le-Grand ; Maurice Brillant ; Maurice Carité, secrétaire de rédaction de *La Vie catholique* ; Charles Dullin, directeur de l'Atelier ; Maurice Eblé ; Stanislas Fumet ; Maurice de Gandillac, agrégé de l'Univer-

La Croix s'engage moins à fond que *L'aube*. Sous le titre lénifiant « Du sang-froid », Pierre Limagne consacre un bref article à l'événement (20 novembre). Le numéro du lendemain reproduit la déclaration du cardinal Liénart, sans commentaire.

Gringoire ramène l'incident à une manœuvre dirigée contre lui : est-ce sa faute si les nerfs du ministre ont cédé ?

L'Écho de Paris, qui n'a reproduit la déclaration du cardinal Liénart que dans certaines éditions de province, n'est pas loin d'adopter la même attitude : discret sur les procédés qui ont conduit Salengro au suicide, il souligne fortement le caractère répréhensible de son geste. Hypocritement, il s'abrite sous l'autorité de l'*Osservaore Romano* dont il détache quelques appréciations présentées sous le titre fallacieux « *L'Osservatore Romano* juge avec sévérité le suicide de M. Salengro » :

> L'*Osservatore Romano* vient de consacrer un article au « cas Salengro ». Sans se prononcer sur la culpabilité ou l'innocence du soldat Salengro, le journal de la Cité du Vatican, dans son numéro du 21 novembre, souligne la faiblesse morale du ministre de l'Intérieur...
>
> On ne saurait juger avec plus d'équité ni plus de force, la triste signification du « cas Salengro ». Il atteste une fois de plus la désagrégation morale opérée jusque dans ses coryphées par le matérialisme marxiste... Les honneurs publics rendus à un suicidé, ministre de l'Intérieur,

sité ; Francisque Gay, directeur de *L'aube* et de *La Vie catholique* ; André George ; Edouard Goerg, peintre ; Arthur Honegger, compositeur ; Georges Hourdin ; Maurice Jaubert ; Jean Lacroix, agrégé de l'Université ; Maurice Lacroix, professeur agrégé au lycée Henri-IV ; Roger Labrousse ; Louis Laloy, secrétaire général de l'Opéra ; Philippe de Las Cases ; Jacques Madaule, professeur agrégé au lycée Michelet ; Jacques Maritain ; Maurice Merleau-Ponty, agrégé de l'Université ; Pierre Van der Meer de Walcheren ; Emmanuel Mounier, agrégé de l'Université ; comtesse Jean de Pange ; Brice Parain, agrégé de l'Université ; Georges Pitoeff ; Michel Seuphor ; Pierre-Henri Simon, agrégé de l'Université ; Yves Simon, docteur en philosophie ; Jean Soulairol ; Louis Terrenoire, secrétaire de rédaction de *L'aube* ; Gaston Tessier ; André Thérive ; Pierre-Aimé Touchard ; Gilbert de Véricourt.

et maire d'une grande ville, sont l'exemple le plus malsain que l'on puisse donner à la jeunesse d'un pays [1].

La malhonnêteté du procédé attire à *L'Écho de Paris* une réprimande du journal romain que *L'aube* s'empresse de porter à la connaissance de ses lecteurs :

L'*Osservatore Romano* du 27 novembre publie le communiqué suivant : « Nous lisons dans *L'Écho de Paris* du 24 courant sous le titre « l'*Osservatore Romano* juge sévèrement le suicide de M. Salengro », quelques extraits de notre note du 21 novembre, dans laquelle outre la fin tragique de l'ex-ministre de l'Intérieur de France « nous jugions sévèrement » les causes qui l'induisirent à ce triste dénouement, c'est-à-dire la campagne de diffamation personnelle et implacable que le cardinal Liénart dénonça d'une façon si vive, comme antichrétienne. C'est aussi en considération de ce que notre appréciation se trouve renforcée de l'autorité d'un prince de l'Église en France, que nous jugeons sévèrement *L'Écho de Paris* de l'avoir écartée [2].

L'Écho de Paris, ainsi tancé, se tint coi ; il s'abstint même d'informer son public de la mise au point de l'*Osservatore Romano*. Un mois plus tard seulement, il se décide à rompre le silence pour expliquer que l'article dont il avait proposé une interprétation personnelle, n'appartenant pas à la partie officielle de l'*Osservatore Romano,* laissait les catholiques libres de leur jugement. Quatre jours plus tard, l'*Osservatore Romano* publiait une mise au point dont la rigueur renchérissait sur celle de son précédent avertissement :

L'Écho de Paris écrit que l'article de l'*Osservatore Romano,* n'appartenant pas à la partie officielle du journal, peut être apprécié librement. *L'Écho,* cependant,

(1) Charles Pichon, *L'Écho de Paris,* 24 novembre 1936.
(2) *L'aube,* 29-30 novembre 1936.

l'avait cité pour ce qu'il y trouvait de juste : la déploration du suicide ; il en avait ignoré ce qui lui avait paru faux, c'est-à-dire le passage où nous estimions que la campagne de diffamation avait été la cause déterminante de cette fin tragique, ce que, pensait-il, nous n'aurions, à Paris, ni pensé, ni écrit. Il est facile de voir que cette explication ne vaut rien...

Cet article, écrit impartialement et dicté par des motifs purement moraux, en face de deux erreurs et de deux partis en conflit, en arrivait, cité de la sorte, à prendre un caractère politique et partisan et à nous ranger aux côtés des diffamateurs ; et, ce qui est pis, on mettait ainsi l'article en opposition avec l'éminent jugement du cardinal Liénart, avec lequel, au contraire, il s'accordait parfaitement.

Comme on le voit, il eût mieux valu jamais que tard comme cela (1).

Le désaccord était patent entre le grand journal conservateur lu par les catholiques de droite et l'organe du Saint-Siège. Il s'accentuait, dans la mesure même où les catholiques se ralliaient sans arrière-pensées à la démocratie et pratiquaient loyalement le pluralisme des options politiques.

(1) *Osservatore Romano,* 9 janvier 1937.

CHAPITRE VI

LA GUERRE D'ESPAGNE,
CROISADE OU GUERRE FRATRICIDE ?
1936-1939

A l'opinion publique la guerre d'Éthiopie avait posé brutalement le problème de la guerre coloniale et de sa légitimité, avec cette complication pour les catholiques que l'agresseur était la catholique Italie sous un régime vivant en bonne intelligence avec le Saint-Siège. La guerre d'Espagne pose soudain le problème de la guerre civile, avec une acuité saisissante : l'analogie des situations politiques de part et d'autre des Pyrénées, l'homonymie même des coalitions de gauche font que les Français ont l'impression d'être spectateurs de leur propre drame qui se joue de l'autre côté de la frontière par pays interposé. Le problème de conscience s'aggrave pour les catholiques de ce que le soulèvement a pris un caractère de guerre religieuse. L'opinion catholique est profondément troublée et passionnément divisée ; les plus grands noms de l'intelligence et des lettres se jettent dans la mêlée. La presse porte la trace de ce trouble et de ces luttes.

A la nouvelle du soulèvement, la réaction première de la plupart est de souhaiter son succès. La publicité faite aux massacres de prêtres, aux incendies d'églises, aux profanations de cimetières, justifie rétrospectivement l'insurrection et confère un sens religieux au conflit : une croisade pour le christianisme et la civilisation. Pourvu que le gouvernement de Front Populaire ne s'avise pas d'intervenir ! La crainte de l'intervention dicte, dans les premiers jours, à François Mauriac, une de ses apostrophes les plus violentes ; et pourtant, il se défend d'opter :

L'Internationale de la haine

... Il faut que le président du Conseil le sache : nous sommes ici quelques-uns à essayer de remonter le courant de haine qui emporte les Français ; depuis l'avènement du Front Populaire, nous nous sommes efforcés à la modération. Dans une atmosphère de guerre civile, nous avons voulu « raison garder ».
Mais s'il était prouvé que nos maîtres collaborent activement au massacre dans la Péninsule, alors nous saurions que la France est gouvernée non par des hommes d'État, mais par des chefs de bande, soumis aux ordres de ce qu'il faut bien appeler : l'Internationale de la Haine. Nous saurions que le président du Conseil d'aujourd'hui n'a rien oublié de la rancune séculaire qui tenait aux entrailles le partisan Léon Blum.
Un tel geste risquerait de jeter les plus sages dans le parti des violents. Chacun est libre de juger selon sa conscience le pronunciamento. Pour mon compte, reprenant le mot de Mme de Sévigné, sur Bazajet, j'avoue que je n'entre pas dans la raison de ces grandes tueries que rien, à mes yeux, ne légitime.
Je ne m'en sens que plus libre d'envelopper du même amour, sans distinction de parti, Navarrais et Castillans, Catalans et Andalous.
Nous ne voulons pas qu'une seule goutte de sang espagnol soit versée par la faute de la France. L'Espagne est indivisible dans notre cœur : celle du Cid, de sainte Thérèse, de saint Jean de la Croix, celle de Colomb et de Cervantès, du Greco et de Goya.
Et je crois être l'interprète d'une foule immense appartenant à tous les partis, de la Guyenne et de la Gascogne

au Béarn et au Pays basque, en criant à M. Léon Blum, qui brûle d'intervenir, qui, peut-être, est déjà intervenu dans ce massacre : « Faites attention, nous ne vous pardonnerions jamais ce crime (1). »

Plus tard, Mauriac expliquera dans quel esprit il écrivit cet article :

> ... Aux premières nouvelles du soulèvement militaire et des massacres de Barcelone, j'ai d'abord réagi en homme de droite ; et de Vichy où je me trouvais alors, je dictai en hâte, par téléphone, cet article sur l'Internationale de la Haine (2).

Sur le moment presque tous les catholiques réagirent en hommes de droite : ils reçurent, sans la contester, l'explication qui divisait l'Espagne en deux camps : les soldats de l'Église, et les impies. A cette présentation simple, la presse de droite resta fidèle jusqu'à la fin. Aussi le conflit ne lui causa-t-il jamais de grands tourments intellectuels ou moraux : c'est aussi pourquoi sa lecture offre moins d'intérêt. Mais sachant de quelle façon leurs adversaires les représentaient, convaincus que les situations sont rarement aussi tranchées que le donnent à croire les simplifications des propagandes, fidèles à leur volonté de s'interposer entre les blocs ennemis, quelques catholiques firent d'emblée des réserves sur le fondement religieux du soulèvement :

Furies civiles

> ... J'admire ces Français si fiers de leur idéologie politique qu'ils peuvent ériger en épopée cette catastrophe, et trouvent à exalter les champions de leur cause, martyrs de la foi républicaine ou héros de l'armée nationale. C'est là, en effet, la trompeuse noblesse des guerres civi-

(1) *Le Figaro,* 25 juillet 1936.
(2) *Id.,* 30 juin 1938.

les : elles recouvrent, plus naturellement que les guerres étrangères, des duels d'idées, des conflits de doctrines ou de mystiques ; et c'est peut-être ce qui leur donne ce caractère atroce de violence passionnelle. Elles sont pourtant les plus impures de toutes les guerres, et celles qui engendrent les plus fatales successions de crimes, quel que soit d'ailleurs le degré de sincérité ou d'héroïsme de ceux qui les font...

Aussi bien, devant la catastrophe espagnole, je suis plus porté à plaindre qu'à admirer. Je plains ces insurgés qui ont dû confier la cause de l'ordre national à des généraux rebelles et mobiliser des troupes coloniales contre leurs propres concitoyens. Et je plains ces républicains loyalistes qui n'ont à défendre qu'un gouvernement souillé du sang des assassinats qu'il n'a pas su empêcher et impuissant à rétablir l'ordre qu'il a laissé subvertir.

Eloigner de notre patrie jusqu'à l'ombre de la guerre civile, n'est-ce pas ce qui oriente ici tous nos efforts (1) ?...

D'autres, dont le premier mouvement avait aussi été de souhaiter la victoire des insurgés franquistes, se reprirent et conçurent des doutes sur la sainteté du mouvement. Ce qui transpira bientôt des procédés employés par les nationalistes y fut pour beaucoup : il est toujours plus aisé de juger une guerre sur sa conduite que sur son principe. C'est encore à Mauriac que nous demanderons les motifs de cette évolution :

La présence des Maures, l'intervention massive des escadrilles et des troupes italiennes et allemandes, les méthodes atroces de la guerre totale, appliquées par des chefs militaires à un pauvre peuple qui est leur peuple, les souffrances des Basques coupables du crime de non-rébellion, posèrent aux catholiques français, un cas de conscience douloureux (2).

C'est énoncer en une phrase tous les arguments de

(1) Signé *Sept*, éditorial de première page, *Sept,* 7 août 1936.
(2) *Le Figaro,* 30 juin 1938.

ceux qui se refusèrent à voir, dans cette guerre fratricide, une guerre sainte.

Les massacres

Badajoz

Je ne crois pas beaucoup aux « cas de conscience » insolubles.

Même dans l'horreur d'une guerre civile, l'homme sait qu'il peut donner sa vie pour ce qu'il croit être la vérité — qu'il peut défendre la vérité — sa vérité — les armes à la main. Mais il sait aussi que les exécutions en masse des vaincus, que l'extermination de l'adversaire — ce qui était la loi avant le Christ — représente le triomphe le plus affreux que la puissance des ténèbres connaisse en ce monde.

Les massacres et les sacrilèges de Barcelone dictaient aux vainqueurs de Badajoz leur conduite. Ils se réclament de « la religion traditionnelle de l'Espagne ». Ils ont célébré à Séville, le jour de l'Assomption, l'humble Reine du ciel et de la terre, la Mère des hommes. Celle qui a jeté ce cri que l'humanité n'oubliera pas : « *Deposuit potentes de sede et exaltavit humiles* ». Ils n'auraient pas dû, en ce jour de sa fête, verser une goutte de sang de plus que ce qu'exigeait l'atroce loi de la guerre.

Quelle époque, hélas ! que celle où le « camp de concentration » apparaît comme une mesure recommandée par la charité et par la pitié !

Eh ! quoi, ces Espagnols amis des taureaux, accoutumés à parquer ces bêtes furieuses, n'auraient-ils pu entourer, désarmer leurs frères désespérés, les laisser, derrière des palissades, cuver le vin de la vengeance et de la haine ? N'auraient-ils pu commencer tout de suite l'œuvre de la réconciliation et du pardon, au nom de Celle dont c'était la fête, ce jour-là, sur la terre et dans le ciel ?

Victoire souillée, comme toutes celles de cette lutte fratricide... Lucien Romier s'étonnait, hier, que les nations européennes ne fissent rien pour le salut des otages en Espagne. Comme il avait raison ! Le problème de l'intervention est mal posé. Il faudrait toujours un plan d'action où tous les partis de tous les pays seraient d'accord pour intervenir. La non-intervention, il faut l'avouer, au degré de fureur où le drame a atteint, ressemble à une complicité. Au secours des otages dans les deux camps ; pour le salut des prisonniers dans les deux camps ; c'est sur ce plan-là que tous les Français deviendraient interventionnistes, tous ceux du moins qui ont assez d'imagination pour se représenter ce que signifie ce simple titre dans un journal du soir : La prise de Badajoz (1).

La Croix même, bien qu'elle admette que les catholiques espagnols aient dû prendre les armes pour sauver leur pays, déplore la tuerie de Badajoz :

Le règne de la violence et la loi d'amour

... La loi d'amour ! Ah ! Dieu veuille qu'elle soit bientôt restaurée en Espagne !... Aux catholiques espagnols, aux vrais, profonds et fervents catholiques espagnols, à ceux d'entre eux surtout qui, pour sauver leur patrie de l'anarchie révolutionnaire et de la persécution sanglante, ont cru devoir prendre les armes contre le gouvernement de leur pays, discrédité, d'ailleurs, par sa complaisance envers les criminels ou par son impuissance à les arrêter, nous osons demander de ne pas perdre de vue cette loi d'amour qui garde toujours ses droits, générateurs de devoirs, même en face des plus grands crimes, et dans les plus chaudes batailles...
... Nous croyons remplir un devoir envers les catholiques espagnols, envers la cause catholique tout entière, en proclamant que, de sang-froid, l'on ne saurait approuver certaines façons de défendre l'Église. Quand nous apprenons le même jour, soit que, dans les provinces arrachées aux persécuteurs, les autorités de Séville ont fêté l'Assomption par une cérémonie populaire et que les vainqueurs de Badajoz ont exécuté en masse plus de mille

(1) F. Mauriac, *Le Figaro,* 18 août 1936.

prisonniers, soit que, dans le nord, le gouvernement provisoire a remis l'enseignement chrétien en honneur et bombardé les civils pêle-mêle avec les miliciens, ah ! vraiment, le cœur nous fait mal ! Non ! Non ! Croyez-moi, chers catholiques espagnols, ce n'est pas ainsi que l'on fait triompher la religion (1)...

Les Basques

Des combattants qui usent de pareils procédés peuvent-ils encore se prévaloir du nom de croisés ?

Au reste, tous les catholiques d'Espagne ne sont pas dans le même camp : les Basques sont restés fidèles au gouvernement républicain. Le fait basque tient une grande place dans la controverse entre catholiques français. Ceux de droite n'aiment guère en entendre parler ; ou alors, ils opposent aux Basques les Catalans, aux prêtres basques l'épiscopat et le clergé de toutes les Espagnes : témoin cette réponse de Gaétan Bernoville à Mauriac, dans *La France catholique* du 31 juillet 1937 :

Le pays basque à la dérive

Cette question du pays basque espagnol, il semble que sous l'effet d'une propagande insidieuse et tenace, on la veuille embrouiller et déformer à plaisir. On regrette qu'une telle propagande puisse utiliser un nom qui est à l'honneur de nos lettres : celui de M. François Mauriac...

... Le problème qui le trouble serait mieux posé, s'il admettait d'abord, explicitement qu'il faut distinguer une cause des hommes qui la servent. Quand bien même on devrait admettre quelque excès de la part des troupes de Franco, il reste que Franco et les siens défendent la civilisation chrétienne contre la barbarie marxiste...

Catholiques, les victimes de Catalogne ou d'Andalousie l'étaient aussi. Alors pourquoi limiter aux seuls Basques le juste élan de la miséricorde chrétienne et humaine ?

(1) François Veuillot, *La Croix,* 27 août 1936.

Cet élan ne prendrait-il pas une force accrue du fait de se libérer, en s'élargissant, de ce qui semble une hypothèque partisane ?

M. François Mauriac se félicite de ce qu'au nom du Pape, le cardinal Pacelli ait télégraphié à l'archevêque de Tolède d'intervenir auprès de Franco pour qu'il « humanise » au maximum les opérations en Biscaye. Mais il n'ignore certainement pas que ce même cardinal Goma y Tomas, primat d'Espagne, avait dans une lettre pressante, émouvante, affectueuse, malgré sa sévérité nécessaire, invité M. Aguirre, alors qu'il en était temps encore, à arrêter une lutte indigne des Basques, de leur foi et de leur destin. Cet appel qui, entendu, eût tout sauvé ou eût évité Guernica et Bilbao, M. Aguirre s'est refusé à l'entendre, de même qu'il a fermé l'oreille à l'avertissement unanime et solennel de l'épiscopat espagnol et des évêques basques. Du point de vue chrétien qui· est celui dont parle M. Mauriac, il y a là un fait retentissant dont on s'étonne qu'il ne tienne pas compte dans l'établissement des responsabilités des dirigeants. Je dis des dirigeants, car le peuple basque... suit par instinct et par fidélité traditionnelle, ses chefs les plus immédiats, ses chefs de clan...

Cette aberration du jugement, cette déviation de l'esprit qui sont le fait du séparatisme basque, nous devons d'autant moins les voiler ou les absoudre qu'un danger inédit nous menace déjà par eux et chez nous. Réfugiés dans le pays basque français, mis en contact avec une poignée de jeunes agités dont les extravagances sont antérieures à la guerre civile, ils y sèment, avec l'esprit abominable du Frente Popular, la graine séparatiste...

Si les Basques connaissent les rigueurs de la guerre, ils ne doivent s'en prendre qu'à eux-mêmes : il ne tenait qu'à eux de prendre le bon parti. Qu'importe, rétorquent les défenseurs du peuple basque : Franco fait à ce vieux peuple catholique une guerre inutilement barbare ; cruauté gratuite, le bombardement de Guernica soulève une émotion profonde.

Pour le peuple basque (1)

La guerre civile espagnole vient de prendre au pays basque un caractère particulièrement atroce.

Hier, c'était le bombardement aérien de Durango.

Aujourd'hui, par le même procédé, c'est la destruction, presque complète, de Guernica, ville sans défense et sanctuaire des traditions basques. Des centaines de non-combattants, de femmes et d'enfants ont péri à Durango, à Guernica ou ailleurs.

Bilbao, où se trouvent de très nombreux réfugiés, est menacée de subir le même sort.

Quelque opinion que l'on ait sur la qualité des partis qui s'affrontent en Espagne, il est hors de conteste que le peuple basque est un peuple catholique, que le culte public n'a jamais été interrompu au pays basque. Dans ces conditions, c'est aux catholiques, sans distinction de parti, qu'il appartient d'élever la voix les premiers pour que soit épargné au monde le massacre impitoyable d'un peuple chrétien. Rien ne justifie, rien n'excuse des bombardements de villes ouvertes comme celui de Guernica. Nous adressons un appel angoissé à tous les hommes de cœur, dans tous les pays, pour que cesse immédiatement le massacre des non-combattants.

Ont signé : F. Mauriac, A. Bellivier, C. du Bos, S. Fumet, H. Iswolski, G. Liong, O. Lacombe, M. Lacroix, J. Madaule, G. Marcel, J. Maritain. E. Mounier, J. de Pange, D. Russo, B. de Schloezer, P. Van der Meer de Walcheren, M. Merleau-Ponty, M. Moré, C. Bourdet, C. Leblond, P. Vignaux, un groupe de 28 élèves de l'École Normale supérieure...

Mauriac précise ailleurs les raisons qui lui ont fait signer ce manifeste :

Le membre souffrant

Si j'ai signé ce manifeste à propos du bombardement de Guernica, ce ne fut pas sans balancer : pourquoi ne pro-

(1) Manifeste publié par *La Croix,* 8 mai 1937.

tester que contre les atrocités d'un seul parti aux prises ?
Le crime, en Espagne, est-il d'un seul côté ? Trouverait-
on un seul exemple d'un manifeste de gauche contre les
assassinats, les viols et les sacrilèges de Barcelone et d'ailleurs ?

J'ai pourtant signé et j'en donne ici la raison : autour de
ce peuple basque profondément catholique, et aujourd'hui
atteint aux sources mêmes de sa vie... Il cherche, il
appelle ses frères dans le Christ et ne les trouve pas. Il
est bien temps de se demander s'il a mérité son malheur
ou si on lui peut trouver quelque excuse ! C'est ici que
j'avoue ne pas comprendre la position du plus grand de
nos maîtres. Même si les raisons qui ont fixé le choix du
peuple basque n'étaient point de celles qui échappent en
partie aux étrangers, nous n'avons qu'un droit qui se
confond avec un devoir : nous pencher sur ses blessures.
Pour le reste, Dieu seul est juge.

A un être gisant, accablé de coups, nous devons épargner
les « il fallait » et les « pourquoi ». En ces jours de la
fête du Corps du Christ, nous nous rappelons que
lorsqu'un membre de ce corps est souffrant tous les
autres souffrent. Il ne faut pas que le jour où ce peuple
basque s'éveillera de son cauchemar, il puisse attester que
seuls les ennemis mortels de l'Église l'ont secouru ; il ne
faut pas qu'à ses yeux le prêtre, le pharisien qui passent
sans tourner la tête soient des catholiques ; ni qu'on lui
fasse croire que sur le turban du bon samaritain, il y a
un marteau et une faucille.

Voilà ce qui m'a décidé. J'ai souffert de sembler apporter de l'eau, ou plutôt du sang, au moulin communiste...
Mais un peuple chrétien gît dans le fossé, couvert de
plaies. Devant son malheur, ce n'est pas faire le jeu du
marxisme que de manifester au monde la profonde unité
catholique. Voici le cep et voici les pampres. L'un des
rameaux est menacé de périr et toute la vigne souffre (1).

Que reprocher aux Basques ? Ont-ils fait autre chose
qu'obéir au gouvernement légal, observer la doctrine de

(1) F. Mauriac, *Sept,* 28 mai 1937.

l'Église sur la soumission aux pouvoirs établis et vouloir la liberté pour leur patrie ?

Pour le peuple basque

Je voudrais, sans forcer la voix, me faire l'écho de leur plainte. L'enseignement constant de l'Église catholique a toujours été que nous devions l'obéissance au pouvoir établi. Nul ne saurait nier que le jour où les généraux espagnols entrèrent en action, un gouvernement légitime siégeait à Madrid — ou du moins un gouvernement légal. Même si nous accordons qu'en la circonstance le peuple basque aurait dû comprendre que l'insurrection devenait tout à coup le plus sacré des devoirs, jamais erreur ne fut plus excusable que la sienne : on n'assassine pas un vieux peuple chrétien parce qu'il a cru qu'il ne fallait pas se révolter.

Le gouvernement légal de l'Espagne a dit aux Basques : « Vous êtes libres. » Cette indépendance dont ils rêvaient depuis des siècles, que les rebelles leur refusaient, et qui enfin leur était légitimement concédée, comment ne l'auraient-ils pas défendue pied à pied, avec cette dure obstination de leur race ?

S'ils ont eu tort, ce n'est pas le lieu de l'examiner ici. Mais s'ils ont commis une faute inexpiable en refusant de livrer à l'Allemagne le minerai de Bilbao, que les Français, du moins, leur soient indulgents. Un jour peut-être, nous comprendrons que ce pauvre peuple souffrait et mourait pour nous. Dieu veuille alors que nous ne retrouvions pas leurs morts à l'endroit même où il nous faudra enterrer les nôtres.

C'est un crime que de traiter en criminels des héros coupables d'avoir combattu pour cette liberté qu'ils n'avaient même pas prise, qui leur avait été donnée.

Ils ne sont pas complices de Moscou. Ils n'ont eu de part à aucun des massacres qui ont déshonoré la cause de Barcelone et de Valence. Ils se sont battus chez eux et seuls...

Ce que nous ignorons en France, c'est que les prêtres basques, si calomniés, avaient réussi, presque seuls en Espagne, à opposer aux syndicats révolutionnaires communistes et anarchistes, un syndicalisme catholique d'une puissance égale... Nous affirmons qu'une œuvre est en train de s'effondrer, en ce moment même, qui faisait honneur à l'Église d'Espagne, à l'Église catholique tout entière...

Mauriac espère un geste, une parole du Pape en leur faveur :

Nous essayons de nous rassurer : ce sont des prêtres et l'Église n'abandonne jamais ses prêtres. Elle prend à sa charge l'enfant qui a tout quitté pour se donner à elle. Nous essayons de nous rassurer : nous nous tournons vers le Père commun, vers celui que sainte Catherine de Sienne appelait le Christ en terre, vers le Serviteur des serviteurs de Dieu. Nous savons qu'il a fait beaucoup déjà, que beaucoup de vies, grâce à lui, ont déjà été sauvées, mais qu'est-ce que cela devant la menace d'un massacre légal de prêtres et de fidèles ?
Le général Franco est, lui aussi, un fidèle. Une seule puissance au monde peut suspendre son bras prêt à s'abattre : celle dont le Royaume n'est pas de ce monde. Ah ! cette faible voix qui suffirait à couvrir le fracas des bombes ! Et les pelotons d'exécution s'éloigneraient sans avoir tiré ; et ce serait Pierre lui-même qui délierait les liens des pauvres prêtres basques coupables d'avoir trop aimé, trop aveuglément aimé, leur terre et leur peuple (1).

C'est déjà la plainte à propos du silence du Vicaire.

Guerre civile ou guerre sainte ?

Dans ces conditions, il est bien difficile d'admettre qu'on se trouve en présence d'une guerre sainte. La vérité est que l'Église n'est d'aucun des deux camps. C'est ce que soutient une des personnalités les plus en vue de la démocratie chrétienne, Luigi Sturzo, dans *L'aube* du 6 septembre 1936 :

(1) *Le Figaro,* 17 juin 1937.

Politique d'abord ou morale d'abord

Hors d'Espagne, il ne manque pas de catholiques qui prennent position en faveur des insurgés ; les horreurs sacrilèges commises par les foules sont telles et si nombreuses qu'instinctivement on pense que le salut et l'ordre viendront de l'autre côté. Mais il faut tenir compte aussi, dans cette terrible expérience de sang, des excès commis par les troupes insurgées. Les ouvriers dits marxistes passés au fil de l'épée ? La répression qui a suivi la prise de Badajoz ? Les excès des troupes marocaines contre des populations sans armes ? Les otages mis à mort du côté aussi des insurgés ?

La guerre civile a deux côtés : la justice veut qu'on réprouve les excès commis de l'un et l'autre côté ; que l'on ne donne pas aux insurgés un caractère religieux qu'ils n'ont pas et ne peuvent avoir... et dont ils tirent un avantage politique.

L'Église est seulement du côté des victimes innocentes, tombées de part et d'autre des deux fronts ; elle est seulement avec celui qui souffre, parce qu'il souffre ; avec celui qui meurt parce qu'il meurt, des deux côtés ; elle est même avec ceux qui sont entraînés par la haine fanatique contre la religion par ignorance, par absence de formation religieuse, par égarement ; elle est avec eux parce que jusqu'au dernier soupir ils ont eux aussi une âme à sauver. L'Église ne maudit pas ses persécuteurs, mais elle prie pour eux ; elle ne les tue pas, mais elle soigne leurs plaies ; elle ne s'arme pas et n'arme pas les autres ; mais elle prêche la paix pour tous ; là et seulement là est l'Église...

Une controverse avec un religieux espagnol lui donne l'occasion de réaffirmer sa pensée avec plus de force dans *L'aube* du 3 octobre 1936 :

Suite à « Politique ou morale d'abord »

... Étant donnée l'attitude de certains journaux de droite, répandus parmi les catholiques français, il me semble opportun de publier dans *L'aube* la partie principale d'une réponse que j'ai adressée au *Catholic Herald,* à la suite d'une critique de mon article faite par le Révérend Don Alphonse de Zulueta.

Le point essentiel qui me sépare de Don de Zueleta, c'est son affirmation que la guerre civile d'Espagne a le caractère d'une croisade. Je lui dénie ce caractère.

J'ai pour moi l'*Osservatore Romano* qui, dans un article (non signé) du 18 septembre, écrit ceci : « ... on observe qu'au lendemain d'un prononciamento de caractère nettement militaire ayant éclaté au Maroc, la foule révolutionnaire assaillit les églises, commit des sacrilèges, mit à mort des victimes innocentes qui ne pouvaient avoir aucun lien avec les rivalités politiques portées sur le terrain de la guerre civile »...

Donc, pas de croisade, pas de guerre sainte. L'Église catholique n'est pas une partie en lutte dans la guerre civile d'Espagne.

Des ouvriers et des paysans espagnols (c'est un Anglais bien placé pour le savoir qui me l'a rapporté) disent en voyant les avions ennemis : « Voilà les avions du Pape ! », en voyant les Maures ils disent : « Voilà les soldats du Pape ! » Comment pourra-t-on crier à la mystification si on soutient la thèse de la guerre sainte ?...

Jacques Maritain, par une voie différente, celle de la réflexion philosophique sur la notion de guerre sainte, aboutit à une conclusion analogue :

... On a écrit que « la guerre nationale espagnole est une guerre sainte, et la plus sainte que l'histoire ait connue »...

Par son essence, la guerre fait partie des choses qui sont à César, elle est par excellence quelque chose de temporel, puisqu'elle émeut jusqu'au fond — jusqu'au sacrifice des hommes — la cité temporelle ; toute guerre comporte des intérêts politiques et économiques, des convoitises de la chair et du sang. Toutefois, dans une civilisation de type sacral, cette charge terrestre elle-même pouvait jouer un rôle instrumental à l'égard de fins spirituelles ayant réellement, je ne dis pas seulement dans les intentions des cœurs, je dis dans le mouvement objectif de l'histoire, la primauté. Quand les croisés ambitieux et avides se mettaient en route pour délivrer le tombeau du Christ, ce but religieux attirait réellement à lui tout le reste et le qualifiait réellement. (Même alors une telle guerre, étant donné la façon dont elle se réalisait, et toutes les impuretés qu'elle drainait, plaisait-elle à Dieu autant qu'on le pensait ?...) Mais à l'égard de formes de civilisation comme les nôtres, où (comme cela ressort des enseignements de Léon XIII en cette matière) le temporel est plus parfaitement différencié du spirituel et désormais bien autonome, n'a plus de rôle instrumental à l'égard du sacré, dans ces civilisations de type profane, la notion de guerre sainte perd toute signification. Juste ou injuste, une guerre contre une puissance étrangère ou une guerre contre les concitoyens reste dès lors nécessairement ce qu'elle est de soi et par essence, quelque chose de profane et de séculier, non de sacré... Et si, défendues par les uns, combattues par les autres, des valeurs sacrées s'y trouvent engagées, elles ne rendent pas saint ni sacré ce complexe profane ; c'est elles qui, au regard du mouvement objectif de l'histoire, sont sécularisées par lui, entraînées dans ses finalités temporelles. La guerre n'en devient pas sainte : elle risque de faire blasphémer ce qui est saint [1]...

La crainte de voir compromises les valeurs religieuses est déterminante dans la position que prend tel ou tel contre le soulèvement. La prétention des insurgés de mener une croisade se retourne contre eux :

A propos des massacres d'Espagne : mise au point

... Ce qui fixa notre attitude, ce fut la prétention des généraux espagnols de mener une guerre sainte, une croisade, d'être les soldats du Christ. Ici, je voudrais qu'on nous comprît enfin. D'aimables confrères ont écrit plaisamment que je regrettais qu'il n'y ait eu que quinze

(1) J. Maritain : « De la guerre sainte », *Nouvelle Revue française*, 14 juillet 1937.

mille prêtres massacrés et que je trouvais que ce n'était pas assez.

Parlons sérieusement : les sacrilèges et les crimes commis par une foule armée et furieuse, au lendemain d'une rébellion militaire réprimée, sont d'une horreur insoutenable. Nous disons seulement que les meurtres commis par les Maures qui ont un Sacré-Cœur épinglé à leur burnous, que les épurations systématiques, les cadavres de femmes et d'enfants laissés derrière eux par des aviateurs allemands et italiens au service d'un chef catholique qui se dit Soldat du Christ, nous disons que c'est là une autre sorte d'horreur, dont vous avez le droit d'être moins frappés que nous ne sommes ; mais il ne dépend d'aucun d'entre nous que les conséquences n'en soient redoutables pour la cause qui devrait nous importer pardessus toutes les autres et qui est le règne de Dieu sur la terre...

Chrétiens, nous n'avons pas à nous faire juges des raisons qui ont pu décider certains de nos frères d'Espagne à prendre les armes contre un gouvernement qu'ils trouvaient injuste. Les conséquences terrifiantes de leur geste, ils ne les avaient pas toutes prévues. Nous comprenons que l'Épiscopat et le Clergé aient peine à dominer un conflit dans lequel ils se trouvent si tragiquement engagés. Mais il reste ceci, il reste cet épouvantable malheur que pour des millions d'Espagnols, christianisme et fascisme désormais se confondent, et qu'ils ne pourront plus haïr l'un sans haïr l'autre (1)...

Sophismes ! répondent ceux dont la sympathie va aux nationalistes. Outre des arguments puissants, ils ont des répondants illustres : les écrivains catholiques les plus célèbres sont divisés. Si les gouvernementaux ont avec eux Mauriac et Maritain, et peuvent se féliciter du ralliement de Bernanos depuis la parution des *Grands cimetières sous la lune,* les nationalistes ont Paul Claudel. Le grand poète magnifie, en vers et en prose, le

(1) F. Mauriac, *Le Figaro,* 30 juin 1938.

martyre de l'Église d'Espagne et l'épopée des nouveaux croisés :

Aux martyrs espagnols

Passant, qui tourneras une à une les pages de ce livre
[sincère,
Lis tout, enregistre dans ton cœur, mais contiens ton
[épouvante et ta colère !
C'est la même chose, c'est pareil, c'est ce que l'on a fait
[à nos anciens,
C'est ce qui est arrivé du temps d'Henry VIII, du temps
[de Néron et de Dioclétien.
Le calice qu'ont bu nos pères, est-ce que nous ne
[boirons pas la même chose ?
La couronne d'épines pour eux, pour nous seuls ce
[sera-t-il une couronne de roses ?
. . . .
Sainte Espagne, à l'extrémité de l'Europe carrée et
[concentration de la Foi et massa dure, et retranche-
[ment de la Vierge mère,
Et la dernière enjambée de saint Jacques qui ne finit
[qu'avec la terre,
Patrie de Dominique et de Jean, et de François le
[Conquérant et de Thérèse.
Arsenal de Salamanque, et pilier de Saragosse, et racine
[brûlante de Manrèse,
Inébranlable Espagne, refus et la demi-mesure à jamais
[inacceptée,
Coup d'épaule contre l'hérétique pas à pas repoussé et
[refoulé,
. . . .
En cette heure de ton crucifiement, sainte Espagne, en ce
[jour, sœur Espagne, qui est ton jour,
Les yeux pleins d'enthousiasme et de larmes, je t'envoie
[mon admiration et mon amour !
Quand tous les lâches trahissaient, mais toi, une fois de
[plus, tu n'as pas accepté !
Comme au temps de Pélage et du Cid, une fois de plus
[tu as tiré l'épée !
Le moment est venu de choisir et de dégainer son âme !

Le moment est venu les yeux dans les yeux de mesurer la
[proposition infâme !
Le moment est venu à la fin que l'on sache la couleur de
[notre sang !
Beaucoup de gens se figurent que leur pied tout seul va
[au ciel par un chemin facile et complaisant
Mais tout à coup voici la question posée, voici la som-
[mation et le martyre !
On nous met le ciel et l'enfer dans la main et nous
[avons quarante secondes pour choisir.
Quarante secondes, c'est trop, sœur Espagne, sainte
[Espagne, tu as choisi !
Onze évêques, seize mille prêtres massacrés et pas une
[apostasie !
Ah, puissé-je comme toi, un jour à voix haute, témoigner
[dans la splendeur de midi !

. . . .

Seize mille prêtres ! Le contingent d'un seul coup et le
[ciel en un seul coup de flamme colonisé !
Pourquoi frémir, ô mon âme, et pourquoi t'indigner
[contre les bourreaux ?
Je joins les mains seulement et je pleure, et je dis que
[c'est bon et que c'est beau.
Et vous aussi pierres, salut du plus profond de mon âme,
[saintes églises exterminées !
Statues que l'on casse à coups de marteau, et toutes ces
[peintures vénérables et ce ciboire avant de le fouler aux
[pieds,
Où le C.N.T. en grognant de délice a mêlé sa bave et
[son groin !
A quoi bon tous ces bondieux ? Le peuple n'en a pas
[besoin.
Ce que la brute immonde autant que Dieu déteste, c'est
[la beauté !
Au feu, grandes bibliothèques ! Léviathan de nouveau se
[vautre et des rayons de soleil il s'est fait litière et
[fumier.

. . . .

Il faut faire de la place pour Marx et pour toutes ces
[bibles de l'imbécilité et de la haine !

188

> Tue, camarade, détruis et soûle-toi, fais l'amour ! Car
> [c'est ça la solidarité humaine (1) !

Les catholiques pro-franquistes ont accueilli avec empressement la lettre collective de l'Épiscopat espagnol (août 1937) qui établit la thèse de la guerre sainte.

> L'Église espagnole, sous la signature de deux cardinaux et de la plupart de ses prélats, vient d'adresser aux évêques du monde entier une lettre collective, qui établit le véritable caractère des événements qui se déroulent depuis un an dans la péninsule, et qui volontairement ou involontairement méconnus, et défigurés par une grande partie de la presse, même catholique, laissent l'opinion hésitante et troublée. C'est un document rédigé avec modération, appuyé sur des faits incontestables et qui fournit le tableau le plus compréhensible de cette année de guerre civile et de ces cinq années de révolution. Il faut espérer que l'épiscopat français à qui elle s'adresse ainsi que notre presse catholique, lui donneront la plus large publicité.
>
> On ne comprend la Révolution espagnole, qui a trouvé son épanouissement en 1936, que si l'on y voit non pas une tentative de construction sociale, comme en Russie, ayant pour objet de substituer un ordre à un autre, mais une entreprise de destruction longuement préparée et dirigée avant tout contre l'Église... Ici il s'agit d'une anarchie dirigée. Il est impossible de concevoir que, sans un mot d'ordre et sans une organisation méthodique, toutes les églises, sans exception, de la zone rouge aient pu être incendiées, tous les objets religieux minutieusement recherchés et détruits, et la presque totalité des prêtres, des religieux et des religieuses, massacrés avec des raffinements de cruauté inouïe et pourchassés comme des bêtes féroces... En face de cette montée de sauvagerie qui n'avait cessé de s'accentuer depuis les funestes élections (d'ailleurs falsifiées) de février 1936, une réaction s'imposait et il n'y a pas lieu de s'étonner que le seul corps

(1) *Sept,* 4 juillet 1937.

resté intact et sain en Espagne, c'est-à-dire l'armée, en ait pris l'initiative, immédiatement suivie par la majorité de la nation. La lettre épiscopale justifie par des arguments théologiques, qui valent bien ceux de M. Maritain, cette décision vigoureuse (1).

Ce document ne convaincra-t-il pas les incrédules ?

La voix de la catholique Espagne

Elle vient de se faire entendre, et quelle voix ! Celle de deux cardinaux, de six archevêques et de trente-cinq évêques... et cette lettre émouvante est adressée à l'épiscopat du monde entier...

La révolution espagnole a trouvé chez nous, malgré ces abominations, des sympathies là où elle devait le moins en attendre et qui laisseront hélas ! chez les catholiques espagnols les plus douloureux souvenirs. On a voulu excuser, sinon justifier, les gouvernements anarcho-socialo-communistes de Madrid et de Valence, par toutes sortes de raisons, en oubliant la principale. Les évêques espagnols la dénoncent au monde entier.

Cette cause, c'est la carence de l'autorité gouvernementale qui avait abdiqué au profit de l'anarchie des bas-fonds de la société et du communisme russe, voulant se donner une succursale et un champ d'action entre le Portugal catholique et la France qu'il fallait bolchéviser, et l'Afrique du Nord tout entière qu'il fallait soulever pour assurer le triomphe du communisme dans le monde.

Le caractère cruellement antireligieux que prirent les gouvernements de gauche montrait bien que ce n'était plus eux qui gouvernaient mais le communisme bolcheviste, et dès lors, le soulèvement de Franco fut l'effet d'un sursaut de l'âme nationale ne voulant pas devenir esclave de l'étranger, et quel étranger ! celui qui affirmait sa résolution de supprimer l'élément essentiel du caractère espagnol et de sa vie séculaire : sa croyance indélébile en Dieu.

(1) Paul Claudel : « L'anarchie dirigée », *Le Figaro,* 27 août 1937.

Et voilà pourquoi, disent les évêques espagnols, pour les catholiques d'Espagne cette guerre qui leur a été imposée par l'étranger et les « Sans-Dieu », est à la fois une guerre de défense de leur patrie et de leur foi.

Dès lors, « comment l'Église resterait-elle indifférente à la lutte, neutre dans le conflit ? ».

Hélas ! beaucoup de catholiques ne le comprirent pas. Malgré la défense formelle faite à maintes reprises par le Souverain Pontife, dans ses allocutions et son Encyclique (1), aux catholiques de collaborer avec le communisme, même sur le terrain humanitaire, n'avons-nous pas vu en Espagne des catholiques se prononcer pour le gouvernement révolutionnaire et lui maintenir leur collaboration même quand coulaient les flots de sang des prêtres, même quand flambaient les églises, même quand le Saint-Sacrement était odieusement profané ?...

Souhaitons que la grande voix de l'épiscopat espagnol fasse enfin la lumière chez les catholiques d'Espagne et d'ailleurs, et que par les prières qu'il nous demande... Dieu enlève les voiles qui aveuglent encore les égarés (2)...

Les catholiques français ne soupçonnent pas leur chance d'avoir un Franco pour diriger la croisade en Espagne. G. Bernoville, dans *La France catholique* du 9 mai 1938, essaie de leur ouvrir les yeux :

Franco et nous

Quand je dis nous, je veux parler des catholiques français. Un bon nombre d'entre eux raisonnent encore, à l'égard de l'Espagne en général et de Franco en particulier, au rebours du bon sens et des faits...

Non, il n'y a pas eu irruption soudaine du germanisme en Espagne, au début de la guerre civile. Quand les Allemands expédièrent à l'Espagne matériel et techniciens, ils travaillaient en terrain préparé de longue date, tant par leur propagande intelligente, tenace et portant au juste point, que par les fautes de la vieille idéologie sectaire

(1) *Divini Redemptoris,* mars 1937.
(2) Jean Guiraud, *La Croix,* 20 août 1937.

dont MM. Herriot et Blum sont les plus néfastes illustra-
tions. Puis il y eut, dès le début de la guerre civile, le
déchaînement des gauches françaises en faveur de l'Espagne marxiste.

Dans ces conditions, c'est une chance, je le dis tout net,
que nous ayons en face de nous Franco. C'est un esprit
essentiellement religieux, calme et méditatif. Il fait un
départ judicieux entre les éléments d'une question, en
toutes occasions : même aux pires moments du Front
Populaire, quand des cortèges de braillards réclamaient
« des canons, des avions pour l'Espagne », il a toujours
marqué qu'il distinguait entre la France officielle et
l'autre, celle de nos traditions profondes. Aucun de ses
propos ne fut jamais agressif à notre égard...

Sa force, et c'est là-dessus que j'insiste, car c'est de quoi
nous bénéficions, est d'être littéralement possédé par
l'idéal de la civilisation chrétienne... Du point de vue
chrétien, on lui oppose Guernica ou le bombardement de
Barcelone, ou l'exécution de plusieurs prêtres basques.
Chacun de ces faits doit être étudié de près. Mais ce
n'est point aujourd'hui mon propos. Ces faits ou
d'autres, fussent-ils au passif des nationalistes espagnols,
ils ne signifient rien, exactement rien, contre la cause
incarnée par Franco. Ceux qui en douteraient, je leur
demande de lire ou de relire une histoire sérieuse des
Croisades. Ils y verront qu'il ne faisait pas bon parfois
— pour les particuliers comme pour les collectivités —
tomber aux mains des croisés. Cela vaut-il contre l'idéal
admirable qui souleva la chrétienté au point de la conduire, en un itinéraire épique, à la conquête du Tombeau ? Je soumets en toute amitié cette considération à
François Mauriac et à Jacques Maritain...

La démonstration convainquit-elle ? François Mauriac
résista à sa force de persuasion, si l'on en juge par ce
billet sur l'offensive déclanchée par les franquistes le
jour de Noël, un de ses plus beaux textes où s'unit à
un talent de polémiste rarement égalé depuis Pascal
l'indignation d'une sensibilité frémissante :

Cette trève de Noël en faveur de laquelle on nous avait

prié d'écrire des articles se sera donc muée en offensive. Il faut plus de temps à l'humble journaliste pour achever sa page qu'au grand chef pour donner le signal de la danse.

Nous ne nous étions guère pressés, d'ailleurs, ayant beaucoup appris depuis deux ans : on devient raisonnable avec l'âge ; on n'ignore plus que la naissance de l'Enfant qui sera crucifié ne saurait interrompre les vastes desseins du chef de la Sainte Croisade. Durant la nuit bienheureuse, ses canons auront fait plus de bruit que les anges, plus de besogne aussi. Il a ses théologiens. Il a appris de science sûre que saint Thomas approuve cette offensive menée en vue du bien commun. Les théologiens du Tercio, qui sont profonds, savent que la trêve de Noël eût constitué un grave manquement à la charité chrétienne.

Cependant, des deux armées, des deux tronçons du même peuple, monte un appel déchirant vers la paix. Et les enfants de Barcelone meurent de faim : au milieu d'une miraculeuse indifférence, il faut oser le dire et l'écrire. Un religieux de mes amis a essayé de réunir les signatures des femmes des personnages notables, il a échoué. Un autre appel est étouffé par beaucoup de journaux. Des enfants rouges, bien sûr ! Mais ils ne doivent plus être si rouges que ça, les pauvres petits.

Soyons justes : ce n'est pas la faute du général Franco s'il a affaire à des vaincus qui résistent ! On ne peut rien attendre d'un ennemi de mauvaise foi qui, contre toute évidence, s'obstine à ne pas se tenir pour battu. Et ce n'est pas non plus la faute du noble Croisé, si, lorsqu'il traitait avec l'étranger, il ignorait que cet étranger-là n'avait aucune espèce de goût pour la transaction : il ne pouvait deviner que les Italiens avaient résolu de se battre jusqu'au dernier Espagnol [1].

Projets de médiation

Désireux d'abréger les souffrances du malheureux peuple espagnol, ceux des catholiques qui déniaient à la

[1] *Temps Présent,* 30 décembre 1938.

guerre civile son caractère de croisade devaient souhaiter une solution autre que l'écrasement d'un camp par l'autre : sur ce point encore, ils étaient voués à une position médiane. Ils furent les premiers — et longtemps les seuls ou presque — à suggérer une médiation qui préparât les voies à une réconciliation ; Luigi Sturzo en énonçait l'idée dès l'automne 1936 :

> Ce qu'on doit actuellement souhaiter et espérer (en y coopérant selon nos forces) c'est la cessation de l'inutile carnage (comme Benoît XV a défini la guerre), avec un plan de conciliation politique et sociale à longue portée (1).

Mauriac se demande si la médiation n'est pas une idée chrétienne :

> ... De quelque côté que nous penchions dans cette guerre atroce, quelles que soient nos préférences, il ne semble pas que les catholiques soient libres de ne pas désirer une médiation ; et c'est pourquoi j'ai accepté d'adhérer au Comité (2) fondé à ce propos par Jacques Maritain. A une de nos réunions, Madaule, dont on sait que le cœur est à gauche et tous les vœux pour Madrid, disait : « Chacun de nous doit se faire violence pour ne pas souhaiter l'écrasement du parti qu'il déteste. » Et je sentais bien, et j'admirais toute sa volonté tendue dans un effort que Dieu voyait. Et ce que Dieu voyait aussi, ce soir-là, c'était tous ces chrétiens venus d'horizons opposés et qui pourtant n'avaient qu'un cœur : « Partout où sera le corps, là s'assembleront les aigles (3). »

Mais les catholiques profranquistes ne sauraient souscrire à ce projet qui ne distingue pas entre le bien et le mal. Claudel encore exprime leur opposition fondamentale dans *Le Figaro* du 27 août 1937 :

(1) *L'aube,* 3 octobre 1936.
(2) Le comité pour la paix civile et religieuse en Espagne, qui fut le principal défenseur en France de l'idée d'une médiation entre les deux camps.
(3) *Sept,* 28 mai 1937.

... La lettre des évêques espagnols proteste contre les projets extravagants de médiation qui ont été lancés par quelques idéologues, comme s'il pouvait y avoir une entente quelconque avec des hommes dont les principes sont la négation même de l'ordre moral et social et visent directement à la disruption de l'État et de la Patrie. Le général Franco ne peut pas plus consentir à traiter d'égal à égal avec les Basques, les Catalans et les anarchistes que les fédéraux américains n'auraient pu admettre de pactiser avec les Sudistes.

Cependant les tenants de la médiation ne perdent pas courage : le temps et la lassitude feront peut-être tomber les objections ; la raison ne finira-t-elle pas par triompher ?

... Du côté de l'Espagne, le jour est peut-être moins éloigné qu'on ne pense où, dans la lassitude, l'épuisement et l'anarchie des forces combattantes, la solution la plus raisonnable et la plus humaine s'imposera : la médiation des grandes puissances européennes, appuyées et encouragées par l'Église — la médiation, seule voie possible d'une paix rapide et juste, sans représailles et sans violence oppressive contre les vaincus, et sans dissentiments entre les vainqueurs (1)...

Plus politique, Claude Bourdet envisage les modalités pratiques :

Voici la deuxième fois qu'une année se lève sur l'Espagne en sang... Comment donc sortir du cercle infernal ? Par une paix sans triomphe des armes, paix sans grandeur peut-être aux yeux des romanesques, mais d'un prix infini parce qu'elle interromprait la dialectique de la haine. Cette paix, l'examen de la situation actuelle la montre comme la seule chance d'en finir à échéance rapprochée...
Mais pour amener cette paix, il ne suffira pas de la dési-

(1) P.H. Simon, *Temps Présent,* 31 décembre 1937.

rer. Il faudra agir, il faudra en particulier que la France et l'Angleterre agissent. Et il ne faudra pas attendre la moindre collaboration positive des dirigeants des deux camps en lutte, qui ne peuvent ni trahir leurs troupes, ni déprécier leur position en se montrant « acheteurs » sur le marché de la paix, et opposeront les plus farouches dénégations à toute volonté de paix qu'on leur prêtera...

Quand les temps seront tout à fait mûrs pour cette médiation, quand il faudra provoquer l'armistice à la suite duquel, disent de bons connaisseurs de l'Espagne, « il sera impossible de faire reprendre les armes à un seul Espagnol », qui prononcera les paroles décisives ? Qui dira, poliment, mais fermement, à l'Espagne : « en voilà assez », et, avec la même politesse et la même fermeté aux alliés étrangers : « Reprenez vos troupes et votre matériel, et donnez-vous donc l'avantage aux yeux du monde de faire vous-même la paix en y conduisant votre protégé » ?

Qui dira ces paroles ?

Comme au temps des consuls de Rome, la Paix et la Guerre sont dans les plis du manteau. La France et l'Angleterre en tiennent les pans. La France ? Vous tous.

> Claude Bourdet, secrétaire du Comité français
> pour la paix civile et religieuse en Espagne (1).

Les événements ne confirmèrent pas ces espérances. Il était bien question de médiation ! Un an plus tard, les plus hautes autorités religieuses semblent souhaiter la victoire de Franco. *La Croix* s'en aperçut à l'occasion d'une mésaventure qui vaut d'être contée. Elle avait reproduit, dans les pages intercalaires de son numéro du 7 décembre 1938, sans commentaire, un communiqué du Comité français pour la justice et la paix, donnant l'ordre du jour et les conclusions d'une conférence sur la guerre civile de M. Alfred Mendizabal, où l'orateur, ancien professeur de droit à l'Université d'Oviedo, mettait sur le même pied les deux partis. Cette neutra-

---

(1) *Temps Présent,* 7 janvier 1938.

lité même parut scandaleuse à l'*Osservatore Romano*
qui marqua combien il déplorait que *La Croix,* en
s'abstenant de toute critique, ait semblé prendre à son
compte l'opinion contestée :

> ... Il y a un système incendiaire de tout ce qui est chré-
> tien et qui est réalisé systématiquement par la destruction
> d'églises, le meurtre de milliers de prêtres et de religieux :
> précisément l'incendie allumé par le communisme athée
> que flétrit l'encyclique pontificale.
>
> Et devant tout cela, un catholique espagnol, vieux profes-
> seur de philosophie du droit, dans un pays catholique
> comme la France, ose déclarer que les catholiques sont
> libres de manifester leurs sympathies et leurs préférences
> pour ce parti ! Mais cela ne signifie-t-il pas nier la dis-
> tinction entre le bien et le mal !...
>
> Et il est pénible qu'un journal comme *La Croix,* qui
> porte un nom et un drapeau de vérité et de justice par
> excellence : *La Croix,* ait publié, fut-ce par inadvertance,
> dans une matière englobant des questions de morale et de
> discipline, un tel ordre du jour, sans une parole de
> réserve qui libérât ses lecteurs de l'équivoque et de
> l'erreur...
>
> Que, sur un champ de bataille, un soldat manque de
> prudence et de tact, il faut le déplorer. Qu'un comman-
> dant, au fort de la mêlée et dans le bouillonnement des
> passions, commette des excès dans ses attributions et
> dans ses rudesses, on ne peut l'approuver. Mais qu'un
> conférencier catholique, que le directeur d'un journal
> catholique (qui s'ils trouvent à redire aux phalangistes ne
> peuvent du moins ignorer ce que tout le monde sait
> depuis longtemps sur le compte des rouges) en arrivent à
> suggérer froidement aux catholiques qu'ils sont libres de
> distribuer leurs sympathies à droite et à gauche, cela ne
> mérite aucun consentement, mais réprobation [1]...

Le jour même, *La Croix* publiait, en première page,
un communiqué regrettant son inadvertance et prenant
acte de la mise au point :

[1] M. G., *Osservatore Romano,* 17 janvier 1939.

... L'unique et véritable attitude de charité que doivent prendre les catholiques est celle dont le Saint-Père lui-même nous a donné l'exemple dans sa mémorable allocution de Castel-Gandolfo, aux réfugiés espagnols, qui est bien la charte de la pensée chrétienne et pontificale à cet égard.

L'organe du Saint-Siège apporte aux catholiques, et en particulier aux lecteurs de *La Croix,* un supplément de lumière sur un sujet très grave, nous lui en sommes reconnaissants.

Notre correspondant romain nous annonce l'envoi de la traduction de cet article, que, bien entendu, nous nous empresserons de publier.

Le surlendemain, *La Croix* en date du 20 janvier 1939 publiait le texte complet de l'admonestation, précédé d'un article important du R.P. Merklen, où le rédacteur en chef, tout en protestant de son entière soumission, préservait la ligne propre du journal :

Les catholiques et la guerre d'Espagne

A *La Croix* nous n'avons qu'une règle de conduite, dont nous n'avons jamais rougi, malgré les attaques qu'elle nous a très souvent values, dont tout au contraire nous sommes très fiers, parce que nous nous glorifions d'obéir, c'est la soumission à l'Église et le dévouement au Pape...

Notre seul souci est de réprouver ce que l'Église condamne. Le communisme évidemment. Quel catholique pourrait entretenir une sympathie quelconque pour cette erreur ? Mais nous n'en réprouvons pas moins les déviations et les dangers qui, sous prétexte d'anticommunisme, préparent aux catholiques — on le voit déjà en Allemagne — des réveils terribles. Nous l'avons maintes fois déclaré : les anarchistes et les communistes ont commis d'affreux crimes en Espagne ; les nationaux apportent aux catholiques espagnols la libération et travaillent à restaurer la religion. C'est dire qu'entre les deux gouvernements actuels qui régissent l'Espagne, nous n'avons jamais caché notre choix : il nous était dicté aussi bien par le bon sens que par notre foi...

D'autre part, nous avons toujours refusé de choisir entre les deux fausses mystiques, du communisme et du national-socialisme ou, comme dit l'*Osservatore Romano,* de l'« absolutisme », ne mettant notre confiance que dans la seule vraie mystique, celle du christianisme, soucieux d'ailleurs, de rester fidèles à la recommandation du même *Osservatore Romano,* d'éviter en Espagne — et de même en France et partout — que « la cause de Dieu puisse être entraînée dans celle des hommes ».

Nous adhérons, en effet, de cœur et d'âme, à toutes les consignes et les directives venant de Rome ; notre amour du Saint-Père reste le grand animateur de notre vie et de notre plume.

De toute façon l'heure n'était plus aux débats d'idées : le sort des armes allait trancher entre les deux camps et imposer une solution qui ne serait conforme ni aux vues ni aux vœux de la fraction libérale des catholiques français.

CHAPITRE VII

CATHOLIQUES ET COMMUNISTES
1934-1939

A l'arrière-plan de l'interprétation des résultats des élections, du jugement sur les occupations d'usines, ou encore des positions dans la guerre d'Espagne, se profile un problème de fond : quelle attitude convient-il d'adopter sur le plan politique en face de la gauche et dans les rapports sociaux à l'égard des non-chrétiens — les deux questions se trouvant coïncider sauf exceptions ? Le problème se pose avec une acuité particulière à propos du communisme et une urgence accrue à partir du moment où les communistes, mettant une sourdine à leur anticléricalisme, font des avances aux travailleurs catholiques. Grossièrement deux attitudes sont concevables, et les deux sont effectivement représentées : l'une, se fondant sur une interprétation stricte des textes doctrinaux qui portent condamnation du marxisme, réprouve tout ce qui y touche de près ou de loin, et dicte un anticommunisme global et combatif. L'autre tient davantage compte des réalités psychologiques : si le communisme comme doctrine est répréhensible, il n'en reste pas moins que les communistes sont des hommes comme les autres. Les rapports entre catholiques et communistes doivent moins procéder de l'esprit de croisade que de la charité apostolique.

L'opposition entre ces deux attitudes apparaît nettement dans la controverse qui mit aux prises en 1934 un
collaborateur de *La Croix* et le général de Castelnau.
Le premier, l'abbé Lissorgues, s'élevant implicitement
contre le mythe de l'« Homme au couteau entre les
dents », rappelait à ses lecteurs, dans le numéro du 21
mars 1934, qu'ils avaient aussi des devoirs envers leurs
frères communistes :

Les communistes, nos frères

... Il est vrai que si nous entendons parler d'un communiste, nous voyons aussitôt surgir dans le champ de notre
imagination un visage patibulaire, c'est-à-dire un gibier de
potence... Le communiste, c'est, pour beaucoup de nos
concitoyens, amis de la modération, de la sécurité et du
confort, une branche politique de la redoutable tribu des
Apaches...
Les communistes sont nos frères. Cette vérité est incontestable pour tous les croyants encore qu'elle ne leur soit
pas toujours familière. Cette foule, qui est souvent famé-
lique — ce qui n'est pas, je pense, une injure — et qui
peut-être nous fait peur, et composée d'hommes qui ont
dans les cieux le même Père que nous, pour lesquels
Jésus a versé son sang, et qui, eux aussi, sont conviés
aux joies éternelles. Cette foule, souvent malheureuse,
n'est pas maudite. On peut croire, au contraire, que sa
pauvreté, son désarroi, son abandon la rendent particulièrement chère à Celui qui aima surtout les infortunés.
Avons-nous pour elle cette affectueuse pitié que nos missionnaires ressentent pour les peuplades lointaines et per-
dues ? Nous songeons, ce me semble, à les condamner et
à les combattre plutôt qu'à les convertir. Et les admira-
bles apôtres de la banlieue rouge sont moins approvision-
nés de subsides que la presse mondaine et capitaliste.
Non seulement on rencontre parmi les communistes
encore pénétrés d'ascendances chrétiennes de braves gens,
des pères tendres et laborieux, des épouses vaillantes et

fidèles, des enfants dociles et purs ; mais dans le brouillard de leurs rêves et dans le fatras de leur mystique apparaissent quelques traces de vérité, quelques reflets de lumière...

Les erreurs fondamentales du communisme, sources empoisonnées de toutes les autres, sont le matérialisme et l'athéisme. Mais d'où lui sont venus ces mortels mensonges ?... La peste intellectuelle qui enfièvre les masses révolutionnaires leur a été inoculée par la bourgeoisie voltairienne et nous l'appelons, en France, le laïcisme. Ce funeste désordre commençait au temps où les grandes dames de l'Ancien Régime lisaient, à la messe de Versailles, les contes de La Fontaine dans des reliures de missel... Parfois le communisme m'apparaît comme le fléau vengeur de la vérité méconnue...

Ah ! contre les doctrines sociales de la Papauté, dont certains des nôtres, lents et timides, semblent avoir peur, ne soyons pas des insurgés !

La modération avec laquelle l'abbé Lissorgues présentait une thèse apparemment conforme à l'essence même du christianisme, ne l'empêcha pas de faire scandale. Le général de Castelnau, dans *L'Écho de Paris* du 28 mars 1934, l'accusa d'endormir la vigilance nécessaire en proposant du communisme une image édulcorée :

Le vrai visage du communisme

Dans *La Croix* de Paris du 21 mars courant, M. l'abbé Lissorgues attire la compatissante attention de ses lecteurs sur les opinions erronées dont souffrent « les communistes, nos frères »...

Que dans la tourbe des communistes se soient fourvoyés quelques naïfs, des illuminés, des esprits sincères mais déformés, c'est très vraisemblable ; mais ces égarés n'en participent pas moins à la vie de l'âme collective du communisme. Ils se nourrissent de ses perverses doctrines, partagent ses appétits du bien d'autrui et ne répudient pas ses appels au déchaînement de la violence et de l'injustice...

... M. l'abbé Lissorgues nous recommande de ne pas être

« des insurgés » contre les doctrines sociales de la Papauté. Il a raison. Mais rien ne nous empêchera de protester contre les interprétations erronées et les commentaires démagogiques qui en trahissent le véritable sens et les apparentent aux « Vérités relatives » de Lénine.

Que le correspondant de *La Croix* descende donc de ses froides cimes de la spéculation où planent ses conceptions sociales ! Qu'il abandonne les formules abstraites, vagues et décevantes, qui jettent le trouble dans les esprits simplistes ; qu'il aborde enfin le terrain des cas concrets et nous donne des solutions...

Enfin au moment où la IIIe Internationale, incarnée par Moscou, est surprise en flagrant délit d'attentat contre la sécurité de notre pays, par l'espionnage et la trahison, l'heure est bien mal choisie pour nous apitoyer sur les infortunes soi-disant imméritées des honnêtes communistes. Le devoir des braves gens est, aujourd'hui plus que jamais, de se grouper, de s'unir, de s'organiser pour résister efficacement aux criminelles et peut-être prochaines entreprises des bolchevistes en France.

L'échec de leurs tentatives ne nuira pas, pour autant, à leur conversion.

Querelle de points de vue qui devait rebondir plus d'une fois. Au long de l'année 1935, les rapports de catholiques à communistes suscitèrent une abondante littérature dont les articles de Marc Scherer dans *Sept*.

La question entra dans une phase nouvelle avec l'offre de Maurice Thorez connue sous l'appellation de la « main tendue ».

La « main tendue »

... Nous te tendons la main, catholique, ouvrier, employé, artisan, paysan, nous qui sommes des laïcs, parce que tu es notre frère, et que tu es comme nous accablé par les mêmes soucis...

Relancée de plusieurs façons, l'offre de Maurice Thorez, diffusée d'abord par Radio-Paris le 17 avril 1936, éveilla des échos prolongés. Fallait-il l'accueillir ou la repousser ? Elle inspirait à un jeune écrivain catholique cet article, dont le lyrique enthousiasme rappelle le Lamennais des *Paroles d'un croyant* et annonce tel chrétien progressiste :

Foi et révolution

Qu'on le veuille ou non, la question de la collaboration volontaire des croyants avec les incroyants, en vue de construire un monde nouveau est posée ; des catholiques ont rallié ouvertement le Front Populaire et ne craignent pas d'être traités de bolchevistes ; mais il ne s'agit encore que de catholiques et de communistes fraternisant à titre individuel ; ils n'engagent ni leur religion ni leur parti ; la position du gros des troupes dans l'avenir est tacitement réservée de part et d'autre ; une collaboration plus large et plus intime peut-elle s'envisager, ou ce rapprochement cessera-t-il avec les raisons d'actualité passagère qui l'ont provoqué ; tel est le vrai problème auquel il faudra bien demain, ou après-demain, apporter une solution sans équivoque. Et la solution à laquelle on s'arrêtera, pèsera, qu'on ne s'y trompe pas sur l'histoire de l'Europe et du monde.

Voici la jeune poussée révolutionnaire dont l'ardeur, brûlant les décombres, flambe vers la vie ; voilà des jeunes hommes s'élançant après des siècles sur les pas de Celui qui avait dit : « Je suis la Vie »...

... Un catholique peut-il tendre la main à un révolutionnaire sans cesser d'être catholique ; un révolutionnaire peut-il admettre la foi d'un catholique sans cesser d'être révolutionnaire ?...

C'est ce qu'il y a de plus grave, de plus authentique dans ma foi, qui m'a fait comprendre la position révolutionnaire. Aux plus mauvaises heures, quand les ombres intérieures semblent nous séparer de notre vérité, la double leçon de l'Évangile a toujours à mes yeux brillé d'une lumière invariable : respect de la personne humaine, nécessité pour la personne humaine de prendre sa place dans la communion des vivants.

Or, quelle lâcheté faudrait-il avoir dans l'esprit pour nier indéfiniment l'évidence : dans la caricature de société que les âges nous ont faite, dans la société capitaliste, pour l'appeler par son nom, la personne n'est pas respectée ; et elle ne peut pas l'être ; la véritable communion est donc impossible...

M'approchant de ceux qui veulent faire la révolution, je vis ce que le catholicisme est à leurs yeux : l'obstacle, la puissance de sommeil ou d'oppression. Et c'est vrai, si quelques-uns ne rejettent publiquement ce qui l'encrasse et leur paraît incacceptable à eux-mêmes...

Ont-ils tort, enfin, ceux qui disent brutalement qu'en France l'Église marche avec les puissants de la terre, ou qui expliquent avec plus de nuances qu'elle laisse les puissants de la terre se couvrir de son autorité et de ses promesses pour maintenir les opprimés sous le joug, ce qui revient au même avec moins de grandeur. Ils ont tort s'ils se prononcent sur sa mission éternelle, raison s'ils considèrent la majorité des fidèles et du clergé. Même s'il n'en est pas ainsi dans le secret impénétrable de leur conscience, il est fâcheux que le curé de campagne donne l'impression d'être tenu par la dame du château, et que la dame du château donne à son tour l'impression de soutenir le curé, parce qu'elle voit en lui le seul gardien qui puisse empêcher ses bonnes de découcher et les paysans de voler ses prunes...

Je ne me sens en rien tenu par ma foi de me faire solidaire de ces compromissions...

Je ne me dissimule pas qu'aux yeux de beaucoup de croyants qui craignent de voir la réalité en face, c'est une position intenable que celle qui consiste à entretenir des sentiments fraternels pour des révolutionnaires qui mènent une action antireligieuse éclatante ; mais il faut plus de courage et de confiance dans la grandeur humaine et l'intelligence divine pour tendre la main par-dessus les cadavres après avoir essayé de comprendre, que pour se replier en larmes sur soi-même et se livrer à d'inutiles vitupérations (1)...

(1) Robert Hunnert, *Europe,* 15 mai 1936.

L'article était d'un isolé : il toucha et troubla François Mauriac, dont la méditation révèle déjà l'écrivain soucieux de dissocier l'Église des puissances établies :

La main tendue

« Nous te tendons la main, catholique... » Cet appel du communiste Thorez est apparu à beaucoup comme une ruse électorale, comme une manœuvre de la dernière heure. En vérité, la question posée est des plus graves, la plus grave peut-être, de celles qui, aujourd'hui, exigent notre réponse ; n'espérons pas nous en tirer par un haussement d'épaules.

Cette réponse, à quoi nous servirait-il d'ailleurs de l'éluder ? Elle a été donnée ici et là : dans plusieurs paroisses de la banlieue, catholiques et communistes, déjà, collaborent contre le chômage. Au lieu de gémir, faisons effort pour nous mettre à la place du pasteur dont tout le troupeau est « soviétisé ». Lui fût-il démontré que l'adversaire obéit à un mot d'ordre et cherche à « noyauter » la jeunesse fidèle, le petit prêtre nous répondra que sur le terrain des œuvres de justice sociale, aucun refus, de la part d'un disciple du Christ, n'est possible ni même imaginable. A la ruse présumée de l'adversaire, il oppose cette Grâce à laquelle le communiste ne croit pas, mais qui, pour être méconnue de lui, n'en est peut-être que plus puissante. Le prêtre accepte le risque d'être dupe, parce que c'est l'unique voie qui lui permette d'introduire auprès du Christ ceux qui n'en avaient jamais entendu parler. Cette foi de tout grand amour le possède : celle qui nous fait dire en songeant à l'objet de notre tendresse : « Comment pourrait-on le connaître sans l'aimer ? »

En même temps il saisit cette occasion inespérée de témoigner que sur un point essentiel les communistes se trompent ou qu'ils nous calomnient : Christianisme et Capitalisme ne sont pas solidaires ; certaines compromissions ne prouvent rien contre l'Église ; le christianisme a pu être souvent accaparé, exploité, détourné de sa fin véritable ; mais sa fin véritable, c'est que la volonté du Père s'accomplisse sur la terre comme au ciel ; c'est d'étancher dès ici-bas la soif de justice que le Fils est venu éveiller dans les grandes âmes.

A cette défense du petit prêtre, un catholique raisonnable opposera l'autre côté de la question : « Il n'empêche, lui dira-t-il, que vous favorisez l'avènement du régime communiste. Or le communisme ne s'oppose pas au christianisme sur tel ou tel point ; ils sont irréductibles l'un à l'autre ; le premier se fonde sur les ruines du second. Le marxisme ne peut s'établir que dans une humanité sans Dieu ; la lutte contre Dieu a pris en Russie un caractère officiel.

Le communisme, au même titre d'ailleurs que l'hitlérisme, hait toute vie spirituelle qui échappe à sa prise...

La question posée est donc celle-ci : avons-nous le droit de collaborer (fût-ce sur le plan des œuvres sociales) au règne d'un adversaire pour qui c'est une nécessité que de détruire dans l'homme la ressemblance avec Dieu, que de le recréer à une autre image et à une autre ressemblance, et qui ne reculera devant rien pour donner toute sa signification à cette parole mystérieuse du Christ, dont la menace s'étend sur l'Église visible : « Lorsque le Fils de l'Homme reviendra, trouvera-t-il encore de la foi sur la terre ? »

Tel est aujourd'hui le choix qui s'impose à une conscience catholique. Le Congrès de l'Association catholique de la Jeunesse française qui va s'ouvrir, osera-t-il aborder cette question brûlante ?

Faut-il repousser les deux doigts tendus par le camarade Thorez ? Faut-il au contraire les serrer en fermant les yeux ? Dans ces sortes de débats, nos passions, nos convoitises et nos rancœurs trop souvent ont déjà choisi pour nous, alors que nous croyons hésiter encore. Les uns obéissent au vieux sang bourgeois qui coule prudemment dans leurs veines, tandis que les autres, mûs par de confuses raisons qui leur échappent, cèdent à l'attrait des alliances téméraires. Ainsi, dans un article d'*Europe,* un jeune catholique communisant se rassure en songeant que les vrais amis de Dieu sont peut-être ceux qui le nient, et que ses pires ennemis se trouvent parmi ses adorateurs officiels ; il se persuade qu'un chrétien ne risque pas de se tromper en allant « dans le sens des forces rayonnantes de l'univers ». Que répondre à ce dernier trait ? Que nous sommes las de nous payer de mots : de toutes les monnaies, la plus avilie (1).

Avec les élections, le débat avait cessé d'être académique. Elles révélaient qu'une importante fraction de la population mettait sa confiance dans le communisme. Fallait-il, eu égard à la malfaisance du système, s'interdire toute relation avec un Français sur six ou sept, au risque de le rejeter irrévocablement ? Sinon, avait-on le droit de mener avec les communistes une action commune et dans quelles limites ?

Les expressions les plus autorisées du catholicisme essaient de définir une ligne moyenne. Christianus revient plusieurs fois et à intervalles rapprochés sur ce problème, qui éclipse les autres. Ni fascination communiste, ni anticommunisme négatif :

> ... Je sais tout ce qui peut nous mettre en défiance. Cela se résume en ceci : pour l'instant, autant qu'on sache, les communistes mènent le bal... Ce n'est pas dans cette revue qu'il faut espérer trouver quelque complaisance à l'égard du communisme : depuis toujours, *La Vie intellectuelle* et, chaque semaine depuis plus d'un mois, *Sept* redisent notre refus du communisme. Mais ce n'est pas un refus apeuré : la peur du communisme, si elle a pu susciter en certains milieux une inquiétude sociale salutaire et forcer quelques apathiques à prendre conscience des problèmes vitaux de notre époque, couvre et essaye d'expliquer trop de lâchetés. Ce n'est pas en laissant au communisme l'honneur et le privilège de mener (en le faussant) le jeu du progrès social que nous lui ôterons l'audience des masses. C'est, au contraire, en apportant aux masses, qui ont souffert, qui en ont assez, qui veulent que « ça change », l'espérance et la certitude d'une vie plus digne, plus heureuse, plus humaine (2).

(1) F. Mauriac, *Le Figaro,* 26 mai 1936.
(2) *La Vie intellectuelle,* 25 juin 1936.

Un mois plus tard, nouvelles distinctions et nouvelles précisions :

> Quand on a lu de ses yeux, à l'entrée du parc des Princes, où se tenait l'admirable congrès du cinquantenaire de l'A.C.J.F., le salut fraternel adressé à la jeunesse catholique par la jeunesse communiste, il est impossible de ne pas demeurer hanté par le problème angoissant que pose cet appel étrange...

Après un rappel de tout ce qui sépare catholicisme et communisme comme aspiration, système social et métaphysique, examen de la situation de fait :

> ... Mais ce qui est d'une clarté aveuglante au plan des délimitations doctrinales demeure question délicate au plan des attitudes concrètes.
>
> La masse des communistes a des illusions sur le système social du parti et n'adhère pas vraiment à sa doctrine métaphysique. Même parmi les propagandistes des sans-Dieu, il y a un spiritualisme qui s'ignore et se méconnaît, car se dévouer au matérialisme est un hommage inconscient à l'esprit : la matière n'est pas capable de dévouement et de sacrifice. Le communisme français est d'ailleurs imparfaitement cristallisé et peut être capable d'évolutions imprévisibles.
>
> Aussi, tous ceux qui ont le souci des âmes et le sens du mystère des voies divines, si souvent déconcertantes pour notre sagesse humaine, ne peuvent pas ne pas désirer voir se produire cette évolution, ne pas vouloir la favoriser et par-dessus tout, redouter de donner aux âmes l'impression qu'en repoussant la doctrine on s'oppose à l'aspiration de justice et de fraternité.
>
> Seulement, quel que puisse être le désir de répondre à un appel des cœurs, il ne doit pas faire oublier le danger de favoriser l'équivoque des esprits. A une époque où le monde souffre tant de l'anarchie des idées, on ne peut pas compter le sauver dans l'équivoque. La vérité seule est libératrice, et certaine intransigeance doctrinale demeure un geste de charité. Plus la sympathie pour les

personnes sera amenée à se manifester, plus les occasions se multiplieront de collaborations partielles, plus il sera nécessaire de proclamer l'incompatibilité des doctrines (1).

L. Merklen est peut-être moins enclin à parier sur les possibilités d'évolution spontanée du communisme, mais son inspiration n'est pas fondamentalement différente :

> Le mot de S. Em. le Cardinal Liénart, évêque de Lille, prend tous les jours une actualité plus saisissante : « Catholiques, restons nous-mêmes »...
>
> ... Catholiques, restons nous-mêmes : le grand Pape qui gouverne providentiellement l'Église, nous rappelait cette leçon, il y a dix ans, quand certains catholiques français, préoccupés de résultats extérieurs et immédiats, donnaient leur adhésion aveugle à une école de philosophie politique imprégnée de positivisme...
>
> Et voici qu'à un pôle opposé de la vie publique, sous prétexte que l'Église défend les intérêts légitimes des travailleurs et réclame la réforme d'un ordre social gangrené par la tyrannie de l'argent et les abus du prêt à intérêt, des partisans du communisme invitent les catholiques des milieux populaires à constituer avec eux pour la défense de leurs droits, un front commun.
>
> Catholiques, restez vous-mêmes, reprend le Souverain Pontife. Le communisme fait courir à la civilisation, plus encore qu'au catholicisme, de très graves périls.
>
> Les conditions immméritées dans lesquelles en période de progrès matériel général ont jeté de trop nombreux travailleurs la loi de l'offre et de la demande, la surproduction, le chômage, la crise en même temps que le développement du machinisme, peuvent légitimer des revendications de salaires, de loisirs, d'hygiène, de collaboration du travail avec le capital. La mystique communiste est pourtant catégoriquement contradictoire de la mystique chrétienne. Entre les philosophies de la vie que revendiquent les catholiques et les disciples de Karl Marx ou de Staline, il y a incompatibilité radicale.

(1) *La Vie intellectuelle,* 25 juillet 1936.

Et c'est là, pour le dire en passant, ce qui mettra toujours obstacle à l'entrée des ouvriers ou employés chrétiens dans les syndicats socialistes ou communistes. On vous laissera, leur dit-on, toute liberté de croire à votre Évangile, de réciter vos prières et de recevoir des ministres de votre culte les sacrements que vous désirez.

On oublie que la religion doit animer toute l'existence, qu'elle ne commande pas seulement les actes de la vie privée, que la vie profane elle-même doit être réglée par la morale chrétienne et surnaturalisée dans le Christ (1)...

La déclaration de Léon Blum à « Sept »

Le 19 février 1937, *Sept* publia une déclaration de Léon Blum à Maurice Jacques (pseudonyme de Maurice Schumann). Interrogé sur un point limité — ce qu'il pensait de la doctrine sociale de l'Église —, le président du Conseil avait — intentionnellement ou non ? — élargi la portée de la question et répondu sur les possibilités de collaboration entre les catholiques et le Front Populaire. Les responsables du journal discernèrent nettement les risques qu'ils prendraient en publiant ce texte. Mais pouvait-on faire l'affront au chef du gouvernement légal de ne pas publier sa déclaration ? Après avoir pris conseil des plus hautes autorités religieuses, ils se résolurent à la publication en l'accompagnant d'un texte de présentation qui déguise mal leur embarras :

M. Léon Blum nous déclare...

... Nous avions posé à diverses personnalités, et notamment au chef du gouvernement, qui est aussi le chef du socialisme français, la question suivante : « Que pensez-vous de la doctrine sociale de l'Église ? Quelle collaboration en attendez-vous pour la construction de cet ordre nouveau auquel la France travaille ? » La réponse que

(1) *La Croix*, 16 juillet 1936.

M. le président du Conseil a bien voulu accorder à notre collaborateur M. Maurice Jacques... soulève le problème plus vaste et très délicat de la collaboration des catholiques avec le gouvernement de Front Populaire...

M. Léon Blum parle comme chef du gouvernement, non point comme leader socialiste. Il connaît trop bien la doctrine de l'Église pour ignorer que, selon l'enseignement de Pie XI, « le socialisme, s'il demeure vraiment le socialisme... ne peut pas se concilier avec les principes de l'Église catholique » (Encyclique *Quadragesimo Anno*).

Il ne s'agit donc que du cas très précis de la collaboration des chrétiens avec le gouvernement légitime du pays, gouvernement d'inspiration socialiste, mais qui affirme faire la politique du Rassemblement Populaire, non point celle du parti socialiste...

Nous-mêmes, en ce journal, n'avons cessé de mettre en œuvre cet esprit de collaboration, sauf à faire toutes réserves sur l'inspiration socialiste et matérialiste (1), qui pouvait vicier des réformes en elles-mêmes acceptables, parfois même recommandées par les encycliques, réformes que nous nous efforçons de pénétrer, dans la mesure du possible, d'esprit chrétien.

S'il y a en effet coïncidence entre certaines initiatives du Front Populaire et les réformes demandées par l'école sociale catholique, nous ne voyons aucune raison pour ne point leur donner loyalement notre appui. C'est ce qu'ont fait les syndicats chrétiens, qui n'ont pas toujours trouvé, il faut le dire, la réponse impartiale à laquelle ils avaient droit. Refuser cet appui aurait été pratiquer la politique du pire, et nous refuser à soulager des infortunes immédiates.

Il ne nous semble pas que ce soit l'intérêt du pays. Il ne nous semble pas qu'il y ait rien en cette attitude qui ne soit conforme à la doctrine de l'Église.

---

(1) L'introduction de ce membre de phrase fut suggérée par le cardinal Verdier.

Encadrée au milieu de la page, la déclaration de Léon Blum :

> Vous me demandez si je crois possible une collaboration entre les catholiques et le gouvernement de Front Populaire ? Assurément, je la crois possible. Pourquoi ne le serait-elle pas ? Pourquoi les idées sur lesquelles s'est fondé le Rassemblement Populaire, c'est-à-dire la foi dans la liberté démocratique, dans la justice sociale, dans la paix humaine, ne pourraient-elles pas coexister à l'intérieur d'une même conscience d'homme avec la foi catholique ?
> Serait-il si difficile de tirer des deux encycliques que le Saint-Siège à un demi-siècle de distance consacrait aux problèmes sociaux, des formules voisines de celles que le gouvernement de Front Populaire s'efforce de transporter dans la légalité républicaine ?
> Je n'hésite donc pas à répondre : je crois la collaboration possible. Et du moment qu'elle est possible, les catholiques français ne conviendront-ils pas qu'elle est souhaitable (1) ?

Les rédacteurs de *Sept* n'avaient pas tort de craindre les suites. Quelques années plus tôt, une situation assez semblable s'était présentée : Francisque Gay avait obtenu une déclaration de M. Herriot, alors président du Conseil (*L'aube,* 10 novembre 1932). Diversement appréciée, l'initiative du directeur de *L'aube* n'avait pas soulevé la tempête que déchaîne l'interview de *Sept*. En 1932, les passions étaient moins vives que sous le Front Populaire ; lié aux Dominicains, *Sept* engageait plus aussi les catholiques que *L'aube* ; enfin, interroger le chef du gouvernement de Front Populaire, appuyé par une majorité dont les communistes faisaient partie, lui-même membre de la S.F.I.O. et doctrinaire du marxisme, prenait figure aux yeux de nombreux catholiques de provocation. Les adversaires du journal sautèrent sur une si

_____
(1) *Sept,* 19 février 1937.

belle occasion de présenter *Sept* comme acquis au Front Populaire et gagné à l'idée de la collaboration avec le communisme. Ce fut un tollé assez général.

Un article de Maurice Vallet, dans l'*Avenir du Plateau central* (21 février 1937) bientôt reproduit par *La France catholique,* accrocha le grelot :

> Le sujet est délicat... Et là, c'est surtout *Sept* qu'il convient d'interroger, en raison de sa position plus rigoureusement doctrinale. On n'ignore pas, en effet, que cette revue prétend à l'audience d'une jeunesse éprise à la fois d'intellectualité hardie et d'action sociale généreuse. Elle est vendue régulièrement à l'intérieur de certaines églises, ce qui l'incorpore au sanctuaire. Tout cet ensemble commande d'être attentif à des propos qui dépassent, par leur caractère et leur intention, les inspirations plus ou moins bâclées d'une feuille politique...

M. Vallet trouve le commentaire dont *Sept* a accompagné la déclaration, « aggravant » :

> On ne voit rien dans l'article de *Sept* qui ressemble à une critique du bienheureux texte qu'on paraît publier avec une sorte de contentement enivré... Les coïncidences signalées entre certaines lois du Front Populaire et la doctrine sociale de l'Église n'ont jamais impliqué les collaborations fraternelles que désire *Sept,* pour la simple raison que la législation en cause procède d'un esprit de combat fort précis, que M. L. Blum sert avant tout un parti que les catholiques ne peuvent soutenir, ni en doctrine, ni en fait.
>
> D'ailleurs, on a vu quel usage le Gouvernement du Front Populaire a fait de ces libertés que *Sept* entend défendre si jalousement. Sur le terrain économique et social, le ministère et sa majorité sont entièrement asservis à la C.G.T., elle-même menée par ses éléments extrêmes, et fondée sur la lutte de classes, le matérialisme économique et l'*anticatholicisme.* Il faut bien écrire ce mot, puisqu'il traduit la réalité des choses.
>
> L'heure ne souffre pas ces jeux de l'esprit dans un ordre

de choses tout rempli de réalités mortelles. Voilà le Front Populaire converti un peu trop vite. La recherche équitable de toutes les responsabilités dans nos misères sociales ; l'exacte définition des droits et des devoirs de tous ; la charité et la justice pour les personnes et les idées, n'impliquent point chez les catholiques une entente durable et définie avec les ennemis de leur Foi et de leur Église.

La critique s'exprimait avec modération : elle taxait *Sept* d'imprudence, elle ne l'accusait pas de faire consciemment le jeu des adversaires de l'Église. Les feuilles d'extrême-droite y allèrent plus carrément :

> L'hebdomadaire *Sept* fait en ce moment une active campagne de propagande dans les milieux catholiques. Ceux-ci ont le droit de savoir quelles sont les idées de *Sept*. Notons que le rédacteur en chef de cet organe, M. Joseph Folliet, est un sillonniste notoire, qui porte la lavallière noire comme son maître Marc Sangnier.
> Les sophistes de *Sept,* au tournant des problèmes politiques, surtout quand il s'agit d'une solution réaliste favorable à la France, s'en tirent par une pirouette et invoquent le « spirituel ». Ils jettent ce mot au hasard, afin d'esquiver ce que ne sauraient admettre leurs préjugés démocratiques avoués ou honteux. Sous leur plume, le spirituel signifie tantôt la morale, tantôt la religion ; se rendent-ils toujours compte des rapports de la politique avec la morale et la religion ?...
> Les préceptes évangéliques ne donnent nullement des règles d'action politique comme on paraît le croire à *Sept* ; ils visent uniquement le salut éternel des individus. L'Évangile sauve les nations seulement en ce sens qu'il moralise les individus et les rend capables de remplir leurs devoirs individuels, familiaux, sociaux, mais il n'établit pas la matière du devoir politique...
> Ces évidences ne sont pas perçues par les esprits fumeux, groupés autour de *Sept*. Son manager (1) dirige en même

(1) Il s'agit du P. Bernadot, dominicain, fondateur de *La Vie spirituelle,* de *La Vie intellectuelle,* inspirateur de *Sept* et des Editions du Cerf.

temps une revue d'ascétisme et de mystique ; car le vrai mystique est d'abord honnête homme et respecte scrupuleusement la vérité de fait. Ne nous étonnons donc point si *Sept* et ses collaborateurs ont donné dans le briandisme, ont applaudi à l'ostracisme appliqué aux royalistes d'A.F. et s'ils prennent constamment position contre l'intérêt français...

Enfin, hier, Blum se faisait interviewer par *Sept* et déclarait qu'il croyait à une collaboration possible entre les catholiques et le Front Populaire ! Le même Blum qui déclarait jadis : « L'essentiel, pour moi, c'est que la Révolution s'installe de gré ou de force, sur les ruines d'un passé aboli, d'où les idées de famille, de religion et de patrie ne pourront plus jamais ressurgir. »

Jamais encore la France n'avait été gouvernée par une camarilla judéo-maçonne, alliée et complice des révolutionnaires, tourbe antireligieuse s'il en fut. Et voilà ce que *Sept* prend en considération, ce qu'il écoute et avalise ! La démocratie chrétienne n'était encore jamais tombée dans un aussi bas avilissement (1).

Même la revue de la Compagnie de Jésus désapprouve l'imprudence de *Sept* :

Les catholiques dans la cité

... Demander à un homme aussi en vue et dans une consultation destinée au grand public « quelle collaboration il attend de la doctrine sociale de l'Église pour la construction de l'ordre nouveau auquel la France travaille », c'est lui accorder d'avance plusieurs points encore contestables... C'est présenter comme acquises la réalité et la solidité de cet ordre nouveau... Puisqu'on sollicite le Président du Conseil de dire quelle « collaboration » il veut bien attendre dans l'« ordre nouveau » en voie de construction, on admet donc que ses plans d'ensemble et leur architecture sont approuvés... Un entretien qui débute sur ces bases, sur des données... trop générales pour n'être

(1) F.R., *France Réelle,* 24 février 1937.

pas équivoques, place l'interlocuteur en situation évidemment avantageuse. Le malheur est que cette générosité ne va pas sans un certain dommage pour la position catholique. Le malheur est aussi que l'« ordre nouveau » se trouve mis bien vite sous la tutelle de certains patrons auxquels cette confiance préalable ne semblait pas due avec cet abandon...

En recueillant les propos de M. Léon Blum, *Sept* a fourni les distinctions nécessaires et marqué des réserves opportunes. Il a nettement indiqué que, sous le rapport de leurs libertés religieuses, les catholiques ne pouvaient admettre d'empiètement. Il a dit que « la soumission au pouvoir établi permet toutes les formes d'opposition que ne condamnent ni la morale ni la prudence ». Et bien volontiers nous lui donnons acte de ces mises au point. C'est sur le chapitre d'une « collaboration positive à l'œuvre sociale du gouvernement » que la question devient plus précise. Sociale, dit *Sept* et non socialiste...

« S'il y a, dit *Sept,* coïncidence entre certaines initiatives du Front Populaire et les réformes demandées par l'école sociale catholique, nous ne voyons aucune raison pour ne point y donner loyalement notre appui ». A merveille ! Mais si ces explications sont pertinentes, suffisent-elles pour dissiper entièrement l'impression et les équivoques que la démarche initiale et la réponse obtenue étaient de nature à provoquer ? Pour dire toute notre pensée, nous ne le croyons pas...

Quand nous entendons encore prôner la « collaboration positive » à l'œuvre sociale du gouvernement, nous avons peine, en dépit des explications ultérieures, à nous défendre d'un malaise. Car la formule est bien générale. Nous savons combien risquent de devenir vagues, sous l'inspiration connue des arpenteurs, les bornes ou les frontières entre le terrain social et le champ socialiste...

C'est pourquoi nous aurions préféré voir poser ces problèmes sous une forme moins retentissante, susceptible de solutions moins hâtives (1).

Le Jésuite trouve un Dominicain pour lui donner la

(1) H. du Passage, *Les Études,* 5 mars 1937.

réplique : *La Vie intellectuelle* se porte au secours de *Sept* :

Les catholiques dans la cité

... Au régime politique établi, par une sorte de dérivation de la piété patriotique, les catholiques doivent la « loyauté parfaite », enseigne Léon XIII...

C'est en pleine conformité de cette doctrine que *Sept* a prié un de ses rédacteurs d'aller trouver M. Léon Blum, « non point comme leader socialiste, mais comme chef de gouvernement », et de lui poser les deux questions suivantes : « Que pensez-vous de la doctrine sociale de l'Église ? Quelle collaboration en attendez-vous pour la construction de cet ordre nouveau auquel la France travaille ? »

Que cette démarche ait mécontenté certains hommes politiques, cela nous touche peu.

Que ces mécontentements se soient manifestés à droite, comme, en d'autres occasions, ils ont pu se produire de quelque autre côté de l'horizon : nous ne saurions nous en émouvoir.

Que, de ce point de vue, l'initiative de *Sept* soit qualifiée de maladresse, d'imprudence ; qu'on y soupçonne je ne sais quel esprit de compromission coupable ou quelle naïveté fâcheuse pour des journalistes : c'est affaire d'appréciation et peu nous importerait encore, puisque tel n'est pas notre point de vue.

Que ces critiques, même, aient trouvé un écho dans une grande « revue catholique d'intérêt général », nous nous en accommoderions — car les intérêts politiques sont inclus dans l'intérêt général — n'étaient le caractère propre de cette revue et la signature d'un théologien.

Dans *Les Études,* et sous la plume du R.P. du Passage, pareille critique rend un son particulier ; et les justes « distinctions » faites par l'éminent jésuite — nous nous permettons de reprendre ses termes — pour protester de la rectitude doctrinale de *Sept,* même à ce propos, et ses « réserves opportunes » et ses « explications pertinentes » risquent de ne pas suffire « pour dissiper entièrement l'impression et les équivoques » que son attaque est « de nature à provoquer ». Soyons franc, l'impression d'une position prise, au nom du catholicisme, en faveur d'une politique d'opposition systématique et de mise en quarantaine à l'endroit du gouvernement issu d'une défaite électorale.

Entendons-nous bien. Nous ne prêtons pas plus au rédacteur des *Études* cette attitude intenable, du point de vue catholique, qu'il ne prête lui-même à *Sept* une attitude, non moins intenable, de concession au parti socialiste.

Que, devant cette dernière, il ait peine à se défendre d'un « malaise », nous le croyons sur sa parole. D'autres n'éprouveront-ils pas un autre malaise de la polémique qu'il soulève, sans avertissement préalable, entre deux organes catholiques, alors qu'une simple conversation suffisait à l'épargner aux lecteurs de tous deux, au public catholique et au public tout court ? Nul doute qu'elle l'eût amené non à retirer son article, mais à accuser d'un trait autrement vigoureux une distinction de points de vue qui s'estompe dans une rédaction trop souple et tellement nuancée qu'à première lecture elle est insaisissable. La vérité y eût gagné (1).

Cette controverse entre les deux grandes revues donne une idée du désarroi jeté dans les esprits par les quinze lignes de Léon Blum.

Controverse autour d'une encyclique

Entre les catholiques qui tiennent pour un devoir apostolique de garder des rapports avec les incroyants, fussent-ils communistes, et ceux qui condamnent toute relation avec eux, le malentendu est insurmontable. Les conservateurs soupçonnent les autres de complaisance inavouée pour le communisme :

---

(1) R.P. Renard, o.p. professeur honoraire à la faculté de Droit de Nancy, *La Vie intellectuelle,* 25 mars 1937.

La main tendue s'allonge

Soit ici, soit dans *Credo* (1), nous nous sommes à plusieurs reprises alarmés de la tendance qui va, sinon à instaurer, du moins à préconiser une collaboration positive d'une part entre les catholiques, et de l'autre le Front Populaire et même les communistes.

Cette tendance trouve son expression la plus fréquente et la plus insidieuse dans *Sept* et dans *La Vie intellectuelle*. C'est une véritable peine pour l'esprit que de trouver dans cette revue, qui publie maintes études remarquables, des pages comme celles que M. Etienne Borne vient de lui donner (n° du 25 février) sous le titre « Les catholiques, le communisme et les crises »...

Bien entendu, comme précédemment, on commence par condamner le marxisme, mais en bref, comme si on voulait se débarrasser d'une gênante obligation de principe. Après quoi, on émet des affirmations, suggestions et théories dont le moins qu'on puisse en dire, en usant d'indulgence, est qu'elles sont prémarxistes et qu'elles le sont par leur esprit. On voit se dessiner les lignes d'un modernisme social qui risque de coûter fort cher, non seulement à l'Église, mais à la France...

Une des critiques les plus évidentes que son article suscite, est qu'il tombe en plein dans le parti pris détestable de nos marxistes actuels qui est de résumer la question sociale et d'enfermer l'effort social de notre pays dans la seule question ouvrière. Comme si le peuple français n'était composé que d'ouvriers : comme si paysans, employés, commerçants, représentants de commerce et petits patrons, artisans, intellectuels, n'existaient pas ! Comme s'ils n'éprouvaient pas durement, eux aussi, aussi bien que les effets d'une inégalité éternelle, ceux de la crise actuelle ! Comme s'ils n'avaient pas droit, eux aussi, à une « ascension ». M. Borne ne les nomme pas. Seuls les bourgeois sont désignés, pour être raillés au passage...

M. Borne parle volontiers et avec une grande onction de l'« attitude vraiment chrétienne » qu'il importe d'adopter.

---

(1) C'est le bulletin mensuel de la Fédération nationale catholique.

J'ai le regret de lui dire que l'attitude qu'il prend dans son article, sur le point que je viens de dire, est aussi peu chrétienne que possible. S'il en est une qui favorise la lutte des classes, c'est bien celle-là. L'essentiel du christianisme, c'est d'aimer tous les hommes sans exception et de les aider tous. S'il est vrai que la prédilection du Christ est allée aux humbles et aux souffrants, il faut savoir reconnaître ces humbles et ces souffrants partout où ils se trouvent même sous les apparences trop souvent trompeuses de l'aisance...

Il y aurait bien des choses à dire encore sur les idées de M. Borne concernant notamment l'accession des ouvriers à la copropriété. Je m'en suis tenu à l'esprit de son article qui témoigne de la plus démagogique flatterie à l'égard de la classe ouvrière (1)...

Dans ce contexte, avec la tendance invétérée des catholiques français à expliquer les décisions pontificales en fonction de leurs querelles intestines, les catholiques de droite eurent tôt fait d'interpréter la condamnation renouvelée du communisme par l'Encyclique *Divini Redemptoris* (mars 1937) comme un désaveu de toute la presse catholique plus « avancée ». *France réelle* titre le 31 mars :

Condamnation du communisme. Une leçon pour F. Gay, *Sept* et tous les tenants de la démocratie chrétienne.

G. Bernoville est formel :

L'invitation au voyage dans les transports en commun du Front Populaire

... La parole solennelle du Pape répond à un besoin pressant et pare en temps utile à un danger imminent où non seulement l'Église, mais la France, se trouvent engagées. Depuis la formation du Rassemblement populaire, de nombreux catholiques s'enfonçaient dans la périlleuse illu-

(1) Gaëtan Bernoville, *La France catholique,* 20 mars 1937.

sion d'un rapprochement, voire d'une collaboration possible, du moins sur le plan social, avec le marxisme et même avec le communisme qui en est la forme la plus virulente. Ce rapprochement s'effectuait tantôt de façon délibérée et ouverte, tantôt — le plus communément — de façon larvée, oblique, et, par là, d'autant plus nocive... Tout récemment encore, l'initiative d'un hebdomadaire catholique est venue aggraver le malaise et la confusion dans les esprits. M. Blum fut sollicité par cet organe de faire connaître sa pensée sur la doctrine sociale de l'Église. Le président du Conseil en profita pour faire connaître que la collaboration des catholiques avec le Front Populaire lui paraissait non seulement possible, mais souhaitable...

... Non seulement les catholiques mais tous les Français lucides remercieront le Souverain Pontife d'avoir mis le point final à la farce de la main tendue (1).

Contre cette sollicitation des textes pontificaux à des fins étroitement polémiques, *La Vie intellectuelle* rappelle les principes permanents qui régissent l'interprétation des enseignements doctrinaux, sous un titre où perce l'agacement :

Gros-Jean, son curé et les Encycliques

Christianus s'est souvent vu objecter que les théologiens sont dans la lune et ne tiennent pas compte des réalités politiques et économiques... Mais les théologiens n'ont-ils pas, de leur côté, occasion de se plaindre ? Quels que puissent être leurs tentations et leurs faux pas, ils ne se mêlent pas, que je sache, de donner des leçons de stratégie, de finances ou de politique. Or voici qu'il leur arrive de recevoir des leçons de théologie. Journalistes de métier... ou d'occasion ne prétendent-ils pas, maintenant, leur apprendre à lire les encycliques... voire à l'apprendre aux membres de la hiérarchie ?

... Il est exaspérant de voir des catholiques qui ne savent

(1) *Le Jour,* 20 mars 1937.

même pas leur catéchisme condamner des textes ou des attitudes auxquels les plus hautes autorités religieuses n'ont rien trouvé à reprendre. *Sutor ne supra crepidam !*

L'encyclique sur le communisme est de celles qui rappellent des vérités déjà connues : « l'incompatibilité entre le catholicisme et le communisme », pour qui connaît les deux termes en présence, est une évidence. Christianus et ses collègues l'ont explicitement répété bien des fois. Aussi est-il ridicule de voir, à cette occasion, des journalistes brandir contre les théologiens l'encyclique pontificale. « Mais, direz-vous, et *Terre Nouvelle,* par exemple ? » — « Pardon, Monsieur, il ne faut pas confondre la stratégie du Café du Commerce avec celle de l'École de Guerre »... « Mais le Pape ne dit-il pas clairement que l'on ne doit pas collaborer avec le communisme ? » — « Oui ! Nous avons d'ailleurs entendu, par exemple, il y a un an, S. Em. le Cardinal Liénart l'expliquer par avance, fort clairement au Congrès du cinquantenaire de l'Association Catholique de la Jeunesse Française. » — « Donc, toute collaboration et tout contact, même indirects, sont interdits entre catholiques et communistes. » — « Vous trouvez, vous, que les deux formules sont identiques... et sans distinction aucune ? Vous ne voyez donc pas que si elles étaient identiques, un catholique n'aurait pas le droit d'aider un communiste à tirer de l'eau un enfant qui se noie, et qu'un prêtre qui causerait avec un communiste pour l'éclairer violerait la consigne pontificale ; mieux encore, que le Pape, qui a un nonce auprès du Front Populaire, lequel est soutenu par le communisme, collaborerait lui-même avec le communisme ! » — « Mais alors, comment s'y reconnaître ? Il y a des cas où c'est très clair ; et, dans les cas qui ne sont pas clairs... allez consulter les théologiens, ils sont là pour cela, et, au besoin, la hiérarchie de l'Église qui les contrôle.

... Oui, il faut lutter contre le communisme, mais comment ? Méditez un peu sur ce que le Pape appelle lui-même le « remède fondamental », qui « consiste dans une rénovation sincère de la vie privée et *publique,* selon les principes de l'Évangile... »

Et que conclure de tout cela ? Que ce ne sont pas les

invectives contre le communisme qui l'empêcheront de grandir, mais qu'il ne s'arrêtera que devant la barrière vivante des vrais chrétiens. Pour cette tâche, la J.O.C. et les syndicats chrétiens sont une force plus féconde que la force brutale des organisations anticommunistes. Les catholiques, au lieu de se glorifier de n'être pas communistes... comme les autres, feraient mieux de se frapper la poitrine de n'avoir pas été assez chrétiens pour que l'atmosphère de notre société rendît impossible la naissance du communisme en pleine chrétienté (1).

Désaveu du ralliement ?

Assurément, Christianus avait cent fois raison de récuser les applications partisanes que l'on faisait des paroles du Pape à telle ou telle publication catholique. Est-ce à dire que les efforts d'une fraction des catholiques pour rétablir le dialogue entre l'Église et la société moderne ne se trouvaient pas indirectement blâmés ? La part faite de l'exagération, tout n'est pas imaginaire dans les motifs de satisfaction que *France Réelle* croit discerner dans la situation :

> Décidément, dans le clan des démocrates catholiques, on sent percer une certaine inquiétude pour l'avenir et déjà se dessine le plan de défense qu'ils adopteront.
> Oui, malgré tous les bulletins de victoire qu'ils s'évertuent encore à publier, les catholiques dits de gauche... ne peuvent pas ne pas sentir se lever le vent de la réprobation officielle qui est en train de souffler sur eux et qui, de plus en plus, va grandir.
> A la vérité, il fut un temps qui n'est pas éloigné, où ils pouvaient se croire tout permis. Quiconque avait l'audace de les critiquer tant soit peu, était tout de suite accusé d'être un suppôt de l'Action française, d'être un réactionnaire attardé, d'aller contre les directives de Pie XI. Quand on passera au crible de l'histoire cer-

(1) Christianus, *La Vie intellectuelle*, 10 avril 1937.

tains événements récents, où ils jouèrent un grand rôle, on sera bien forcé de reconnaître que ça n'aura pas été pour l'honneur et la gloire de l'Église.

Par contre, ceux des catholiques qui, malgré d'étranges persécutions, de douloureuses incompréhensions, de puissantes conspirations pour étouffer leur parole et leurs écrits, n'en restèrent pas moins fidèles à l'immuable et intransigeante vérité de la doctrine séculaire, recueilleront l'admiration reconnaissante des générations futures.

Parmi les clairvoyants d'aujourd'hui, le glorieux général de Castelnau — un gâteux, proclamait peu respectueusement un jeune homme de l'A.C.J.F. — aura une place à part. C'est qu'en effet il fut le premier, dans le monde religieux, à faire écho aux campagnes ardentes d'une vaillante et incorruptible presse nationale. Il le fit, certes, énergiquement, en soldat sans peur, et ses coups portèrent...

Dieu merci, il a été entendu et maintenant le nombre est plus grand de ceux qui, à sa suite, osent dénoncer les coupables et dangereux abus des catholiques de gauche.

Ces derniers, grâce à leur audace, ont réussi à se glisser un peu partout à la direction des organismes qui commandent à nos œuvres. Sans doute s'étaient-ils figuré qu'ils pourraient bientôt agir à leur suite et qu'ils seraient suivis. Ce qui se passe à l'heure actuelle leur fait comprendre qu'ils se sont trompés.

Leurs chefs de file ne sont pas assez inintelligents pour ne pas s'apercevoir que la réaction contre eux porte chaque jour des fruits de plus en plus abondants. Des laïcs, des prêtres, des évêques, des cardinaux, le Pape lui-même, se sont élevés, ici et là, contre leurs théories. *Terre Nouvelle* a été formellement condamnée ; *L'aube* fut visée à deux reprises déjà dans les réprobations du Saint-Père : il n'est pas besoin d'être prophète pour comprendre que tout cela finira mal pour les imprudents et les téméraires qui se sont flattés de régir l'Église de France.

Les approbations rencontrées dans le monde parlementaire et gouvernemental et dont s'étonne Francisque Gay lui-même, les abondantes citations de la presse et de la radio officielles ne pèseront pas lourd dans la balance

226

quand viendra le désaveu définitif qui s'est trop fait attendre... Non, messieurs, vous n'êtes pas tabous. La reddition de comptes sonne pour vous et il va falloir vous exécuter. Ce sera pour le plus grand bien de la Patrie et de la Religion (1).

Les adversaires irréductibles de tout accommodement avec le monde, les conservateurs impénitents, les anti-communistes déclarés relèvent alors la tête, comme s'ils étaient désormais assurés de trouver à Rome des encouragements. Les signes avertisseurs se multiplient d'un revirement prochain. Sur le conflit italo-éthiopien comme sur la guerre d'Espagne, le Saint-Siège n'a pas eu une position aussi nette qu'il en avait donné l'habitude. *Sept,* au lancement duquel Pie XI avait pris une part personnelle, est mis en demeure, sur injonction de Rome, de suspendre sa publication (août 1937). Personne ne crut au prétexte avancé : difficultés financières. On savait l'influence et l'audience du journal. A travers *Sept,* une tendance était visée, celle même qui depuis dix ans n'avait cessé, avec les encouragements de Rome, de prendre plus d'assurance et d'autorité. Le vent avait tourné. Le bruit court d'une condamnation d'*Esprit*.

Un autre épisode apporta bientôt une nouvelle présomption. Le 10 septembre 1937, *La Vie intellectuelle* publiait deux importants articles jumelés. Le plus long, d'Henri Guillemin, s'intitulait « Par notre faute » : c'était un examen de conscience historique des responsabilités des catholiques dans la déchristianisation, en réaction déclarée contre la tendance si commune à attribuer aux autres, les impies, la Maçonnerie, l'école laïque, les rouges, Dieu sait quoi encore, la paternité de tout le mal :

Il faut regarder la vérité en face. Dans notre Occident « chrétien », depuis près de dix siècles, la foi catholique

(1) F.R., *France Réelle,* 10 mars 1937.

n'a pas cessé de décroître... Peut-être n'est-il pas inutile de faire effort pour mesurer avec courage, dans ce grand drame du délaissement, le poids de notre culpabilité. J'entends bien qu'il serait moins amer de pouvoir accuser seulement les forces mauvaises, la puissance de Satan incarnée dans les grands hérésiarques ou les grands négateurs. Hélas ! il n'est pas tout de dire : c'est la faute à Calvin, c'est la faute à Voltaire. Encore faut-il se demander si nos trahisons n'ont pas précédé ces révoltes, et si ce n'est point grâce à nous que Luther ou les philosophes furent si bien en état de se faire entendre. Dieu nous avait remis son nom, son amour à répandre. L'histoire est triste, et parfois affreuse, du sort que nous fîmes à ce grand devoir...

Ces souillures, est-ce de gaieté de cœur que nous choisissons d'en rappeler la honte ?... Il n'est pas bon, sans doute, d'offrir, même malgré soi, à l'incroyance et à ses haines des armes pour blesser l'Église. Mais ces armes, hélas ! depuis longtemps nos fautes les lui ont mises entre les mains...

Ayons le courage de reconnaître, dans l'ignorance ou la haine des foules à l'égard de notre foi, « le visage des omissions de générations de chrétiens », et, dans les doctrines mêmes de l'athéisme matérialiste, des exigences de justice qui sont comme l'« âme indignée de la nature ». Rien qui se dresse plus formidablement contre nous que ces vérités d'origine chrétienne que nous avons laissées trop longtemps en souffrance et qui sont passées à l'ennemi.

A ce réquisitoire où se devinait le talent d'un grand pamphlétaire, faisait pendant un billet de Christianus dont le titre disait sans ambiguïté la parenté d'inspiration : « L'Église, corps de péché ». C'était la transposition spirituelle des réflexions que la méditation de l'histoire suggérait à H. Guillemin :

... Corps de péché : que d'infidélités de ce monde chrétien dans son ensemble, qui n'est pas l'Église, mais seulement son corps extérieurement visible : par exemple, le monde catholique de 1937 avec ses préjugés, ses sympathies et ses antipathies médiocres, ses passions téméraires, ses silences inconscients, toute la pesanteur d'une sociologie particulière et partiale, nécessairement inégale à l'ampleur de l'Esprit d'Amour...

Voici quelle était la conclusion de cette méditation :

Espérance malgré les fautes des chrétiens ; peut-être aussi à cause de ces fautes. Il y a un *felix culpa* qui n'est pas seulement vrai de la faute originelle : lorsque les premiers témoins glissent et tombent, la Providence a coutume de susciter de nouveaux témoins, plus divinement généreux. Si Pierre et les premiers disciples n'avaient pas été touchés de la tentation de judaïser le christianisme, Dieu eût-il fait se dresser sur l'histoire de l'Église et du monde la grande figure de Paul de Tarse ? Sans l'affreux scandale qui, au XIXᵉ siècle, a fait perdre les pauvres à l'Église des pauvres, serions-nous les spectateurs du miracle de la J.O.C. ? Aussi, à un moment où des passions meurtrières déchirent notre monde vieilli, réclamant et obtenant parfois la complicité des chrétiens, Dieu ne suscitera-t-il pas quelque nouveau franciscanisme, de forme inédite et imprévisible, divinement jeune et libre, et qui ne saura que l'unité et l'amour (1).

Il est permis de penser que la publication de ces deux articles conjoints, quelques jours à peine après la disparition de *Sept,* n'était pas l'effet d'un simple concours de circonstances. En tout cas, leur liberté d'esprit devait scandaliser et la rigueur de leurs jugements paraître blasphématoire à des fidèles respectueux des autorités. Le porte-parole attitré de la tradition exprima leur indignation :

C'est avec une stupeur douloureuse que nombre de catholiques français ont lu dans *La Vie intellectuelle* du 10 septembre un article politico-religieux de M. Henri Guillemin, intitulé « Par notre faute », et en quelque sorte pré-

---

(1) *La Vie intellectuelle,* 10 septembre 1937.

facé par Christianus sous le titre « L'Église, corps de péché ». Sous le fallacieux prétexte d'expliquer « par notre faute » l'actuelle déchristianisation des masses, l'auteur dresse un violent réquisitoire contre les Papes, l'Église de France et les pouvoirs établis antérieurs à « 93 date auguste dans l'histoire du Christianisme ».

Si une semblable diatribe peu opportune et peu véridique avait paru sous la plume d'un sectaire anticlérical comme il en existe encore en France quelques spécimens attardés, fossilisés, on pourrait se contenter de faire autour d'elle un silence méprisant. Mais parce qu'elle a été publiée dans une revue religieuse elle a scandalisé des âmes, troublé des consciences et provoqué de saintes et légitimes colères. C'est pourquoi, catholique et Français, j'ai voulu élever dans la mesure de mes faibles forces, une protestation indignée contre l'outrage inconsidérément jeté au passé de l'Église et de la France chrétienne (1).

Quelques jours plus tôt, une voix plus autorisée avait, dans l'*Osservatore Romano,* sévèrement jugé la publication de ces deux articles : on ne devait pas dire que l'Église pouvait avoir une part de responsabilité dans l'apostasie des foules et l'incroyance du monde moderne :

La méthode de M. Guillemin est « fausse et dangereuse ».

Que l'irréligion et la haine des masses (des masses communistes, par exemple) puissent s'expliquer par les fautes de l'élément humain de l'Église, voilà qui est injuste...

L'auteur n'a-t-il donc pas senti combien il était dangereux d'écrire tout cela dans une revue catholique, et comment ne s'est-il pas trouvé un censeur, je ne dirais pas méticuleux, mais intelligent et doué d'un sens averti de sa responsabilité, qui, après avoir lu cet article, n'ait pas eu le bon sens de lui refuser son approbation ?...

... En tout cas, nous sommes convaincus que ce n'est pas la bonne façon de défendre le droit de Dieu et des âmes,

(1) *La France catholique,* 22 novembre 1937.

et qu'il ne suffit pas d'être sincère. A la sincérité il faut unir la vérité et la justice, qualités qui manquent dans cet article...

Le billet de Christianus ne trouva pas davantage grâce :

... Le titre de ce billet est faux et antipathique. Le texte lui-même... ne l'est pas moins... Je ne citerais même pas une seule phrase de ce billet où on trouve en même temps que des phrases où respire une foi authentique, des phrases erronées, des expressions qui confinent au paradoxe et à l'absurde. Tout le contenu en est ondoyant, insinuant, provoquant ; la forme, habile, nuancée, sans couleur précise. On a l'impression que l'auteur a peur d'être trop bien compris, qu'il laisse entendre plus qu'il ne dit. Ce qu'il dit est déjà beaucoup...
Je ne sais si quelque idée défendue par le défunt *Sept* ne transparaît point ici dans les pages de ce Christianus en face de l'enseignement de l'Église d'une part et des exigences que comportent les événements de l'autre. L'amour de Christianus qui est si étendu qu'il a encore des réserves qui l'empêchent de se fermer devant le débordement de la haine, cet amour-là trahit un certain libéralisme de nouveau style qui est peut-être le secret des divisions qui existent entre beaucoup de catholiques et de l'inefficacité d'un travail qui, pour être constructif, réclame la fermeté et l'élan des ouvriers.
Il eût été préférable que ce billet n'ait pas été imprimé. Cela eût fait plus d'honneur à une revue qui pourrait et qui devrait être un magnifique instrument d'apostolat intellectuel et sur laquelle ont jeté l'ombre ces deux articles que le censeur aurait dû censurer (1).

Les attendus étaient de la dernière rigueur : la vérité sacrifiée à la sincérité, le péché de libéralisme, la responsabilité des divisions entre catholiques. *La Vie intellectuelle* fit acte de soumission, avec discrétion :

(1) P. Mariano Cordovani, o.p., maître du Sacré Palais Apostolique, *Osservatore Romano,* 14 novembre 1937.

Courrier de la Revue

Ce numéro de *La Vie intellectuelle,* accidentellement retardé, était sous presse quand nous avons eu connaissance de l'article du Révérendissime P. Cordovani, O. P., maître du Sacré Palais Apostolique (*Osservatore Romano,* 14 novembre).

Il nous suffit qu'une voix aussi autorisée se soit élevée dans l'Église pour que nous lui fassions écho en toute loyauté. Elle nous avertit que, en publiant ces deux articles, nous nous sommes trompés. Nous n'avons qu'à nous incliner avec la volonté plus ardente encore d'être humbles serviteurs de cette Église que nous aimons (1).

Quelques mois plus tard, c'était au tour de *La Croix* d'être rappelée à l'ordre, à propos de l'incident Mendizabal. Pie XI mourait en février 1939 ; en juillet de la même année, le Saint-Siège, prenant acte des regrets exprimés par ses dirigeants, levait la condamnation portée contre l'Action française. Ce n'était pas un désaveu du second ralliement : c'était, à tout le moins, l'indice d'une orientation différente.

(1) *La Vie intellectuelle,* 10 novembre 1937.

CONCLUSION

La guerre suspend brusquement ou ralentit sensiblement l'activité de la presse catholique : elle marque ainsi le terme d'une période où les débats de principes connurent un éclat exceptionnel. Ils le durent partiellement aux circonstances qui multiplièrent les interrogations et les défis à la conscience chrétienne. La liberté laissée par la Hiérarchie à l'expression des opinions n'y fut pas non plus étrangère. C'est justice enfin de mentionner la qualité des périodiques, l'intelligence et le talent de leurs collaborateurs. Le sens de ces débats échappa souvent au grand public qui n'y vit que des querelles de clercs, la grande presse s'empressant d'attribuer les prises de position à telle ou telle arrière-pensée politique : néanmoins, la presse catholique imposa, pour la première fois depuis longtemps, l'estime et la considération par sa vitalité et sa tenue. Ce fut un élément du renouveau intellectuel du catholicisme dont la littérature offre au même moment une brillante illustration.

Les controverses de ces dix années n'avaient pas été stériles : notions tirées au clair, distinctions mieux précisées, principes plus solidement établis. Les catholiques français disposaient en 1939 d'un corps de doctrine plus cohérent et mieux adapté à la situation de leur pays. Les vieilles collusions avaient été dénoncées : catholicisme et conservation politique ou sociale n'allaient plus nécessairement de pair. Sans manquer à leurs devoirs envers la patrie, les catholiques prenaient leurs distances à l'égard du nationalisme et découvraient leurs responsabilités dans l'ordre des rapports internationaux. La doctrine sociale était maintenant communément reçue et suscitait moins de résistances ouvertes : le syndicalisme s'affirmait comme une force d'avenir. Le pluralisme des opinions, accepté pratiquement, se justifiait doctrinalement comme découlant de la distinction entre les plans. A la conception classique de catholiques groupés en une masse compacte sous leur drapeau et pesant sur la politique à l'instar des groupes de pression se substituait la conception moderne de l'Action catholique, respectant la liberté des choix dans l'ordre temporel et davantage tournée vers des fins apostoliques. L'histoire du catholicisme français offre à la vérité peu de décennies où les esprits aient autant progressé dans la réflexion sur les conséquences de leur foi. De ce travail le mérite revient conjointement aux mouvements et aux périodiques.

Cinq ans plus tard, après les déchirements de l'Occupation, les catholiques se trouvèrent en présence d'une situation bien différente : le système des forces politiques était bouleversé, la droite traditionnelle momentanément anéantie, l'extrême gauche considérablement renforcée ; le climat, les hommes, les journaux aussi étaient autres. Cependant les réflexions et les expériences de l'immédiat avant-guerre, prouvèrent alors leur fécondité. Si les catholiques furent relativement si nombreux à prendre des responsabilités et à s'engager, c'est parce que le mouvement des années 1930 les y avait préparés. De même pour la montée de couches nouvelles dans le catholicisme actif : la relève de « l'homme d'œuvres » traditionnel, du colonel en retraite, du hobereau, par le militant d'Action catholique, le syndicaliste ouvrier, le paysan ou l'intellectuel, s'est préparée obscurément avant la guerre. Cette reconstitution d'un « peuple » catholique, tout différent de celui qui suivait à la fin du XIXᵉ siècle les mots d'ordre des journaux d'extrême-droite, le lent glissement qui a fait passer l'influence des notables traditionnels à une élite dirigeante nouvelle, ces phénomènes essentiels, et dont l'importance dépasse largement les frontières de la société catholique, trouvent leur origine dans les dix années qui précédèrent la guerre.

REPÈRES CHRONOLOGIQUES

1924

Mai : Élections législatives : victoire du Cartel.

Fondation de *La Vie catholique.*

Novembre : Constitution du Parti démocrate populaire.

1925

Février : Les Chambres votent la suppression de l'ambassade auprès du Saint-Siège.

16 octobre : Signature des accords de Locarno.

Février : Constitution de la Fédération nationale catholique en réponse à l'offensive laïque.

Parution de *La France catholique.*

Mai : Déclaration intransigeante des Cardinaux et Archevêques.

1926

Décembre : Condamnation de « l'Action française ».

Fondation de la J.O.C.
Janvier : Lancement de la revue *Politique*.

Juillet : Retour au scrutin d'arrondissement.

Le R.P. Merklen prend la direction de *La Croix*.

5 juin : Rome déboute les patrons du Nord.
Parution de *La Vie intellectuelle*.

27 août : Pacte Briand-Kellogg impliquant la renonciation à l'emploi de la force.

Octobre : L'abbé Liénart nommé évêque de Lille.

Fondation de la J.A.C. et de la J.E.C.

Août : Les conclusions de la Sacrée Congrégation du Concile dans le litige opposant le Consortium textile aux syndicats chrétiens du Nord sont rendues publiques.

30 avril : Vote définitif de la loi sur les Assurances sociales.
30 juin : Evacuation de la rive gauche du Rhin.

Juin : Mgr Liénart est nommé cardinal.

Avril : Déclaration des jeunes catholiques sur la paix.

14 juin : Discours de Briand à Gourdon.

15 mai : Encyclique *Quadragesimo anno.*

19 juillet : Messe pour la paix à Notre-Dame-des-Victoires en présence du chancelier Brüning.

1932

Janvier : Briand quitte la vie politique.

7 mars : Mort de Briand. Le cardinal Verdier lui donne l'absoute.

Mai : Aux élections législatives succès de la gauche.

20 janvier : F. Gay fonde *L'aube.*

Octobre : Controverse sur le patriotisme de la Jeunesse catholique engagée par le général Castelnau à propos d'un article dans les *Annales de la Jeunesse catholique ;* se prolonge jusqu'au printemps 1933.

Octobre : 1er numéro d'*Esprit.*

16 novembre : Edouard Herriot accorde une déclaration à F. Gay pour *L'aube.*

1933

Léon Bailby lance *Le Jour.*

1934

6 février : Affaire Stavisky. Soirée d'émeute à Paris. Essor des Ligues.

Janvier-février : Controverse sur la démocratie chrétienne entre Paul Archambault *(L'aube)* et Emmanuel Mounier *(Esprit).* Jacques Maritain et Don

Luigi Sturzo y prennent
part.
3 mars : 1er numéro de *Sept.*

1935

Mars : Le Parlement porte à
deux ans la durée du ser-
vice militaire.
3 octobre : L'Italie engage
les hostilités contre
l'Éthiopie.

7 octobre : La S.D.N.
déclare l'Italie coupable
d'agression.

Mars-avril : Polémique entre
Sept, le général de Castelnau et Mounier.
7 avril : Allocution de Pie
XI aux infirmières catholiques.
Mai : Parution de *Terre
Nouvelle.*
Jacques Madaule se pré-
sente à Paris contre
Chiappe.
Juin-juillet : Polémique entre
Sept et le général de Castelnau sur les « marchands
de canons ».
Plusieurs manifestes
d'intellectuels.
28 septembre : Plainte de F.
Gay contre Charles Maur-
ras pour excitation au
meurtre.

1936

7 mars : L'armée allemande
réoccupe la rive gauche du
Rhin.

17 avril : Maurice Thorez
« tend la main » aux
catholiques.
26 avril-3 mai : Victoire électorale du front populaire.
Fin mai-début juin : Vague
de grèves avec occupations
d'usines sur toute la
France.

8-22 mars : Polémique entre
le général de Castelnau,
L'aube et *La Vie catholique.*

18 juillet : Début de la guerre civile espagnole.

15 août : Massacre de Badajoz.

18 novembre : Suicide de Roger Salengro ministre de l'Intérieur.

Juin : Congrès du cinquantenaire de l'A.C.J.F.

21 août : Début de la campagne de *Gringoire* contre Roger Salengro.

Septembre : 1er Congrès à Rome de la presse catholique.

1937

19 février : *Sept* publie une déclaration du président du Conseil Léon Blum.

Mars : Encyclique *Divini Redemptoris*.

Scission dans l'équipe de *l'Écho de Paris*.

26 avril : Destruction de Guernica.

Juin : Fin de la résistance basque.

27 août : *Sept* suspend sa publication.

5 novembre : *Temps Présent* reprend la suite de *Sept*.

1938

La Vie catholique fusionne avec *Temps Présent*.

Le Jour rachète l'*Écho de Paris*.

1939

26 janvier : Chute de Barcelone.

Mars : Fin de la guerre civile espagnole.

10 février : Mort de Pie XI.

2 mars : Election de Pie XII.

ORIENTATION BIBLIOGRAPHIQUE

A l'instar du sujet, qui se situe au point d'intersection de plusieurs plans de réalité – presse, religion, politique, courants d'idées – la bibliographie emprunte ses éléments à diverses rubriques. Elle s'est considérablement enrichie en trente ans depuis la première édition de ce livre. Elle n'en comporte pas moins encore de larges secteurs à défricher.

Sur la presse catholique de l'entre-deux-guerres

Le guide sur le sujet est l'ouvrage essentiel d'ALBERT Pierre, *La Presse française de 1871 à 1940*, tome III de la grande *Histoire générale de la presse française*, dirigée par Bellanger Claude, Godechot Jacques et Terrou Fernand, paru aux PUF en 1972, 687 p.
Pour une une vue cavalière sur la presse confessionnelle : HOURDIN Georges, *La Presse catholique*, Fayard, 1957, 121 p.

Sur *La Croix*

GODFRIN Jacqueline et Philippe, *Une centrale de presse catholique : la Maison de la Bonne Presse et ses publications,* PUF, 1966, 239 p.
Cent ans d'histoire de La Croix, *1883-1983*, Bayard Éditions-Centurion, 1988, 471 p. Les textes d'un colloque tenu pour le centenaire du journal.
METZGER André, La Croix *et la Vie politique française, 1927-1939*. Mémoire inédit de l'Institut d'Études politiques de Paris, sous la direction de R. Rémond.

243

RÉMOND René, *L'Évolution du journal* La Croix *et son rôle auprès de l'opinion catholique, 1919-1939*, communication à la Société d'histoire moderne, publiée dans le *Bulletin* de la Société, 12e série, n° 7, p. 3-10.

LIMAGNE Pierre, *Quarante Ans (1934-1974) de politique française*, Le Centurion, 1975, 253 p. Les souvenirs d'un journaliste entré au service politique de *La Croix* en 1934.

Sur *Ouest-Éclair*

le seul quotidien démocrate chrétien.

DELOURME Paul (pseudonyme de l'abbé Trochu) *Trente-cinq Années de politique religieuse ou l'histoire de* Ouest-Éclair, Fustier, 1936, 477 p.

Sur les revues et hebdomadaires

Pourquoi le journal Sept *a été supprimé*, 1937, 64 p. Un écrit anonyme contemporain de la suspension.

COUTROT Aline, *Un courant de la pensée catholique : l'hebdomadaire* Sept, *mars 1934-août 1937*, Cerf, 1961, 248 p. Une thèse exemplaire qui a fait revivre la publication.

NEYME Maurice, *Un hebdomadaire politique d'inspiration chrétienne,* Temps présent, *1937-1947*. Thèse pour le doctorat de science politique soutenue à Lyon en 1970.

La *Lettre* a publié en 1977 sur les deux hebdomadaires : *Nous, chrétiens de gauche (1934-1978)*.

FUMET Stanislas, *Histoire de Dieu dans ma vie*, Mame, 1978, 800 p. Les mémoires de l'ancien directeur de *Temps présent*.

BÉDARIDA Renée, *Les Armes de l'esprit*. Témoignage chrétien *(1941-1944)*, Éd. Ouvrières, 1977, 378 p. Évoque une postérité de *Sept* et *Temps Présent*.

DELBREIL Jean-Claude, *Une revue catholique de l'entre-deux-guerres,* La Vie intellectuelle, *1928-1940*. Mémoire pour le diplôme d'études supérieures d'histoire soutenu à Nanterre, 1965, sous la direction de R. Rémond.

TRANVOUEZ Yvon, « La fondation et les débuts de *La Vie intellectuelle*, 1928-1929 », *Archives de sociologie des religions*, 42, 1976, p. 57-96.

VAÏSSE Maurice, « Le Bulletin catholique international (1925-1933) », *Relations internationales*, 27, automne 1981, p. 341-360.

PALAU Yves, *Contribution à l'étude du catholicisme social : le cas de la revue* Politique *(1927-1940)*. Thèse de doctorat de l'Institut d'études politiques de Paris, sous la direction de R. Rémond, soutenue en 1995, 2 tomes, 567 p.

Sur l'histoire religieuse de la période

MAYEUR Jean-Marie, *L'Histoire religieuse de la France, XIXᵉ-XXᵉ siècle. Problèmes et méthodes*, Beauchesne, 1975, 290 p. Le titre dit bien l'objet et l'intérêt. N'a pas été remplacé.

CHOLVY Gérard et HILAIRE Yves-Marie, *Histoire religieuse de la France contemporaine*, tome 3 : *1930-1985*, Privat, 1988, 570 p.

FOUILLOUX Étienne, « Traditions et expériences françaises » in *Histoire du christianisme*, tome 12 : *Guerres mondiales et totalitarisme (1914-1958)*, Fayard-Desclée, 1990, p. 451-522.

FOUILLOUX Étienne, « Fille aînée ou pays de mission ? » *1926-1958*, in *Histoire de la France religieuse*, sous la direction de Jacques Le Goff et René Rémond, tome IV, *Société sécularisée et Renouveaux religieux*, Éd. du Seuil, 1992, p. 129-252.

TRANVOUEZ Yvon, « Entre Rome et le peuple, (1920-1960) », *in* LEBRUN François (sous la direction de), *Histoire des catholiques en France du XVᵉ siècle à nos jours*, Hachette, 1985, p. 413-480.

RÉMOND René, « Les transformations sous les derniers pontificats (1924-1958) » in *Histoire du catholicisme français*, dirigée par André LATREILLE, Boréal, 1984, tome III, p. 577-685, 1962.

LESTAVEL Jean, *Les Prophètes de l'Église contemporaine. Histoire par les textes*, L'Épi, 1969, 408 p.

Politique et religion

COUTROT Aline et DREYFUS François-Georges, *Les Forces religieuses dans la société française*, Armand Colin, 1965, 344 p. Le meilleur guide pour la connaissance des tendances et l'intelligence des questions.

« Catholiques de droite, catholiques de gauche ? » Un numéro spécial de la *Chronique sociale de France*, 30 décembre 1956.

RÉMOND René, « Droite et gauche dans le catholicisme français contemporain », *Revue française de science politique*, septembre et décembre 1958.

RÉMOND René, « Les catholiques et le Front populaire », *Archives de sociologie des religions*, juillet-août 1960, p. 63-69.

CHRISTOPHE Paul, *1936.. Les Catholiques et le Front populaire*, Éd. de l'Atelier, 1986, 308 p.

Sur les démocrates d'inspiration chrétienne

MAYEUR Jean-Marie, *Des partis politiques à la démocratie chrétienne, XIXᵉ-XXᵉ siècle,* Armand Colin, 1980, 247 p.

GUERRIER Claudine, *La Jeune République de 1912 à 1945*. Thèse soutenue en 1978 à Paris-II, 3 tomes.

PAPINI Roberto, *L'Internationale démocrate chrétienne, XIXᵉ-XXᵉ siècle*, Cerf, 1988.

VAUSSARD Maurice, *Histoire de la démocratie chrétienne. France, Belgique, Italie,* Éd. du Seuil, 1956, 333 p.

PRELOT Marcel, « Les démocrates d'inspiration chrétienne entre les deux guerres », *Vie intellectuelle*, décembre 1950, p. 533-559.

PEZET Ernest, *Chrétiens au service de la Cité. De Léon XIII au Sillon et au MRP, 1891-1965*, Nouvelles éditions latines, 1970, 237 p.

LETAMENDIA Pierre, *La Démocratie chrétienne*, PUF, 1993, 128 p.

Sur le climat intellectuel du temps

TOUCHARD Jean, « L'esprit des années trente », in *Tendances politiques dans la vie française depuis 1789*, Klincksieck, 1960, p. 89-120.

LOUBET DEL BAYLE Jean-Louis, *Les Non-conformistes des années 30. Tentatives de renouvellement de la pensée politique française,* Éd. du Seuil, 1969, 496 p.

SIRINELLI Jean-François, *Génération intellectuelle. Khâgneux et normaliens dans l'entre-deux-guerres*, Fayard, 1988, 721 p. ; rééd., PUF, 1994, 720 p.

SCHOR Ralph, *L'Antisémitisme en France pendant les années trente*, Complexe, 1991, 382 p.

Rome. Sur Pie XI et les positions du Saint-Siège et de l'Épiscopat

LEVILLAIN Philippe (sous la direction de), *Dictionnaire de la Papauté*, Fayard, 1994, 1754 p.

FONTENELLE Mgr René, *Sa Sainteté Pie XI*, Spes, 1937, 431 p.

BOUTHILLON Fabrice, *Une théologie politique à l'âge totalitaire : Pie XI (1922-1939)*. Thèse dirigée par Jean-Marie MAYEUR, soutenue à Paris-IV, le 4 février 1994.

CHARLES-ROUX François, *Huit Ans au Vatican (1932-1940)*, Flammarion, 1947, 389 p.

DEROO André, *L'Épiscopat français dans la mêlée de son temps (1930-1954)*, Bonne Presse, 1955, 430 p.

Sur des mouvements et des organisations

Centre Sèvres, *L'Association catholique de la Jeunesse française, une création originale*. Colloque des 20 et 21 novembre 1987, 1988.

MICHEL Alain, *La Jeunesse Étudiante Chrétienne face au nazisme et à Vichy (1939-1944)*, Presses universitaires de Lille, 1988, 315 p.

COQUELLE-VIANCE Georges, *La Fédération Nationale Catholique*, 1939, 119 p.

ROUCOU Christophe, *Les Origines de la Jeunesse Étudiante Chrétienne, 1929-1936*. Mémoire de maîtrise sous la direction d'Henri-Irénée Marrou, Paris-IV, 1973.

Sur des personnalités

On consultera avec profit les nombreuses notices du *Dictionnaire de la vie politique française au XXe siècle*, dirigé par Jean-François SIRINELLI, PUF, 1995, XX, 1067 p.

DAUBIOUL David, *Paul Archambault et les* Cahiers de la Nouvelle Journée, Lille, 320 p.

FLORY Charles, *Deux Chrétiens d'avant-garde unis dans le souvenir : Paul Archambault et Francisque Gay*. Réunion des amis de F. Gay, 23 juillet 1975. Sans éditeur.

DALLOZ Jacques, *Georges Bidault. Biographie politique*, L'Harmattan, 1992, 468 p.

GREILSAMER Laurent, *Hubert Beuve-Méry, 1902-1989*, Fayard, 1990, 688 p.

CASTELNAU Anne de, *Le Combat religieux du général de Castelnau : la FNC, 1924-1939*, mémoire de maîtrise dirigé par R. Rémond, Paris-X Nanterre.

GRASS Yves, *Castelnau ou l'art de commander, 1851-1944*, Denoël, 1990 p.

DROULERS Paul, *Politique sociale et Christianisme : le père Desbuquois et l'Action populaire*, tome 2 : Rome, Éd. Ouvrières, 1981, 455 p.

CHAVAGNAC Véronique, *Jean de Fabrègues*, Thèse de doctorat de l'Institut d'Études politiques de Paris, dir. R. Rémond, 1994.

LASSUS, Jean de, *Le Cour Grandmaison, un homme dans l'action et la contemplation*, 1980, 404 p.

PRÉVOTAT Jacques, « Robert d'Harcourt, un catholique devant la montée du nazisme » in *Revue d'Allemagne*, XIX-4, 1987, p. 411-426.

CHARBONNEL Jean, *Edmond Michelet*, Beauchesne, 1987.

TERRENOIRE Louis, *Edmond Michelet, mon ami*, Nouvelle Cité, 1992, 140 p.

FOUILLOUX Étienne, *Yves de Montcheuil, philosophe et théologien jésuite, 1900-1944*, Média Sèvres, 1994.

BARTHÉLEMY MADAULE Madeleine, *Marc Sangnier, 1873-1950*, Éd. du Seuil, 1973.

Autour de Francisque GAY et de *L'Aube*

GAY Francisque, *Pour un rassemblement des forces démocratiques d'inspiration chrétienne*. Mémoire confidentiel, 1935, 128 p.

GAY Francisque, *Pour en finir avec la légende des rouges chrétiens*. Mémoire confidentiel, 1937, 288 p.

CARITE Maurice, *Francisque Gay, le militant*, Éd. Ouvrières, 1966, 192 p.

TERRENOIRE Élisabeth, *Un combat d'avant-garde. Francisque Gay et* La Vie catholique, Desclée, 1976, 230 p. Édition abrégée d'une thèse soutenue à Nanterre.

MAYEUR Françoise, *L'Aube. Étude d'un journal d'opinion*, Presses de la Fondation nationale des sciences politiques, 1966, X, 236 p.

Autour de Jacques Maritain

MARITAIN Jacques, *Œuvres, 1912-1939*. Choix, présentation et notes par Henry Bars, Desclée De Brouwer, 1974, 1298 p.

MARITAIN Jacques, *Humanisme intégral*, Aubier, 1936, 334 p.

BARS Henry, *La Politique selon Jacques Maritain*, Éd. Ouvrières, 1962, 248 p.

Jacques Maritain. Ouvrage collectif publié par le Centre catholique des intellectuels français, 1957, 218 p.

RÉMOND René, « Jacques Maritain et les années 30 », in *France-Forum*, n° 187-188, avril-mai 1981.

On trouvera dans la revue publiée par l'Institut international Jacques Maritain, *Notes et Documents pour une recherche personna liste*, toute sorte d'informations sur les travaux en cours, les colloques, ainsi que des études sur la pensée et l'œuvre du philosophe.

CHENAUX Philippe, *Paul VI et Maritain. Les rapports du Montinianisme et du Maritanisme*, Brescia, Istituto Paolo VI, 1994, 121 p.

MARITAIN Jacques, *L'Impossible antisémitisme*, précédé de *Jacques Maritain et les Juifs,* par Pierre Vidal-Naquet, Desclée De Brouwer, 1994, 218 p.

Autour d'Emmanuel Mounier et d'*Esprit*

Mounier et sa génération, Éd. du Seuil, 1956, 429 p.

DOMENACH Jean-Marie, *Emmanuel Mounier par lui-même,* Éd. du Seuil, 1972, 191 p.

BORNE Étienne, *Emmanuel Mounier ou le combat pour l'homme*, 1972.

SENARCLENS Philippe de, *Le Mouvement Esprit, 1932-1941. Essai critique*, Lausanne, L'Age d'homme, 1974.

WINOCK Michel, *Histoire politique de la revue* Esprit, *1930-1936*, Éd. du Seuil, 1975, 447 p.

CLAUDE Hubert, *La Revue* Esprit *devant l'expérience du Front populaire, 1936-1938*. n° spécial des *Mélanges des sciences religieuses*, 1977, p. 207-229.

RÉMOND René, « Le Climat des années trente » in *Le Personnalisme d'Emmanuel Mounier hier et demain. Pour un cinquantenaire*, p. 14-30, Éd. du Seuil, 1985.

Sur l'Action Française

LAUDOUZE André, *Dominicains français et Action française, 1899-1940. Maurras au couvent,* Éd. Ouvrières, 1990, 272 p.

PREVOTAT Jacques, *Catholiques français et Action française. Étude des deux condamnations romaines*. Thèse de doctorat d'État soutenue à Nanterre en 1994, 5 tomes, 1834 p. Une étude monumentale et définitive.

Sur quelques épisodes évoqués dans ce livre

Pour la controverse entre les patrons catholiques et les syndicats chrétiens

LAUNAY Michel, *La CFTC. Origines et Développement, 1919-1940*, 1986, 405 p.

LAUNAY Michel, *Le Syndicalisme chrétien en France de 1885 à nos jours (1885-1940)*, Desclée, 1984.

DUBLY Henri-Louis, *Eugène Mathon, 1860-1945. Sa vie, ses idées, ses œuvres*, Lille, 1946.

LEY Désiré, *Le Consortium de l'industrie textile de Roubaix-Tourcoing. Ce qu'il est, ce qu'il fait*, 1927.

Pour les relations avec l'Allemagne et, en particulier, la polémique sur les marchands de canons

DELBREIL Jean-Claude, *Les Catholiques français et les tentatives de rapprochement franco-allemand, 1920-1933*, Metz, 1972, 254 p.

RÉMOND René, *L'Image de l'Allemagne dans l'opinion publique française, de mars 1936 à septembre 1939*, Francia, 1981.

MICHEL Alain, *La JEC face au nazisme et à Vichy, 1939-1944*, Presses universitaires de Lille, 1988, 315 p.

FLEURY Alain, *La Croix et l'Allemagne, 1930-1940*, Cerf, 1986, 456 p.

JEANNENEY Jean-Noël, *François de Wendel en République. L'argent et le pouvoir, 1914-1940*, Éd. du Seuil, 1976. Mise au point définitive sur l'affaire du non-bombardement du bassin de Briey.

Sur la guerre d'Éthiopie et ses répercussions en France

SIMON Yves, *La Campagne d'Éthiopie et la Pensée politique française*, Lille, 1936, 130 p.

Sur les rapports entre communistes et catholiques

SCHERER Marc, *Communistes et Catholiques*, Cerf, 1936, 117 p. Recueil des articles publiés sur la question, les mois précédents, dans *Sept*.

HONNERT Robert, *Catholicisme et Communisme*, Éditions sociales internationales, 1937, 159 p.

FESSARD Gaston, *La Main tendue. Le dialogue catholiques-communistes est-il possible ?* Grasset, 1937, 247 p.

BERNOVILLE Gaétan, *La Farce de la main tendue*, 1937, 128 p.

PANAS Marina, *Origines et Ébauches de la main tendue aux catholiques*, Mémoire de maîtrise, Paris-XII, 1976, 153 p.

ROCHEFORT-TURQUIN Agnès, *Socialistes parce que chrétiens*, Cerf, 1986, 232 p.

LISTE DES PÉRIODIQUES CONSULTÉS

Acta Apostolicæ Sedis. Commentarium officiale. Publié à Rome depuis 1909 : reproduit les textes officiels, allocutions…

L'Action française. D'abord revue bimensuelle dont le premier numéro paraît le 1ᵉʳ août 1899 ; quotidien à partir du 21 mars 1908. Léon Daudet et Charles Maurras en assurent la direction politique dans notre période. Rédacteur en chef : Maurice Pujo. Principaux collaborateurs : Jacques Bainville, Georges Calzant, Pierre Tuc… Le Saint-Siège en interdit la lecture aux catholiques (décembre 1926). De 55 000 en 1926, le chiffre des abonnés serait descendu, à la veille de la guerre, à 48 000 (renseignement cité par A. Dansette). Manevy estime le tirage total à 40 000 en 1939. La ligue s'est développée autour du journal. Interdite à la Libération pour avoir continué de paraître sous l'Occupation.

Les Annales de la jeunesse catholique. Mensuel ; organe de l'Association catholique de la jeunesse française, rédigées sous le contrôle du Comité général. Parution depuis 1908. Y écrivent les RR. PP. Lalande, Lepoutre, l'abbé Mendigal, ainsi qu'André Colin, Jean Letourneau, Marc Scherer, entre autres. Après la défaite, l'ACJF se donnera un autre organe d'expression avec les *Cahiers de notre jeunesse* jusqu'à leur suppression par Vichy en 1943.

L'Aube. Quotidien fondé en 1932 en vue des élections pour donner un organe aux démocrates d'inspiration chrétienne, à ceux du Parti démocrate populaire comme à la Jeune République. Premier numéro le 20 janvier 1932. Directeurs : Francisque Gay et Gaston Tessier. Georges Bidault rédige le bulletin politique quotidien à partir du 2 mars 1934. Louis Terrenoire y collabore activement à partir du même moment. Le tirage ? En 1934, *L'Aube* dit avoir près de 12 000 abonnés ; Maurice Vaussard lui en attribue jusqu'à 20 000 et Manevy ne pense pas qu'elle ait tiré en 1939 à plus de 10 000. Suspendue pendant l'Occupation elle reparaît en pleine bataille de Paris ; son tirage après la Libération, après avoir atteint des chiffres élevés, décline régulièrement. Elle disparaît en 1951.

L'Avenir du Plateau central. Quotidien régional lu dans neuf départements du centre, de tendance conservatrice. S'était auparavant appelé *Avenir du Puy-de-Dôme,* puis du *Puy-de-Dôme et du Centre.* Premier numéro en 1896. Rédacteur en chef : Maurice Vallet. Frappé par l'épuration.

Bulletin catholique international. Mensuel. Premier numéro en juin 1925 ; disparaît en 1933. Directeur : Maurice Vaussard. Le comité de rédaction comprend le R. P. Doncœur, Charles Flory, Louis le Fur, Gaston Tessier. Étudie les questions internationales du point de vue catholique : ne se borne pas à une information purement documentaire ; prend position en faveur des projets d'organisation internationale. On consultera l'article que lui a consacré Maurice Vaïsse dans *Relations internationales*, 27, automne 1981, p. 341-360.

Catholic Herald. Hebdomadaire publié à Londres. Première année : 1894.

Chronique sociale de France. Anciennement *Chronique du Sud-Est.* Rédigée à Lyon, sert d'expression aux Semaines sociales de France. Première année : 1891.

Civiltà Cattolica. Publié par la Compagnie de Jésus, à Rome, depuis 1850. Ne s'écarte généralement pas à l'époque d'une ligne traditionnelle.

Credo. Bulletin mensuel de la FNC.

La Croix. Quotidien catholique d'information, fondé en 1883 par les Augustins de l'Assomption. Le Saint-Siège impose en 1927 le R. P. Merklen, comme rédacteur en chef. Les indications varient sur son tirage : 280 000 lecteurs, presque tous des abonnés (d'après F. Veuillot, *L'Union,* novembre 1936) : 100 000 selon R. Manevy, en 1939. La discordance de ces chiffres s'explique peut-être par l'existence de plusieurs éditions distinctes. On se reportera au livre qui publie les actes du colloque tenu pour le centenaire du journal : *Cent ans d'histoire de la Croix, 1883-1983*, 1988, 471 p.

La Croix du Nord. Quotidien catholique régional. Premier numéro en 1889. Déclare en 1935 tirer à 80 000. Quatre éditions hebdomadaires.

La Documentation catholique. Revue hebdomadaire qui « présente tous les textes dont a besoin un catholique désireux de participer à la vie de l'Église et de l'État ». Née en 1919 de la fusion des quatre revues documentaires de la Bonne Presse : *Questions actuelles, Chronique de la presse, Action catholique, Revue d'organisation et de Défense religieuse.* Dirigée entre 1923 et 1927 par le R. P. Merklen.

Les Dossiers de l'Action Populaire. Publiés par les RR. PP. Jésuites de l'Action Populaire. Bimensuel consacré à l'information sur les questions sociales et à l'étude de la doctrine sociale de l'Église. Premier numéro en 1920 : succède à une série de publications antérieures : *Revue de l'Action Populaire, Brochures jaunes, Courrier des cercles d'études, La Vie syndicale.* En 1945, prend le nom de *Travaux de l'Action Populaire,* avant de se transformer en 1950 en *Revue de l'Action Populaire* puis en *Projet.*

L'Écho de Paris. Quotidien du matin, fondé en 1884. Dans les années 1930, l'expression la plus fidèle de la droite conservatrice ; a une importante clientèle catholique. Directeur-rédacteur en chef : Henry Simond ; secrétaire général : André Pironneau. Principaux collaborateurs : Henri de Kerillis pour la politique intérieure, qui anime le Centre de propagande des Républicains nationaux ; Raymond Cartier, le général de Castelnau, François Mauriac, Henry Bordeaux. En 1937, à la suite d'un désaccord politique, H. de Kerillis quitte le journal et fonde *L'Époque.* En 1938, Léon Bailby rachète *L'Écho de Paris* qui fusionne avec *Le Jour. Le Jour-Écho de Paris* tirait à 155 000 en 1939, d'après R. Manevy.

Esprit. Revue mensuelle internationale « d'inspiration personnaliste en lutte contre le désordre établi », fondée en octobre 1932, par Emmanuel Mounier. Après la mort de Mounier (mars 1950), la direction a passé successivement à Albert Béguin, Jean-Marie Domenach, Paul Thibaud et, en dernier lieu, Olivier Mongin.

Les Études. Revue bimensuelle d'intérêt général éditée par les Pères de la Compagnie de Jésus. Fondée en 1855. Dirigée à notre époque par le R. P. du Passage. Entre 1927 et 1936, le chiffre des abonnés serait passé de 3 000 à 13 000 (F. Veuillot, art. cité). Présentement mensuelle.

Europe. Revue mensuelle de gauche, fondée en 1923 autour de Romain Rolland. Jean Guéhenno en est rédacteur en chef à partir de 1930. Jean-Richard Bloch y tient une grande place. Après 1934, s'engage activement dans la défense antifasciste.

Express du Midi. Quotidien régional rédigé à Toulouse qui couvre une quinzaine de départements. Fondé en 1891, cesse de paraître en 1938. D'inspiration maurrassienne, s'intitule « organe de défense sociale et religieuse ». Publie des articles de Jacques Bainville, Havard de la Montagne. Dit en 1935 atteindre un public de 900 000 lecteurs.

Le Figaro. Quotidien « parisien » fondé en 1854 par Villemessant. En 1936, Lucien Romier en est directeur et Pierre Brisson directeur littéraire. La partie littéraire est très soignée. François Mauriac y donne régulièrement des articles après avoir quitté *L'Écho de Paris.*

La France catholique. Correspondance hebdomadaire de la Fédération nationale catholique. Premier numéro en 1925. Depuis a cessé d'être l'organe de la FNC, devenue Fédération Nationale d'Action Catholique, puis Action Catholique Générale des Hommes.

France Réelle. Hebdomadaire catholique et royaliste de tendance Action française. Fondé vers 1930. Arbore jusqu'en janvier 1937, la devise : « La droite, celle qui n'abdique pas ». Directeur : Yves des Essards ; rédacteur en chef : Jean Bertrand.

Gringoire. Hebdomadaire politique et littéraire de droite, dirigé par Horace de Carbuccia, gendre du Préfet de police Chiappe. Premier numéro : le 1er novembre 1928. Y collaborent Henri Béraud, qui y publie ses fameux pamphlets contre l'Angleterre en 1935-1936 ; J.-P. Maxence... En 1937, le tirage approcherait les 500 000, selon R. Manevy.

Illustrazione Vaticana. Fondée en 1930.

Intérêt Français. Correspondance hebdomadaire politique, économique et sociale destinée à la presse. Assure qu'il serait adressé régulièrement à quelque 300 journaux. Paraît de 1921 à 1935. Dirigé par Auguste Cavalier, l'auteur d'un ouvrage de polémique contre « les rouges chrétiens » (1929). Devient en 1934 l'organe du Centre d'Action et de Résistance Nationale que fonde alors Eugène Mathon, l'animateur du Consortium Textile de Roubaix-Tourcoing, qui eut plusieurs fois maille à partir avec les syndicats chrétiens et les représentants du catholicisme social.

Le Jour. Quotidien fondé en 1933 par Léon Bailby. Absorbe *L'Écho de Paris* en 1938.

Nord Social. Organe des syndicats libres du Nord (syndicats chrétiens). Premier numéro en janvier 1920. De mensuel, il devient hebdomadaire. En 1936, tire à plus de 20 000.

Notre Temps. Hebdomadaire qui se présente comme « la revue des nouvelles générations de la guerre et de l'après-guerre »; le premier numéro paraît en 1927. Acquis à l'idée européenne, combat le nationalisme et le libéralisme économique, travaille pour le rapprochement franco-allemand, même après l'arrivée de Hitler au pouvoir, et pour un réformisme teinté de socialisme. On y relève les signatures de Jean Luchaire, Marcel Déat, Pierre Brossolette, Gabriel Cudenet, Martinaud-Déplat, Louis Martin-Chauffier, Robert Honnert...

Osservatore Romano. Journal quotidien publié dans la Cité du Vatican, depuis le milieu du XIXe siècle. Sans être le journal officiel du Saint-Siège (voir les *Acta Apostolicæ Sedis),* comporte une partie d'informations officielles ; même les articles non officiels font autorité et expriment le point de vue des milieux romains. Sous Pie XI, le journal est dirigé par son neveu, le comte Dalla Torre, qui signe souvent d'une simple initiale : T.

Ouest-Éclair. Quotidien régional démocrate chrétien fondé à Rennes, en 1899, par les abbés Crublet et Trochu. Dirigé par Emmanuel Desgrées du Lou, mort en 1933, et l'abbé Trochu qui est contraint de se retirer en 1930. Pierre E. Arthur et Jean des Cognets reprennent la direction. Le principal organe de presse des démocrates d'inspiration chrétienne tirerait, selon L. Biton, à 250 000 en 1930, avec 32 000 abonnés. Vers 1936, le tirage est passé à environ 350 000 en semaine et à plus de 400 000 le dimanche. A reparu à la Libération sous le nom d'*Ouest-France.* Le premier des quotidiens régionaux et maintenant de tous les quotidiens français.

Politique. Revue mensuelle « de doctrine et d'action », fondée en 1927 par Charles Flory et Marcel Prélot, pour être l'organe de pensée de la démocratie chrétienne. Font partie du premier comité de rédaction, outre les deux fondateurs, Paul Archambault, Champetier de Ribes, Alfred Michelin, Gaston Tessier. Y donnent des articles : L.-A. Pagès, rédacteur parlementaire d'*Ouest-Éclair*, Georges Bidault, Maurice Vaussard. A suspendu sa parution en 1940. Disparaît en octobre 1948.

Revue française. Mensuelle. Fondée en 1905, disparaît vers 1933. Directeur : Antoine Redier ; J.-P. Maxence assure la rédaction.

Semaine religieuse du diocèse de Lille. Organe hebdomadaire de l'évêché.

Semaine religieuse de la ville et du diocèse de Versailles. Paraît depuis 1863.

Semeur de l'Ile-de-France ou *Semeur de Versailles et de l'Ile-de-France.* Hebdomadaire lié à l'*Intérêt Français*, même direction, même rédaction. Remonte à 1906. Ne figure plus à l'Annuaire de la Presse après 1938.

Sept. « L'hebdomadaire du Temps Présent », fondé et dirigé par les Pères Dominicains des Éditions du Cerf. Paraît de mars 1934 à août 1937. Réunit des collaborations nombreuses et variées de Gilson à Mauriac. Exerce une profonde influence sur la jeunesse et les intellectuels. Le tirage croît régulièrement : certains numéros spéciaux dépassent largement les 100 000.

Télégramme du Nord. Quotidien régional du matin, publié à Lille ; se voue à la « défense sociale ». Subventionné par Eugène Mathon et dirigé par Martin Mamy. Paraît depuis 1919.

Temps Présent. Hebdomadaire qui prend la relève de *Sept,* dont les Dominicains avaient dû, sur ordre, suspendre la parution. Dirigé par des laïcs. Rédacteur en chef : Stanislas Fumet. Rachète en 1938 le titre de *La Vie catholique.* Cesse de paraître en juin 1940. Reparaît à la Libération pour disparaître définitivement en mai 1947.

Terre Nouvelle. « Organe des chrétiens révolutionnaires. » Mensuel depuis mai 1935 : était antérieurement l'expression trimestrielle de l'Union des communistes spiritualistes. Se propose de faire la synthèse du communisme et du christianisme. Rédacteur en chef : Maurice Laudrain. Se vante d'avoir 10 000 lecteurs. La mise en garde du Conseil de Vigilance du diocèse de Paris, publiée par la *Semaine religieuse* de Paris (15 février 1936), lui en aurait fait perdre les trois-quarts. En juillet 1936, la revue fait l'objet d'une condamnation de l'Index.

La Vie catholique. Hebdomadaire d'information religieuse fondé en octobre 1924 et dirigé par Francisque Gay. Tient une place éminente dans les débats de la période. Se signale par sa fidélité aux orientations pontificales. Tirage autour de 30 000 exemplaires. Racheté en 1938 par *Temps Présent.*

La Vie intellectuelle. Revue mensuelle, puis bimensuelle à partir de 1931, lancée par le R. P. Bernadot en 1928. Réunit de jeunes et brillants collaborateurs qui y font leurs débuts dans le journalisme : Étienne Borne, Henri Guillemin, Pierre-Henri Simon. Dans chaque livraison, un billet de Civis et un autre de Christianus définissent la position de la revue sur les problèmes de l'heure. La revue disparut en décembre 1956. Le Père Maydieu en avait assuré la direction pendant presque toute son existence. *La Vie intellectuelle* a joué un rôle incomparable dans le mouvement des idées catholiques avant 1939. Tire à 5 ou 6 000 exemplaires en 1934.

INDICATIONS BIOGRAPHIQUES

ALVERNE. Voir Mgr FONTENELLE.

ARCHAMBAULT (Paul). Philosophe dans la ligne de la pensée blondelienne. A appartenu au Sillon. Directeur des *Cahiers de la nouvelle journée*, édités chez Bloud et Gay. Collabore à *L'Aube*.

BERNOVILLE (Gaëtan). (1889-1960). Collabore à de nombreuses publications catholiques, *La Croix, Les Études, La France catholique*. Fonde en 1913 la revue *Les Lettres* dont il reprend la direction en 1919. Au lendemain des élections de 1924, eut le projet de lancer un grand quotidien qui aurait porté le titre d'*Énergie*. Lui revient l'initiative de la première Semaine des écrivains catholiques, conçue à l'image des Semaines Sociales, et qui préfigura les Semaines des intellectuels catholiques tenues régulièrement depuis 1948. Se range dans la droite du catholicisme.

BIDAULT (Georges). (1899-1983). Agrégé de l'Université, enseigne l'histoire à Valenciennes, Reims, puis au lycée Louis-le-Grand. Vice-président général de l'ACJF. Collabore à *Politique*, écrit quotidiennement dans *L'Aube* à partir de 1934. Se présente aux élections en 1936, à Domfront. En 1943, prend la relève de Jean Moulin à la présidence du Conseil national de la Résistance. Occupera les plus hautes fonctions : ministre des Affaires étrangères, président du Gouvernement provisoire, président du Conseil. Il jouera un rôle de premier plan au MRP, avant d'être pratiquement écarté de la vie politique pour ses positions très personnelles sur la question d'Algérie et plus généralement son attitude nationaliste qui contraste avec les opinions soutenues avec talent dans *L'Aube* d'avant-guerre.

BORNE (Étienne). (1907-1993). Ancien élève de l'École normale supérieure et agrégé de philosophie. Avant la guerre collabore à *L'Aube*, à la *Vie intellectuelle* où il rédige quelques-uns des billets signés Civis et même certains de Christianus. A la Libération, commissaire à l'information pour la région de Toulouse. A dirigé depuis la revue *Terre Humaine,* puis *France-Forum.* A collaboré à *L'Aube* et à *Forces Nouvelles,* organe du MRP. A appartenu à la commission exécutive de cette formation politique. A été secrétaire général du Centre catholique des intellectuels français entre 1954 et 1960 et rédacteur en chef de *Recherches et débats,* la publication du CCIF. Écrit chaque semaine dans *La Croix.* A tenu pendant plus d'un demi-siècle une place éminente dans la réflexion des intellectuels catholiques comme dans la pensée des démocrates d'inspiration chrétienne.

BRÜNINC (H.). (1885-1970). Secrétaire général des syndicats chrétiens (1921-1930). Député au Reichstag (1924-1933). Président du groupe parlementaire du Centre (1928-1930). Chancelier (1930-1932). S'exile aux États-Unis après l'arrivée d'Hitler à la Chancellerie.

CARET (Jean) (pseudonyme d'André-D. Toledano). Né en 1888. Homme de lettres. Membre du secrétariat de la SDN de 1919 à 1925, d'où sa spécialisation, à *La Croix,* dans la politique étrangère et aussi sa sympathie pour la politique de Briand. Enseigne à l'institut catholique de Paris. Collabore à *Sept, La Vie intellectuelle.*

CASTELNAU (général Édouard de Curières de). (1851-1943). Sorti de Saint-Cyr en 1869, fait la guerre de 1870. Premier sous-chef d'état-major en 1911, à la tête de la 2e armée sauve le Grand-Couronné devant Nancy, contribue à la défense de Verdun et finit comme commandant d'un groupe d'armées la guerre où il a perdu trois de ses fils. Élu député de l'Aveyron en novembre 1919, et battu en 1924. Contre les projets laïques du Cartel il prend la tête de la défense religieuse et est porté à la présidence de la Fédération nationale catholique qu'il conservera jusqu'à sa mort. Il restera constamment fidèle à une conception défensive et politique de l'action catholique et fera une guerre acharnée à toutes les initiatives qui lui sembleront remettre en cause un ensemble de valeurs traditionnelles qu'il tient pour inséparables de la religion. Avec cela, ouvert et acquis aux efforts pour améliorer la condition des travailleurs.

CIVIS ET CHRISTIANUS. Noms dont sont signés les billets de *La Vie intellectuelle,* et qui recouvrent tantôt une personne seule (Mgr Bruno de Solage, É. Borne), tantôt l'expression d'une réflexion d'équipe.

CERETTI (Mgr). (1872-1933). Nonce en France de 1921 à 1926. Avait, auparavant, représenté le Saint-Siège à Mexico, Washington et en Australie. Élevé à la pourpre en décembre 1925.

CORDOVANI (R. P. Mariano, O. P.). Nommé Maître du Sacré Palais le 20 juillet 1936 ; la même année, nommé Consulteur de la Congrégation des séminaires, puis de la Commission biblique.

DALLA TORRE DI SANGUINETTO (Giuseppe). (1885-1967). Avait débuté dans le journalisme en 1903. Prend la direction de l'*Osservatore Romano,* en 1920, de l'*Illustrazione Vaticana* en 1930. Porté en 1933 à la présidence de l'Union internationale de la presse catholique.

DESBUQUOIS (R. P.). (1870-1959). Entré dans la Compagnie de Jésus en 1889. Fonde en 1904, à Reims, avec le Père Leroy, l'Action populaire, qui s'installe, à la demande de Rome, dans la région parisienne en 1922. A sa tête jusqu'en 1946, il en fait un des centres les plus actifs d'information et de réflexion. Il soutint les syndicalistes chrétiens, l'Action catholique, les premiers essais missionnaires de l'abbé Godin. Conseiller écouté de Rome et de la Nonciature, suggérant les promotions à l'épiscopat, il joue un rôle important dans l'Église de France, comparable à celui du R. P. Merklen.

FOLLIET (Joseph). (1903-1972). Militant laïc qui recevra l'ordination sacerdotale au soir de sa vie. Lyonnais qui demeura toujours attaché à sa ville, y animant toute sorte d'activités. Des premiers à s'intéresser à la question coloniale, écrit en 1930 une thèse sur *Le Droit de colonisation* et publie en 1933 un livre sur *Le Travail forcé aux colonies.* Proche des mouvements spécialisés, compose leurs chants. Orateur populaire, chansonnier, conférencier. A tenu une place considérable dans la presse catholique avant et après la seconde guerre : secrétaire général de *Sept* de bout en bout, secrétaire de rédaction de *Temps Présent* qui lui succède, participe à la fondation du *Témoignage chrétien* clandestin, écrit régulièrement dans le *Témoignage chrétien* postérieur à la Libération ainsi que dans la *Vie catholique illustrée.* Dirige la *Chronique sociale* de 1937 à 1964. Secrétaire général, puis vice-président des Semaines sociales, une des figures marquantes du catholicisme social.

FONTENELLE (Mgr). (1894-1957). Ordonné prêtre en 1924. Chargé de la Procure de Saint-Sulpice, à Rome. Joue un rôle officieux important pour tout ce qui touche aux affaires de France. Est un des correspondants romains de *La Croix,* où il écrit tantôt sous son nom et tantôt sous le pseudonyme d'ALVERNE. Protonotaire apostolique depuis 1935. A écrit une *Vie de Pie XI.*

GAY (Francisque). (1885-1963). Journaliste. Pendant la première guerre, cofondateur du Comité catholique de propagande française à l'étranger. Fonde en 1924 *La Vie catholique,* en 1932, *L'Aube.* Codirecteur des éditions Bloud et Gay. Son rôle dans la démocratie chrétienne est celui d'un directeur de conscience intellectuel : il en est le Léon Blum. A plusieurs reprises, il rédige des mémoires « confidentiels » dont l'influence fut grande sur la détermination de ses amis. L'après-guerre lui apporte la reconnaissance de son rôle de précurseur : directeur de la presse au ministère de l'Information, ministre d'État, vice-président du Conseil, ambassadeur au Canada. Mais l'homme est trop profondément attaché aux principes pour s'en laisser détourner par les prestiges du pouvoir : en désaccord croissant avec la direction du MRP, il a résigné toute fonction et encouragé les efforts d'une opposition de gauche pour ramener le MRP à ses origines.

GUÉRIN (Maurice). Vieux militant de la démocratie chrétienne, écrit dans *L'Aube,* adhéra des premiers au MRP. Mort en 1969.

GUILLEMIN (Henri). (1903-1992). Ancien normalien, agrégé de l'Université, professeur de faculté, exerce les fonctions de conseiller culturel auprès de notre ambassade de Berne (1945-1962). Professeur à l'université de Genève (1963-1973). A appartenu à la Jeune République. A collaboré à *La Vie intellectuelle, Sept, Temps Présent.* Une œuvre abondante où la critique littéraire se marie à l'histoire générale du XIXe siècle. La vigueur de l'investigation s'allie à la verve du polémiste et la ferveur à la détestation passionnée.

GUIRAUD (Jean). Agrégé d'histoire ; écrivit plusieurs ouvrages historiques ; dirige la revue *Les Questions historiques.* Fonde les Associations catholiques de chefs de famille (ACCF), vouées à la défense des droits des pères de famille et de la moralité publique ainsi qu'à la lutte contre le laïcisme. Entré à *La Croix* au lendemain de la première guerre : s'y fait une spécialité de la défense de l'école libre et revendique la

Répartition proportionnelle scolaire (RPS); représente une ligne intransigeante. L'arrivée du R. P. Merklen l'empêche d'accéder à la direction du journal; on le cantonne désormais dans des domaines bien délimités. A soutenu des positions fort proches de celles de la FNC.

HONNERT (Robert). Reçu à l'École normale supérieure en 1923, mort en 1939. De sentiments catholiques, orienté à gauche, préoccupé de ne pas repousser les avances communistes. Écrit dans *Notre Temps.* Son article dans *Europe,* « Foi et Révolution », est abondamment commenté : *Le Figaro, L'Action française, Vendredi, La Vie intellectuelle, Les Études* (R. P. Fessard), *L'Aube.* Laisse un livre sur le sujet qui lui tenait à cœur : *Catholicisme et Communisme,* 1937.

HOOG (Georges). (1885-1944). Un des plus fidèles disciples de Marc Sangnier. Pendant la première guerre coordonne les publications du Comité catholique de propagande française à l'étranger. Secrétaire de rédaction du *Sillon,* puis de l'*Éveil démocratique* et de la *Démocratie.* Secrétaire général de la Jeune République à partir de 1919. Coordonne autour de 1930 L'action des Cartels de la paix fondés en diverses villes. Battu aux élections dans la Mayenne en 1936. A écrit une *Histoire du catholicisme social (1871-1931).*

HOURDIN (Georges). Journaliste et militant familial. Fait partie du Comité de rédaction de *Temps Présent.* Depuis la Libération et jusqu'en 1976, dirige *La Vie catholique illustrée* et *Les Informations catholiques internationales.* Membre de la Commission exécutive du MRP et de la Commission générale des Semaines sociales. Ses souvenirs et ses réflexions sur les événements sont évoqués dans *Dieu en liberté,* Paris, 1973.

LIÉNART (Achille, cardinal). (1884-1973). Fait ses études au grand séminaire de Saint-Sulpice, puis au Séminaire français de Rome. Ordonné en 1907. Enseigne l'Écriture sainte au grand séminaire de Lille, de 1919 à 1926. Curé à Tourcoing (1926-1929). Nommé évêque de Lille en octobre 1928, élevé à la pourpre en juin 1930. A joué un rôle capital dans l'Église de France et même dans l'Église universelle : c'est lui qui s'oppose, à l'ouverture du Concile Vatican II aux choix préfabriqués par la Curie. A longtemps été le doyen des cardinaux français. Pendant plus d'un tiers de siècle son nom est associé aux principaux tournants de l'histoire religieuse.

LISSORGUES (abbé Marcellin). Directeur de *La Croix du Cantal* en 1934.

MAGLIONE (Mgr L.). (1877-1944). Nonce à Paris de 1926, où il succède à Mgr Ceretti, à 1936, où le remplace Mgr Valeri. Avant sa nomination en France, avait représenté le Saint-Siège en Amérique centrale et en Suisse. De retour à Rome, préfet de la Congrégation du concile en 1938, et secrétaire d'État de 1939 à sa mort. Pendant sa nonciature joua un rôle décisif.

MARITAIN (Jacques). (1882-1973). Agrégé de philosophie. Se convertit au catholicisme en 1906 et adhère à l'Action française. Enseigne le thomisme à l'Institut catholique. S'incline devant la condamnation de l'AF et collabore à l'ouvrage collectif *Pourquoi Rome a parlé.* Donne sa signature à plusieurs manifestes d'inspiration démocrate chrétienne. Pendant la Seconde Guerre enseigne aux États-Unis. A la Libération, ambassadeur auprès du Saint-Siège (1944-1948). Après, partage son temps entre la France et les États-Unis, enseigne à l'université de Princeton. Principaux ouvrages parus dans la période : *Primauté du spirituel* (1927). *Lettre sur l'indépendance* (1933), *Humanisme intégral* (1936). C'est à lui que Paul VI remet en 1965 le texte du message adressé par le Concile aux intellectuels. Après la mort de sa femme, Raïssa, il se retire à Toulouse dans un couvent. A publié *Le Paysan de la Garonne* dont la protestation contre l'agenouillement des chrétiens devant le monde manifeste qu'il est demeuré fidèle à ses orientations de toujours.

MATHON (Eugène). (1860-1935). Forte personnalité du patronat du Nord. Apparenté à plusieurs familles d'industriels. A subi l'influence de Le Play et Maurras. Président-fondateur du Comité central de la laine, président du Syndicat des fabriquants, est à l'origine, en 1920, du Consortium textile qui crée de nombreuses institutions sociales. En 1924, après une audience froide de Pie XI, il remet à la Sacrée Congrégation du concile un rapport sur les activités des syndicats chrétiens du Nord. S'intéresse au *Télégramme du Nord,* dont il confie la direction à Martin Mamy. En 1934, crée le Centre d'action et de résistance nationale avec l'*Intérêt français* et la Nouvelle agence d'information que dirige Auguste Cavalier.

MAURIAC (François). (1885-1973). Élu à l'Académie française en 1933. En marge de son œuvre romanesque et théâtrale, prend position sur l'actualité et donne des articles de circonstance à *L'Écho de Paris* d'abord, puis au *Figaro,* à *Sept,* à *Temps*

Présent. Réunit ses articles en volumes dont le premier paraît en 1934. Pendant la guerre écrit, sous le nom de guerre de Forez, *Le Cahier noir.* Après la Libération, écrit dans *Le Figaro* ; plus tard, porte son bloc-note de *La Table Ronde* à *L'Express* avant de revenir au *Figaro ;* fait campagne contre Georges Bidault, pour Pierre Mendès France et le général de Gaulle. Prix Nobel en 1952.

MAURRAS (Charles). (1869-1952). Après avoir collaboré à *La Gazette de France,* entre à *L'Action française* où il écrira chaque jour pendant plus de quarante ans. L'essentiel de son œuvre est dispersé dans les colonnes du journal, mais il publia aussi des œuvres littéraires et des essais politiques dont l'importante *Enquête sur la monarchie* (1900). Journaliste, philosophe politique, doctrinaire, chef d'école, il est pendant un demi-siècle présent dans tous les grands débats politiques, de l'affaire Dreyfus à Vichy, et a exercé une influence sans pareille sur plusieurs générations de jeunes intellectuels. Sur la fin, en raison de la condamnation pontificale, du désaveu de la Maison de France, son influence est en déclin et une fraction de ses disciples est attirée par le fascisme.

MERKLEN (R. P. Léon). (1875-1949). Études au Grand Séminaire de Nancy. Entre chez les Assomptionnistes en 1896. Ordonné à Rome en 1899. Enseigne dans les collèges de la congrégation. En 1923, prend la direction de *La Documentation catholique* : participe à la rédaction du Mémoire confidentiel de 1923, qui préconise un ralliement sans arrière-pensées à la République. Appelé par la confiance du Pape à la direction de *La Croix,* après les incertitudes du journal dans la crise ouverte par la condamnation de l'AF. A ce titre, jouera un rôle capital dans le ralliement du clergé de France. Jouit de la confiance de Pie XI dont il est un conseiller écouté. A partir de 1937, président de la Commission internationale des directeurs de journaux catholiques. Obtient en 1945 l'autorisation de reparaître bien que *La Croix* ait tardé à se saborder pendant l'Occupation .

MICHELIN (Alfred) (1883-1975). Informateur religieux de *La Croix,* dès 1919 ; apporte un appui sans défaillance au syndicalisme chrétien. Joue un rôle de conseiller discret d'une grande importance. Président en 1931 du syndicat des journalistes français. Ancien vice-président de la CFTC, vice-président des Semaines sociales, administrateur de la Maison de la Bonne Presse et de *La Croix,* dont il est président-directeur général depuis 1953.

PAGÈS (L.-A.). Après avoir été rédacteur en chef du *Télégramme,* une feuille dépendant de *La Croix,* prend en 1921, à la demande de l'abbé Trochu, la direction des services d'information de *l'Ouest-Éclair* à Paris.

SCHUMANN (Maurice). Né en 1911. Avant la guerre, travaille à l'agence Havas. Collabore sous différents pseudonymes : Maurice Jacques, André Sidobre, à *Sept, Temps Présent, La Vie intellectuelle, La Vie catholique.* Tient la rubrique de politique étrangère dans *La Jeune République.* Après 1940, porte-parole de la France Libre à la radio de Londres. Membre de l'Assemblée consultative provisoire, commence une carrière politique, parallèle à son activité de journaliste à *L'Aube.* Député puis sénateur du Nord. Président du MRP (1945-1949). A occupé de nombreux postes ministériels dont celui des Affaires étrangères (1969-1973). Membre de l'Académie française.

SIMON (Pierre-Henri). (1903-1972). Ancien normalien, agrégé de lettres. Enseigne un temps à l'université catholique de Lille (1929-1938), puis à l'École des Hautes Études de Gand, après 1949 à l'université de Fribourg. A écrit des romans, des ouvrages de critique littéraire, des essais politiques ; entre autres *L'École et la Nation, Les Catholiques, La Politique et l'Argent.* Collabore avant la guerre à *La Vie Intellectuelle, Sept, Temps Présent,* puis à *Terre Humaine,* au *Monde.* Membre de l'Académie française.

STURZO (don Luigi). (1871-1959). Ordonné prêtre en 1894. Fonde après la première guerre, avec l'encouragement de Benoît XV, le Parti populaire italien, d'inspiration démocrate chrétienne. Vivant en exil en France et en Angleterre depuis 1924, il exerce une influence sur la démocratie chrétienne en Italie. Ses écrits sont traduits par Marcel Prélot et Maurice Vaussard. Nommé sénateur après son retour en Italie en 1944.

TESSIER (Gaston). (1887-1960). Une des personnalités les plus marquantes du syndicalisme chrétien et qui a le plus fait pour son développement. Secrétaire des syndicats ouvriers chrétiens de la région parisienne dès 1912, secrétaire général de la CFTC dès sa fondation et jusqu'au moment où il est porté à la présidence en 1948. Concourt à la fondation de la Confédération internationale des syndicats chrétiens (CISC) dont il est tour à tour secrétaire, puis président. Cofondateur de *L'Aube,* participe à la Résistance. Nommé Conseiller d'État en service extraordinaire, a rempli des fonctions officielles.

TOLEDANO. Voir CARET.

TUC (Pierre). Pseudonyme de Henri Lasserre. Succède à Maurras dans la revue de presse de *L'Action française*.

VALLET (Maurice). Rédacteur en chef de *L'Avenir du Plateau central*. Après la Libération, condamné par la Cour de justice du Puy-de-Dôme.

VAUSSARD (Maurice). (1888-1977). Sous-directeur de l'Institut français de Milan, de 1916 à 1918, joue un rôle d'intermédiaire intellectuel entre la France et l'Italie. Dirige une enquête qui fait date sur le nationalisme dans *Les Lettres*, fonde *Le Bulletin catholique international* qui sert pendant neuf ans la doctrine pontificale en matière internationale. Collabore à *L'Aube*, à *Temps Présent*. Membre de la Commission générale des Semaines sociales, vice-président de la section française de Pax Christi. A publié une *Histoire de la démocratie chrétienne*.

VIANCE (Georges). Collabore à *La France catholique*, à *La Croix* et aussi, épisodiquement, à *Sept*. De conviction corporatiste.

INDEX DES NOMS DE PERSONNES

269

271

272

SOMMAIRE

276

Du même auteur

AUX MÊMES ÉDITIONS

Introduction à l'histoire de notre temps, 3 vol. : 1. *L'Ancien Régime et la Révolution*; 2. *Le XIXe siècle*; 3. *Le XXe siècle, de 1914 à nos jours*, 1974.
Pour une histoire politique, 1988.
Histoire de la France religieuse (direction de), 4 vol., 1988 à 1992.

CHEZ D'AUTRES ÉDITEURS

Lamennais et la Démocratie, PUF, 1948.
L'Amérique anglo-saxonne (*Histoire universelle*, t. 3, dans l'« Encyclopédie de la Pléiade »), Gallimard, 1958.
Histoire des États-Unis, PUF, coll. « Que sais-je ? », 1959.
Les Catholiques, le Communisme et les Crises, 1929-1939, Colin, coll. « Kiosque », 1960.
Les États-Unis devant l'opinion française, 1815-1852, 2 vol., Colin, 1962.
Les Deux Congrès ecclésiastiques de Reims et de Bourges, 1896-1900, Sirey, 1964.
Forces religieuses et attitudes politiques dans la France contemporaine (en collaboration), Colin, 1965.
La Vie politique en France depuis 1789, t. 1 : *1789-1848*, 1965 ; t. 2 : *1848-1879*, Colin, 1969.
Atlas historique de la France contemporaine (en collaboration), Colin, 1966.
Léon Blum, chef de gouvernement (en collaboration), Colin, 1967.
Le Gouvernement de Vichy et la Révolution nationale (en collaboration), Colin, 1972.
Vivre notre histoire. Entretiens avec Aimé Savard, Le Centurion, 1976.
Édouard Daladier, chef de gouvernement (1938-1939), (en collaboration), Presses de la Fondation nationale des sciences politiques, 1977.
La France et les Français en 1938-1939 (en collaboration), Presses de la Fondation nationale des sciences politiques, 1978.
La Règle et le Consentement, gouverner une société, Fayard, 1979.
Les Droites en France, Aubier-Montaigne, 1982.
1958, le retour de De Gaulle, Complexe, coll. « La Mémoire du siècle », 1983.

IMPRESSION : MAURY-EUROLIVRES S.A. À MANCHECOURT
DÉPÔT LÉGAL : MAI 1996 - N° 26386 (96/04/53159)

Collection Points

SÉRIE HISTOIRE

DERNIERS TITRES PARUS